人力资源的创新管理

董晨光　王兆乾　杨光烁　著

中国出版集团
中译出版社

图书在版编目(CIP)数据

人力资源的创新管理 / 董晨光，王兆乾，杨光烁著.北京：中译出版社，2024.8. -- ISBN 978-7-5001-8103-3

Ⅰ．F243

中国国家版本馆 CIP 数据核字第 2024BQ2443 号

人力资源的创新管理
RENLI ZIYUAN DE CHUANGXIN GUANLI

出版发行 / 中译出版社
地　　址 / 北京市西城区新街口外大街 28 号普天德胜主楼 4 层
电　　话 / (010)68359827，68359303(发行部)；68359725(编辑部)
邮　　编 / 100088
传　　真 / (010)68357870
电子邮箱 / book@ctph.com.cn
网　　址 / http://www.ctph.com.cn

出版统筹 / 杨光捷
责任编辑 / 钱屹芝
营销编辑 / 董思嫄　吴雪峰

排　　版 / 张　静
封面设计 / 张　静
印　　刷 / 三河市国英印务有限公司
经　　销 / 新华书店

规　　格 / 787 毫米 x 1092 毫米　　1/16
印　　张 / 16.5
字　　数 / 336 千字
版　　次 / 2024 年 8 月第 1 版
印　　次 / 2024 年 8 月第 1 次

ISBN 978-7-5001-8103-3　定价：49.00 元

版权所有・侵权必究
中 译 出 版 社

前　言
FOREWORD

在日益激烈的全球竞争环境中，人才已成为单位最宝贵的资源。如何有效激励和留住关键人才，已成为单位面临的重要挑战。本书旨在探讨和分享关于人才激励与留任策略的实践与智慧，为单位在人力资源管理领域提供有力的支持。

本书通过四个关键要素——反馈机制、定期评估、部门间沟通以及资源整合，再结合文化建设与宣传，全面解析了人才激励与留任策略的核心内容。这些要素相互关联、相互支撑，共同构成了人才激励与留任策略的核心框架。

首先，反馈机制是策略实施的基础。通过建立有效的反馈渠道，单位可以及时了解员工的想法和需求，从而不断优化和改进激励与留任策略。员工的意见和建议是单位改进和发展的重要动力，因此，鼓励员工积极参与反馈是至关重要的。

其次，定期评估是策略持续优化的关键。通过对策略的全面评估，单位可以检查当前策略是否存在问题或不足之处，并基于评估结果制定相应的改进措施。定期评估不仅有助于发现问题，还能为单位提供持续改进的动力。

最后，部门间沟通和资源整合也是策略实施中不可或缺的一部分。通过强化部门间的沟通与合作，打破信息壁垒，促进资源共享，单位可以形成合力，共同推进人才激励与留住策略。同时，良好的单位文化和宣传策略也是增强员工归属感和忠诚度的有效手段。通过营造积极向上的文化氛围和加强内外部宣传，单位可以吸引更多优秀人才的加入，为单位的长远发展注入活力。

本书通过深入剖析每个关键要素的内涵和实践方法，旨在为单位提供一套全面、系统的人才激励与留任策略框架，帮助单位在日益激烈的人才竞争中脱颖而出。

我们希望您能够在阅读本书的过程中，深入思考每个关键要素的重要性，并结合自身单位的实际情况进行实践和应用。通过不断学习和探索，我们相信您能够找到适合自己单位的人才激励与留任策略，为单位的长期发展奠定坚实的基础。

我们深知，在人才激励与留任策略方面，不同的单位有着不同的情况和需求，我们所提供的也仅仅是一种参考和启发。我们衷心希望您能够在阅读本书的过程中，以批判性的思维深入思考每个关键要素的重要性，并结合自身单位的实际情况进行谨慎的实践和应用。我们不敢妄言我们的方法是绝对正确或普适的，因为每个单位都是独特的。让我们共同为推动人才管理领域的进步贡献力量。

董晨光　王兆乾　杨光烁
2024 年 6 月

目 录
CONTENTS

第一章 人力资源管理的演变与挑战 1
    第一节 人力资源管理的历史与发展 1
    第二节 当前人力资源管理面临的挑战 2

第二章 创新与人力资源管理的融合 8
    第一节 创新在人力资源管理中的角色 8
    第二节 人力资源创新管理的原则和策略 9

第三章 人才招聘与选拔的创新管理 16
    第一节 招聘渠道的创新 16
    第二节 选拔流程的优化 18
    第三节 候选人体验的提升 20

第四章 员工培训与发展的创新管理 23
    第一节 培训方法的创新 23
    第二节 技能提升的个性化定制 25
    第三节 学习效果的评估与反馈 26

第五章 绩效管理的创新策略 29
    第一节 绩效体系的重新设计 29
    第二节 绩效考核方法的创新 32
    第三节 绩效与激励的结合 33

第六章 薪酬福利的创新设计 39
    第一节 薪酬福利的全面考量 39
    第二节 薪酬福利的个性化定制 40
    第三节 薪酬福利的持续优化 42

第七章 员工关系的创新管理 45
    第一节 沟通机制的创新 45
    第二节 员工关怀的新方式 49
    第三节 事业单位文化的塑造与传承 51

第八章 单位变革中的创新管理 55
    第一节 变革管理的原则和方法 55
    第二节 单位架构的调整与优化 58
    第三节 应对变革的心理准备与引导 61

第九章 技术对人力资源创新管理的影响 64
    第一节 人工智能在人力资源管理中的应用 64
    第二节 大数据在人力资源管理中的应用 66
    第三节 云计算和物联网在人力资源管理中的应用 67

第十章 人力资源创新管理的实施与评估 70
    第一节 创新管理的实施步骤与方法 70
    第二节 创新管理的评估与反馈机制 71
    第三节 创新管理持续改进的策略与建议 73

第十一章 人力资源创新管理的实际案例分析 80
    第一节 事业单位力资源创新管理的成功实践 80
    第二节 对其他事业单位的借鉴与启示 84
    第三节 案例分析的应用与价值 91

第十二章 未来人力资源创新管理的发展趋势与挑战 94
    第一节 技术进步带来的新机遇与新挑战 94
    第二节 事业单位发展对人力资源的新要求与新挑战 99
    第三节 社会变迁对人力资源的新要求与新挑战 104

第十三章 人力资源数据分析与应用 110
    第一节 人力资源数据的收集与整理 110
    第二节 人力资源数据分析的方法与工具 115
    第三节 人力资源数据的应用与价值 121

第十四章 人力资源信息系统与管理 133
第一节 人力资源信息系统的功能与架构 133
第二节 人力资源信息系统的实施与维护 141
第三节 人力资源信息系统的发展趋势与挑战 149

第十五章 人才发展与创新的平台建设 152
第一节 人才发展平台的构建与实践 152
第二节 创新平台的搭建与运营 156
第三节 平台化思维在人力资源管理中的应用与推广 160

第十六章 单位文化与人力资源创新管理 168
第一节 单位文化的特点与价值 168
第二节 单位文化与人力资源管理的互动关系 172
第三节 人力资源创新管理对单位文化的推动作用 177

第十七章 团队建设与员工参与的创新策略 181
第一节 团队建设的重要性及挑战 181
第二节 员工参与的促进与实践 185
第三节 团队建设与员工参与的平衡与优化建议 189

第十八章 领导力发展与培养的创新实践 194
第一节 领导力发展的重要性及挑战 194
第二节 领导力培养的创新实践策略与方法 196
第三节 领导者个人发展的计划与实施路径 199

第十九章 人才激励与留任的创新实践 205
第一节 人才激励与留任的重要性及挑战 205
第二节 人才激励与留任的创新实践策略与方法 212
第三节 人才激励与留任持续改进的机制与实施建议 217

第二十章 单位变革中的创新管理实践 223
第一节 单位变革的推动力与创新管理的挑战 223
第二节 创新管理实践的案例分享与启示 225
第三节 单位变革中创新管理的持续改进与发展趋势展望 228

第二十一章 人力资源管理中的跨文化问题及应对策略 ... 231
    第一节 跨文化沟通在人力资源管理中的重要性及挑战 ... 231
    第二节 跨文化沟通的技巧与应用实践 ... 233
    第三节 跨文化沟通的持续改进与发展趋势展望 ... 236

第二十二章 人力资源管理中的社会责任与可持续发展实践 ... 239
    第一节 社会责任对人力资源管理的影响与挑战 ... 239
    第二节 可持续发展目标在人力资源管理中的应用与实践 ... 240
    第三节 社会责任与可持续发展的融合实践与发展趋势展望 ... 243

第二十三章 创新管理战略与实践的未来展望 ... 245
    第一节 创新管理战略的发展趋势与展望 ... 245
    第二节 创新管理实践的未来挑战与准备 ... 247
    第三节 创新管理对单位及个人的价值与影响展望 ... 249

结束语 ... 252
参考文献 ... 253

第一章 人力资源管理的演变与挑战

第一节 人力资源管理的历史与发展

一、早期的人力资源管理概念与实践

早期的事业单位运营和管理方式都相对简单。其目标是实现生产效率和产量的最大化，而员工则被视为简单的劳动力。当时，人力资源管理（HRM）的概念和实践尚未形成，与现在我们熟知的人力资源管理相差甚远。

早期的事业单位人力资源管理实践相对简单，主要集中在招聘、薪酬和福利管理等方面。招聘是保证企业有足够的劳动力；薪酬和福利管理则是为了保持员工的稳定性和工作积极性。然而，由于当时对员工的认知有限，人力资源管理实践还处于初级阶段。

随着时间的推移，人们对员工的角色和价值有了更深入的理解。员工不再只是简单的劳动力，而是重要资产，对事业单位的成功和发展起着至关重要的作用。这个时期，一些先进的事业单位开始意识到员工满意度和忠诚度对单位绩效的影响。

为了提高员工的满意度和忠诚度，一些事业单位开始注重员工的培训和发展。他们认识到，通过培训和发展，员工可以提高自己的技能和能力，增强归属感和忠诚度。同时，也开始尝试通过各种方式激励员工，如提供晋升机会、实施绩效奖励等，以提高其工作效率和忠诚度。

尽管早期的人力资源管理概念和实践相对简单，但这些实践为后来的人力资源管理理论和实践奠定了基础。随着社会和经济的发展，人力资源管理逐渐成为一个独立的学科领域，为事业单位提供了一系列的人力资源管理工具和方法，帮助其更好地管理和激励员工，提高单位的绩效和竞争力。

二、人力资源管理的发展阶段

随着经济的发展和科技的进步，人力资源管理逐渐从简单的实践发展成为一个全面而系统的学科领域。以下是人力资源管理发展的几个关键阶段，这些阶段标志着人力资源管理从初创到成熟的演变。

（一）科学管理阶段

这个阶段主要在 20 世纪初，重点在于通过科学的方法和工具来提高生产效率。当时，工业革命的浪潮正在全球范围内展开，事业单位面临着如何提高生产效率和产量的挑战。在这样的背景下，一些管理学家和实业家开始研究如何通过科学的方法来管理和激励员工。其中，泰勒等人的理论在这一阶段起到

了重要作用。他们主张通过标准化、量化的方式来管理员工和工作流程，以提高生产效率。这种方法在当时是革命性的，并为后来的管理理论和实践奠定了基础。

（二）人际关系管理阶段

在二十世纪二三十年代，随着工业革命的深入发展，人们开始意识到员工士气、团队合作等因素对单位绩效的影响。这个阶段出现了诸如"霍桑实验"等研究，这些研究深入探讨了员工参与、沟通和工作满足感的重要性。这个阶段的理论和实践强调了员工关系和团队合作的重要性，为事业单位提供了一种更加人性化的人力资源管理方式。

（三）人力资源开发与管理阶段

从二十世纪七十年代开始，人力资源管理逐渐被视为一个战略性的职能，而不仅仅是一个行政或运营职能。随着全球化竞争的加剧和知识经济的兴起，事业单位开始意识到人力资源的重要性，并将其视为事业单位竞争优势的关键因素。这个阶段强调员工的培训和发展、绩效管理和单位文化建设等。人力资源管理开始关注员工的个人成长和职业发展，通过各种方式激励员工，提高其工作积极性和创造力。同时，事业单位也开始注重单位文化建设，通过共同的价值观和文化来凝聚员工，提高其归属感和忠诚度。

三、人力资源管理在全球化背景下的演变

在全球化的背景下，人力资源管理面临着新的挑战和机遇。随着经济和技术的飞速发展，事业单位需要适应快速变化的环境，这要求人力资源管理更加灵活和适应性更强。跨国公司需要处理不同文化背景下的员工管理问题，而全球化也推动了人力资源管理的创新和变革。

第二节 当前人力资源管理面临的挑战

一、技术进步带来的挑战：如何平衡技术与人的关系

随着科技的飞速发展，人力资源管理正面临着前所未有的挑战。其中，如何平衡技术与人的关系成了当前最为突出的问题。科技的进步，尤其是人工智能、大数据和云计算等新兴技术的崛起，为人力资源管理提供了更高效、精确的工具和方法。这些技术能够帮助事业单位实现自动化招聘、智能培训、数据分析等方面的应用，从而提高管理效率，降低成本。

然而，技术的广泛应用也带来了一些问题。过度依赖技术可能导致人际关系的疏离，降低员工的参与感和归属感。员工可能会感到被技术所取代，失去对工作的热情和动力。此外，如果技术应用不当，还可能导致数据安全和隐私保护方面的问题。

因此，人力资源管理在面对技术进步时，需要寻找平衡点，既要充分利用技术的优势提高管理效率，又要关注员工的情感需求和人性关怀。这需要事业单位重新思考人力资源管理的核心理念，以人为本，关注员工的成长和发展，

同时结合技术手段实现更加人性化的人力资源管理。

为了应对这一挑战，事业单位可以采取以下措施：一是加强与员工的沟通与互动，了解员工的需求和期望，让员工参与到技术应用的决策中来；二是培养员工的技能和素质，使其能够适应技术的变革，同时提高其对新技术应用的接受度和满意度；三是建立完善的数据安全和隐私保护机制，确保员工个人信息的安全可靠。

平衡技术与人的关系是一个长期而复杂的过程，需要事业单位不断地探索和实践。只有找到技术与人的最佳结合点，人力资源管理才能真正发挥其应有的作用，为事业单位的发展提供有力支持。

二、多元化的劳动力：如何满足不同背景员工的需求

随着全球化进程的加速，单位中的劳动力呈现出了前所未有的多元化趋势。员工队伍中包括了来自不同文化背景、年龄、性别、教育程度的成员，这种多元化为事业单位带来了丰富的创新和视角。然而，这种多元化也给人力资源管理带来了新的挑战。

首先，不同背景的员工有着不同的需求和价值观。他们可能在工作期望、职业发展、薪酬福利等方面存在差异。这就要求事业单位在人力资源管理中更加关注员工的个性化需求，并提供有针对性的支持和激励。其次，多元化的劳动力可能会导致文化冲突和沟通障碍。不同背景的员工在工作中可能会产生价值观的碰撞和误解，这需要事业单位在人力资源管理中注重跨文化沟通和团队建设，促进员工之间的相互理解和尊重。

为了应对未来挑战，事业单位和个人可以采取以下措施来加强创新管理。

（一）需要建立一种包容性的创新文化

这种文化应尊重多样性、倡导平等机会，并鼓励员工敢于尝试、不怕失败。通过营造一个开放、包容的创新环境，事业单位和个人可以吸引更多的人才，激发员工的创造力和创新精神。

（二）应该提供个性化的职业发展机会

根据员工的不同背景和职业需求，制定有针对性的培训和发展计划。通过这些计划，员工可以不断提升自己的专业技能和创新能力，为自己的职业发展打下坚实的基础。

（三）需要设计多元化的薪酬福利体系

薪酬福利体系不仅要体现公平性，还要考虑到员工的个性化需求。通过提供具有竞争力的薪酬水平和福利项目，事业单位和个人可以吸引和留住优秀的人才，为单位的创新活动提供有力支持。

（四）应加强跨文化沟通与团队建设

在全球化背景下，来自不同背景的员工拥有不同的文化观念和价值观念。为了更好地整合这些资源，事业单位和个人需要促进员工之间的交流与合作，培养员工的跨文化意识和团队协作能力。通过加强团队建设，事业单位和个人可以形成更加紧密、高效的创新团队，共同应对未来的挑战。

（五）应关注员工心理健康，营造积极向上的工作氛围

在创新过程中，员工可能会面临各种压力和挑战，导致心理负担加重。事业单位和个人应该关注员工的心理健康状况，提供必要的心理支持和辅导。通过营造积极向上的工作氛围，员工可以保持乐观的心态，更好地应对创新过程中的困难和挑战。

总之，为了应对未来的困难和挑战，事业单位和个人需要不断加强创新管理。通过建立包容性的创新文化、提供个性化的职业发展机会、设计多元化的薪酬福利体系、加强跨文化沟通与团队建设以及关注员工心理健康等方面的措施，事业单位和个人可以提升自身的创新能力和竞争力，为未来的发展打下坚实的基础。

三、变革管理与适应能力：如何快速应对单位变革

在当今这个快速变化、充满不确定性的市场环境中，单位变革成了事业单位持续发展的必要手段。然而，变革往往伴随着挑战和风险，如何快速、有效地应对单位变革，是人力资源管理面临的重要挑战之一。

单位变革意味着原有的工作模式、流程和结构需要进行调整或优化。这可能会导致员工的角色和职责发生变化，甚至影响到一些员工的利益。因此，人力资源管理者需要在变革过程中与员工进行有效的沟通和协调，确保员工能够理解和接受变革的必要性，并顺利地适应新的工作模式和流程。单位变革往往需要员工的支持和参与。人力资源管理者需要激发员工的积极性和创造力，使其成为推动变革的重要力量。通过培训和教育，提高员工对变革的认识和理解，培养其适应新环境的能力和技能。同时，也需要关注员工的情感和心理健康，提供必要的支持和辅导，帮助员工缓解变革带来的压力和焦虑。人力资源管理者还需要关注变革过程中的公平性和透明度。确保所有员工都能够平等地参与变革、分享变革的成果。建立公正的评估和激励机制，让员工的贡献得到应有的认可和回报。

为了快速应对单位变革，人力资源管理者需要具备一系列关键能力。这些能力不仅有助于人力资源管理者更好地应对变革挑战，还能为单位的持续发展提供有力支持。

首先，在快速变化的市场环境中，人力资源管理者需要具备敏锐的洞察力，能够迅速识别单位变革的需求和市场变化。这意味着他们需要及时获取信息、分析和解读数据，并快速作出决策。同时，他们需要具备高效的行动力，将决策转化为具体的措施和行动计划，确保变革的顺利实施。

其次，在变革过程中，人力资源管理者需要与不同层级的员工进行有效的沟通，确保信息传递的准确性和及时性。他们需要倾听员工的意见和建议，了解他们的需求和关切，协调各方面的利益关系。通过建立良好的沟通渠道和合作机制，人力资源管理者可以促进员工之间的合作与协同，推动变革的顺利实施。

再次，在变革过程中，不可避免地会遇到各种问题和挑战。人力资源管理

者需要具备创新思维和解决问题的能力,能够迅速找到合适的解决方案。他们需要勇于尝试新的方法和思路,不断探索创新的可能性。同时,他们需要具备解决问题的能力,能够分析问题、找到根本原因并采取有效的措施来解决。

最后,随着市场的不断变化和发展,人力资源管理者需要不断更新自己的知识和技能,以适应市场的变化和发展趋势。他们需要持续学习、掌握新的理论和方法,并将其应用到实际工作中。同时,他们需要具备适应能力,能够快速适应变革带来的变化和挑战。

总之,人力资源管理者需要不断提升自己的专业素养和能力,以应对变革带来的挑战和机遇。通过敏捷的思维和行动、良好的沟通和协调、创新和解决问题的能力以及学习和适应能力等方面的提升,人力资源管理者可以为单位的持续发展提供有力支持。

四、数据驱动决策:如何有效利用人力资源数据

随着大数据时代的来临,数据已经成为事业单位决策的重要依据。对于人力资源管理而言,如何有效地收集、分析和利用人力资源数据,为决策提供有力支持,是当前面临的又一重要挑战。

(一)人力资源管理者需要具备一定的数据分析能力

这包括了对数据的收集、整理、分析和解读等方面的技能。通过数据分析,可以更好地了解员工的绩效表现、人才流动情况、培训需求等方面的信息,从而为人力资源决策提供科学依据。

(二)建立完善的数据管理系统也是必要的

这包括了数据的采集、存储、处理和分析等方面的技术手段。通过建立统一的数据标准和管理流程,确保数据的准确性和可靠性,从而提高数据分析的准确性和决策的有效性。

为了有效利用人力资源数据,事业单位可以采取以下具体措施。

(三)需要建立专门的数据管理团队

这个团队应由具备数据收集、处理和分析能力的人员组成,他们将负责数据的获取、清洗、整合和存储等工作,确保数据的准确性和完整性。这个团队还需要与其他部门进行密切合作,共同制定数据管理政策和流程,以确保数据的合理使用和安全保护。

(四)需要制定严格的数据管理制度和流程

这些制度和流程应明确数据的来源、使用目的、保密措施和合规要求等,以确保数据的保密性和合规性。同时,事业单位还需要建立数据质量标准和校验机制,定期对数据进行检查和校验,以确保数据的准确性和完整性。

(五)需要引入先进的数据分析工具和技术

这些工具和技术可以帮助事业单位更好地处理和分析人力资源数据,提高数据分析的准确性和效率。例如,事业单位可以采用数据挖掘、机器学习等技术来发现数据中的潜在规律和趋势,从而为决策提供更有力的支持。

（六）需要加强数据驱动决策的培训

这种培训可以帮助人力资源管理者更好地理解和应用数据驱动决策的方法和工具，提高他们的数据分析和决策能力。通过培训，人力资源管理者可以更好地利用数据进行决策，从而提高决策的准确性和有效性。

（七）培养数据驱动决策的思维和习惯

这需要事业单位在日常工作中注重数据的收集、分析和应用，鼓励员工使用数据进行决策，并建立基于数据的绩效评估和激励机制。通过这些措施，事业单位可以逐步形成数据驱动决策的文化和习惯，进一步提高人力资源管理的效率和效果。

总之，有效利用人力资源数据是当前人力资源管理的重要趋势之一。事业单位需要加强数据管理、提高数据分析能力，同时培养数据驱动决策的思维和习惯，从而更好地应对市场变化和竞争压力，推动单位的持续发展。

五、法律与伦理问题：如何在合规的前提下进行人力资源管理

随着法律法规的不断完善和伦理标准的提高，人力资源管理面临着如何在合规的前提下进行操作的挑战。这不仅关系到事业单位的声誉和形象，还直接影响到单位的正常运行和员工的权益。因此，人力资源管理者需要具备高度的法律意识和伦理观念，确保在招聘、薪酬、福利、绩效管理等多个方面都能遵循相关法律法规和伦理标准。

（一）人力资源管理者需要深入了解和掌握相关法律法规和伦理标准

这包括劳动法、就业促进法、社会保险法等法律法规，以及国际劳工单位等制定的伦理标准。通过学习和研究这些法律法规和伦理标准，人力资源管理者能够更好地理解合规要求，并在实际操作中严格遵守。

（二）人力资源管理者需要在实践中始终遵循法律法规和伦理标准

这意味着在招聘、薪酬、福利、绩效管理等方面都需要按照法律规定和伦理要求进行操作。例如，在招聘过程中要避免歧视，确保公平公正；在薪酬福利方面要符合法定要求，保障员工的合法权益；在绩效管理方面要遵循公正、公平的原则，避免出现不正当的奖惩行为。

（三）人力资源管理者还需要具备一定的危机管理和公关能力

在面对复杂的法律环境和社会舆论压力时，能够迅速应对，妥善处理可能出现的法律和伦理问题。通过建立危机管理机制和公关策略，及时应对危机事件，降低单位风险，维护事业单位的声誉和形象。

为了更好地应对法律与伦理问题，在人力资源管理中确保合规性，事业单位可以采取以下具体措施。

第一，建立完善的法律法规和伦理标准体系。这意味着事业单位需要深入研究国家及地方的法律法规，理解其要求和约束，同时参考国际伦理标准和行业最佳实践，制定出一套既符合法律要求又体现事业单位伦理价值的规章制度。这些规章制度应覆盖招聘、培训、绩效管理、薪酬福利、员工关系等人力资源管理的各个方面，确保所有活动都在合规的框架内进行。

第二，加强培训和教育是关键。事业单位应定期对人力资源管理者进行法律法规和伦理标准的培训，确保他们了解最新的法律动态和伦理要求，能够在实际工作中正确应用。此外，培训还应包括案例分析和模拟演练，以提高人力资源管理者应对复杂法律和伦理问题的能力。

第三，建立内部监督机制是保障合规性的重要手段。事业单位应设立专门的监督机构或指定专人负责监督人力资源管理的合规性。这些监督人员应独立于人力资源部门，具备法律和伦理方面的专业知识，能够定期对人力资源管理活动进行审查，及时发现和纠正不合规行为。同时，事业单位还应鼓励员工举报违法违规行为，确保监督机制的全面性和有效性。

第四，加强与外部机构的合作也是提高合规性的重要途径。事业单位应与相关政府部门、行业协会、国际单位等建立紧密的合作关系，共同推动人力资源管理合规性的提高。通过与这些机构的合作，事业单位可以及时了解法律法规的最新动态和解释，参与制定行业标准，分享最佳实践，从而不断提升自身的合规水平。

第五，建设一种注重合规的文化氛围。这种文化应强调诚信、公正、透明和尊重法律，鼓励员工在工作中始终坚守法律和伦理底线。通过事业单位文化的熏陶和引导，员工可以更加自觉地遵守规章制度，减少违法违规行为的发生。

总之，为了应对这一挑战，事业单位需要建立完善的法律法规和伦理标准体系，加强培训和教育，建立内部监督机制，加强与外部机构的合作，并培养注重合规的事业单位文化。通过这些措施的实施，事业单位可以确保人力资源管理的合规性，降低法律和伦理风险，为事业单位的稳健发展提供有力保障。

第二章 创新与人力资源管理的融合

第一节 创新在人力资源管理中的角色

一、创新对事业单位竞争力的影响

在当今竞争激烈的市场环境中,创新已经成为事业单位获得竞争优势和持续发展的关键驱动力。创新不是局限于产品、服务或技术的创新,而是涉及更广泛的内部层面的创新,包括管理模式、工作流程和单位文化的创新。这些创新为单位带来了新的机会、竞争优势和增长动力,从而显著提升了事业单位的整体竞争力。

产品和服务的创新是不断推出具有差异化特征的产品或服务,单位能够满足客户需求,抢占市场份额,从而获得竞争优势。然而,仅仅依靠产品或服务的创新是不够的,还需要在管理模式上进行创新。

管理模式的创新包括单位结构的调整、工作流程的优化以及决策机制的变革。通过管理模式创新,单位能够提高内部运作效率,降低成本,增强对外部环境变化的适应能力。这有助于单位在市场竞争中获得更大的竞争优势和更高的利润水平。

除了管理模式创新外,工作流程的创新也是提升单位竞争力的关键因素。通过优化工作流程,提高工作效率和质量,单位能够更快地响应市场变化和客户需求,从而增强竞争力。例如,引入自动化和智能化的技术手段来改进工作流程,可以提高生产效率和质量稳定性。

此外,单位文化的创新也是不可忽视的方面。一个具有创新精神、鼓励开放思维和包容性的单位文化,能够激发员工的创造力和团队合作精神,促进单位的持续创新和发展。通过培养员工的创新意识,构建一个积极向上的文化氛围,单位能够更好地应对市场挑战和抓住发展机遇。

二、人力资源管理在创新过程中的定位与作用

在单位的发展和创新过程中,人力资源管理发挥着至关重要的作用。它不仅是创新战略的推动者和实施者,更是单位文化建设和员工发展的关键力量。

首先,人力资源管理在创新过程中的定位是战略伙伴和执行者。这意味着人力资源管理者需要与高层管理者紧密合作,共同制定单位的创新战略。他们需要深入理解单位的业务目标、市场定位和竞争态势,从而制定出符合单位发展需求的人才管理策略。通过这些策略,人力资源管理者能够确保单位具备实施创新战略所需的人才、技能和知识。

其次，人力资源管理在创新过程中的作用是提供人才保障。为了推动创新活动，人力资源管理者需要积极选拔和培养具有创新精神的人才。他们需要构建一个开放、包容的环境，吸引和留住创新型人才，并为他们提供充足的资源和支持。通过有效的招聘、选拔和培训，人力资源管理者能够帮助单位建立一支充满活力和创造力的团队，为单位的创新活动提供源源不断的人才动力。

最后，人力资源管理在创新过程中的角色还包括构建有利于创新的文化和激励机制。一个鼓励创新、宽容失败的单位文化能够激发员工的创造力和冒险精神，推动单位内部的创新氛围。人力资源管理者需要通过制定合理的绩效评估体系、提供多元化的激励手段以及建立良好的沟通机制，激发员工的创新精神。他们需要关注员工的需求和发展，提供个性化的职业规划和培训机会，帮助员工实现自我价值，从而提高员工的满意度和忠诚度。

三、创新对人力资源管理的新要求

随着单位对创新需求的增加，人力资源管理也面临着新的挑战和要求。这些新要求不仅涉及人才的引进和培养，还包括激励机制的构建、单位文化的塑造等方面。

首先，创新对人力资源管理在人才引进和培养方面提出了更高的要求。单位需要具备创新思维和创新能力的人才来推动创新活动的发展。因此，人力资源管理者需要更加注重人才的选拔和培养，特别是对于具有创新潜力的员工。他们需要制定有针对性的招聘策略，吸引具有创新精神的人才加入单位，同时提供充足的培训和发展机会，激发员工的创新潜力，提升其创新能力。

其次，创新对人力资源管理在激励机制的构建方面提出了更高的要求。为了激发员工的创新精神，人力资源管理者需要构建更加灵活和适应性强的激励机制。这包括制定合理的薪酬制度、提供多元化的奖励手段以及建立员工晋升通道等。通过这些激励机制，单位能够激发员工的创新积极性，促使他们主动参与创新活动，为单位的创新发展作出贡献。

最后，创新对人力资源管理在单位文化建设方面也提出了更高的要求。一个鼓励创新、开放包容的单位文化能够激发员工的创新意识，推动单位的持续创新。因此，人力资源管理者需要更加注重单位文化的建设，培养员工的创新意识，推动单位内部的创新氛围。他们可以通过开展各种文化活动、建立良好的沟通机制以及倡导创新思维等方式，营造一个有利于创新的单位文化环境。

第二节 人力资源创新管理的原则和策略

一、人力资源创新管理的基本原则

在当今快速变化和竞争激烈的环境中，人力资源创新管理显得尤为重要。为了激发员工的创新精神，提高单位的竞争力，人力资源创新管理需要遵循以下基本原则。

（一）以人为本

人力资源创新管理的核心在于以人为本。员工不仅是实现目标的执行者，更是单位创新发展的推动者和贡献者。因此，人力资源创新管理强调将员工的需求和发展置于首位，充分尊重和信任员工，通过提供发挥其创新能力的机会和平台，激发员工的创新潜能。这不仅有助于员工的个人成长和职业发展，更能为单位的创新发展注入源源不断的动力。

在以人为本的原则下，人力资源创新管理需要关注员工的成长需求和工作特点，为员工提供个性化的职业规划和培训机会。通过制定完善的培训计划和职业发展路径，帮助员工不断提升自身的能力和素质，实现个人价值的最大化。同时，人力资源创新管理还需要关注员工的工作满意度和福利保障，通过提供良好的工作环境和福利待遇，增强员工的归属感和忠诚度。

（二）开放包容

开放包容的原则是人力资源创新管理的基石之一。单位需要倡导开放的文化氛围，鼓励员工积极表达自己的观点和意见，接纳和包容不同的思维方式。通过建立一个开放的创新环境，单位能够激发员工的创新精神和创造力，推动单位的创新发展。

为了实现开放包容的管理，人力资源创新管理需要建立有效的沟通机制和多元化的交流平台。鼓励员工之间的互动和合作，促进知识的分享和传递，激发新的想法和创意。同时，单位还需要鼓励员工敢于尝试和冒险，对于失败和错误采取宽容的态度，营造一个敢于承担风险、勇于创新的单位氛围。

在开放包容的管理下，单位能够吸引和留住具有不同背景和专长的员工，激发他们的创造力和创新能力。通过多元化的思维方式和观点的碰撞，单位能够产生更多的创新思路和解决方案，推动单位的持续发展和竞争优势的提升。

（三）持续学习

人力资源创新管理高度重视员工的持续学习和发展。单位需要为员工提供各种培训和学习机会，帮助他们不断提升自身的创新能力和专业素养。通过持续学习，员工能够不断更新知识和技能，以适应快速变化的环境，为单位的创新发展注入新的活力。

为了鼓励员工持续学习，人力资源创新管理需要制定个性化的培训计划，针对员工的职业发展和工作需求进行有针对性的培训。单位可以提供在线课程、外部培训、内部研讨会等多种形式的学习机会，让员工能够自由选择适合自己的学习方式。此外，单位还可以设立学习奖励制度，对在学习和成长方面取得突出成绩的员工给予表彰和奖励，以激发员工的学习热情和积极性。

通过持续学习，员工能够不断提升自身的专业素养和创新能力，为单位的创新发展提供源源不断的动力。同时，持续学习还能够增强员工的自我发展和自我完善意识，提高员工的综合素质和竞争力，为单位的长期发展奠定坚实的人才基础。

（四）激励与奖励

人力资源创新管理强调建立有效的激励机制，激发员工的创新精神和工作热情。需要设立合理的奖励制度，包括物质奖励和非物质奖励，以表彰员工的创新成果和贡献。通过激励和奖励，单位能够激发员工的创新热情和工作积极性，推动单位持续创新。

物质奖励可以包括奖金、晋升机会、福利待遇等方面的激励，以满足员工的基本需求和期望。同时，单位还可以提供非物质奖励，如荣誉证书、荣誉称号、参与决策机会等，以激发员工的归属感和自豪感。通过合理的奖励制度，单位能够激发员工的内在动力和创新潜力，推动他们为单位的创新发展做出更大的贡献。

此外，激励与奖励机制还需要与绩效评估相结合。单位需要建立科学的绩效评估体系，对员工的创新成果和工作表现进行客观、公正的评估。通过合理的绩效评估和奖励制度，单位能够营造一个公平、竞争、激励的工作氛围，促使员工积极发挥自己的创造力和潜能。

（五）团队协作

团队协作是实现单位创新的重要途径。人力资源创新管理需要鼓励团队之间的协作和交流，促进知识的分享和传递，共同推动单位创新。通过团队协作，员工能够相互学习、互相启发，从而激发更多的创新想法和解决方案。

为了促进团队协作，单位需要建立良好的沟通机制和合作文化。鼓励员工之间的信息共享、交流互动和合作完成任务，打破部门壁垒和信息孤岛。通过定期的团队会议、项目合作、跨部门交流等方式，单位能够促进员工之间的知识传递和经验分享，加速创新的产生和发展。

同时，还需要培养员工的团队精神和合作意识。强调团队目标的重要性，让员工明白个人发展与单位发展是紧密相连的。通过团队项目的实施和团队合作的培训，能够增强员工的团队意识和合作精神，提高团队的凝聚力和执行力。

二、创新管理的关键策略：如何激发员工的创新精神

（一）营造创新氛围

为了激发员工的创新精神，单位需要采取一系列措施来营造一个充满活力和创新的氛围。单位需要树立创新的价值观念，强调创新对于单位发展的重要性。通过内部宣传、培训和员工参与等方式，将创新理念深入人心，让员工认识到创新是单位的核心竞争力。

为了更好地营造创新氛围，单位可以采取以下具体措施。

1.建立创新支持机制。单位应建立一套完善的创新支持机制，包括创新基金、创新奖励和创新平台等。这些机制可以鼓励员工积极提出创新想法，并为他们提供必要的资源和支持，帮助他们将想法转化为实际的创新成果。

2.提供创新培训和辅导。单位可以定期为员工提供创新培训和辅导课程，帮助他们培养创新思维和创新能力。这些培训可以涵盖创新理论、创新方法和

创新实践等方面，通过实际案例分析和互动讨论等形式，激发员工的创新潜力。

3.鼓励跨部门合作。可以鼓励不同部门之间的员工进行合作，共同开展创新项目。通过跨部门的合作，员工可以相互学习、分享经验和资源，共同解决复杂问题，实现更大的创新突破。

4.建立创新社区。可以建立一个线上或线下的创新社区，让员工有一个平台可以分享创意、交流想法和合作创新。这个社区可以定期举办创意分享会、研讨会等活动，促进员工之间的交流与合作。

5.领导层的支持与参与。高层领导应积极支持和参与创新活动，为员工树立榜样。领导层的支持和参与可以传递出对创新的重视，增强员工的信心和动力，推动整个单位的创新氛围更加浓厚。

通过这些措施的实施，单位可以营造一个充满活力和创新的氛围，激发员工的创新精神，推动单位的持续发展。

（二）提供创新支持

为了帮助员工实现创新想法，单位需要提供必要的资源和支持。这包括资金、技术、设备和专业指导等方面的支持。

首先，单位可以设立创新基金或创新奖励计划，为员工的创新项目提供资金支持。这可以帮助员工解决资金问题，让他们能够更好地实现自己的创新想法。

其次，单位可以提供技术支持和研发资源，帮助员工解决技术难题和创新障碍。这可以包括内部研发团队、外部合作伙伴或专业技术支持等方面的资源。

同时，单位还可以提供必要的设备和工具，以满足员工在创新过程中的需求。这可以包括实验室设备、测试仪器、软件工具等资源，帮助员工更好地实现他们的创新目标。

此外，单位还可以提供专业指导和培训，帮助员工提升创新能力和技术水平。这可以包括内部培训、外部培训、导师制度等方面的指导，让员工在专业领域得到更好的发展。

综上所述，营造创新氛围和提供创新支持是促进人力资源创新管理的重要措施。通过建立鼓励冒险、宽容失败、追求卓越的单位文化，并提供必要的资源和支持，单位能够激发员工的创新精神和工作热情，推动单位的持续发展和竞争优势的提升。

（三）建立创新团队

为了推动单位的创新发展，人力资源创新管理需要重视建立一支具备多元化背景和专业技能的创新团队。这样的团队不仅有助于激发新的思路和解决方案，还能为单位带来持续的创新动力。

为了成功建立创新团队，事业单位和个人需要采取一系列措施来吸引和招募具有创新精神和高潜力的员工。

首先，事业单位应制定明确的招聘策略，注重选拔具备创新思维、学习能力和团队协作的人才。在招聘过程中，事业单位和个人可以通过测试、面试和案例分析等方式来评估候选人的创新能力。

其次，事业单位应提供系统的培训和发展计划，帮助新员工快速融入团队并发挥其潜力。培训内容可以涵盖创新理论、团队协作、沟通技巧等方面，以提升团队的整体素质和能力。此外，事业单位还可以定期内部分享会、技术交流会等活动，促进团队成员之间的知识共享和经验交流。

除了吸引和招募具备创新精神的员工，事业单位还需要建立良好的沟通机制和合作文化，以促进团队成员之间的协作和交流。鼓励团队成员积极分享经验、提出意见和建议，共同解决挑战和问题。通过建立开放、包容的沟通氛围，事业单位可以促进团队成员之间的互动与合作，从而激发更多的创新思路和解决方案。

再次，事业单位应为创新团队提供必要的资源和支持，包括资金、技术、设备和专业指导等。这些资源将有助于团队成员更好地开展创新活动，实现更大的创新成果。同时，事业单位应定期评估团队的绩效和成果，给予适当的奖励和激励，以保持团队的积极性和创造力。

最后，事业单位应注重培养团队的创新氛围和文化。通过树立创新的价值观念、鼓励冒险和宽容失败、营造一个追求卓越的环境，事业单位可以进一步激发团队的创造力和活力。这样的氛围和文化将有助于事业单位建立一支具备持续创新能力的高效团队，推动单位的创新发展。

（四）培养创新能力

人力资源创新管理需要重视员工创新能力的培养和发展，以提升单位的整体创新能力。创新能力不是少数具有天赋的人才所具备的，而是可以通过系统的培训和发展项目来培养和提升的。

为了培养员工的创新能力，单位需要提供一系列的培训和发展项目。这些项目应该涵盖创新理论、创新工具和方法的学习，以及实践经验和案例分享等内容。通过系统的培训，员工可以掌握创新的思维方式和技巧，提升自己的创新能力。

首先，单位可以邀请内部专家或外部讲师进行培训和指导，为员工传授创新的理念和方法。这些专家和讲师通常具备丰富的创新经验和专业知识，能够帮助员工开拓思路、掌握创新的工具和技巧。

其次，单位可以提供实践机会，让员工在实际项目中锻炼和提高自己的创新能力。通过参与实际项目，员工可以接触到真实的创新场景和问题，将所学的创新理论和方法应用于实践中。这样的实践机会能够激发员工的创造力和应对挑战的能力，提升其创新水平。

此外，单位还可以通过设立创新竞赛、创新奖励等方式来激励员工积极参与创新活动。这些竞赛和奖励可以激发员工的创新热情和积极性，促使其主动投入创新活动中。同时，单位可以定期对员工的创新能力进行评估和反馈，帮助员工了解自己的不足之处并制订改进计划。

通过培养员工的创新能力，单位不仅能够提升员工的个人价值和能力，还能够增强整体创新能力。这种创新能力将有助于单位在竞争激烈的市场环境中保持领先地位，实现持续的创新和发展。因此，人力资源创新管理需要将培养员工的创新能力作为一项重要的任务，不断优化培训和发展项目，以适应不断变化的市场环境和单位需求。

（五）鼓励员工参与

人力资源创新管理需要鼓励员工积极参与创新活动，充分激发其积极性和创造力。通过让员工参与创新决策和实施过程，单位能够激发员工的归属感和责任感，共同推动单位的创新发展。

单位可以采取多种方式鼓励员工参与创新活动。例如，可以设立员工建议箱或创新提案平台，鼓励员工提出自己的想法和建议。同时，单位还可以定期举办创新研讨会或头脑风暴会议，让员工共同探讨和解决问题。此外，单位还可以设立跨部门项目组或工作小组，让员工在不同领域和团队中合作开展创新项目。

为了提高员工参与创新的积极性，单位需要建立有效的激励机制。这包括物质奖励和非物质奖励，如奖金、晋升机会、荣誉称号等。通过合理的奖励制度，单位能够激发员工的内在动力和创新潜力，推动他们为单位的创新发展做出更大的贡献。

三、创新管理实践案例分析

为了深入了解创新管理的实际操作和应用，我们通过分析具体的创新管理实践案例来获得更直观的认识。这些案例来自不同的行业和单位规模，包括成功的创新实践和失败的经验总结。通过案例分析，我们可以总结出一些具有普适性的创新管理原则和策略，为其他单位提供借鉴和启示。

我们来看一个成功的创新管理实践案例——特斯拉汽车公司（Tesla Motors）。特斯拉是一家以创新为核心竞争力的电动汽车制造商，通过一系列的创新举措，成功地推动了电动汽车市场的变革。

特斯拉的成功在于其独特的创新管理策略。首先，公司注重研发和技术的创新，投入大量资源进行电池技术、电机控制等方面的研发，以提升产品的性能和竞争力。其次，特斯拉采取了开放式创新的策略，与供应商、研究机构等外部合作伙伴进行合作，共同推动技术的进步和创新。最后，特斯拉强调快速迭代和持续改进的创新方法，通过不断收集用户反馈和改进产品，提高用户体验和满意度。

另一个值得关注的创新管理实践案例是苹果公司（Apple）。苹果公司以其卓越的设计和用户体验为核心竞争力，不断创新和发展。苹果的创新管理策略主要包括以下几个方面：一是注重用户体验和设计，从用户需求出发，不断优化产品的外观、功能和性能；二是采取软硬件一体化开发的策略，通过自主研发操作系统、应用软件等关键技术，确保产品的完整性和协调性；三是通过建立强大的品牌形象和文化，提高消费者对产品的认知度和忠诚度。

然而，创新管理并非一帆风顺，也有一些单位在创新过程中遭遇了失败。例如，谷歌眼镜（Google Glass）就是一个典型的失败案例。谷歌眼镜是一款具有创新性的智能眼镜产品，但由于在市场定位、用户体验、隐私保护等方面存在诸多问题，最终未能获得消费者的认可和接受。

谷歌眼镜的失败教训在于其缺乏明确的市场需求和用户痛点分析，以及对用户体验和隐私保护的忽视。这使得产品在发布后不久就面临了巨大的舆论压力和消费者质疑。此外，谷歌眼镜在宣传和营销方面也存在不足，未能有效地传递产品的独特价值和优势。

通过以上案例分析，我们可以总结出一些具有普适性的创新管理原则和策略，这些原则和策略可以帮助事业单位在竞争激烈的市场环境中实现持续的创新和发展。

第一，单位需要明确创新的战略目标和定位，确保创新活动与单位的整体战略和发展方向相一致。这有助于确保创新投入与单位目标保持一致，避免资源浪费和无效的创新尝试。

第二，单位需要不断强化研发和技术创新。在技术快速发展的今天，研发和技术创新是推动单位持续发展的关键动力。通过不断投入资源进行技术研发和产品创新，单位可以提升自身的竞争力，满足市场需求。

第三，单位可以采取开放式创新的策略，与外部合作伙伴进行合作，共同推动技术的进步和创新。通过与高校、研究机构、其他事业单位等建立合作关系，单位可以共享资源、技术、知识和人才，实现更广泛的创新和突破。

第四，单位需要关注用户体验和市场导向。在产品和服务同质化严重的今天，用户体验成为决定单位成败的关键因素之一。深入了解用户需求和痛点，不断优化产品和服务，以满足市场需求和提升用户体验是创新管理的核心内容。

第五，单位需要建立强大的品牌形象和文化。品牌形象是消费者对单位的认知和信任的基础，而文化则是单位内部的凝聚力和向心力。通过建立独特的品牌形象和文化，单位可以提高消费者对产品的认知度和忠诚度，增强自身的竞争力。

第六，单位需要建立风险控制和试错文化。创新本身就伴随着风险和不确定性，单位需要鼓励员工勇于尝试和接受失败。同时，单位应及时调整和改进创新策略，以降低风险并提高创新的成功率。

第七，单位需要持续学习与改进。在快速变化的市场环境中，单位需要不断学习新知识、掌握新技能、了解新趋势。通过不断收集反馈、总结经验教训、优化产品和服务，可以提高自身的创新能力，实现持续的发展和创新。

总之，以上这些原则和策略可以帮助其他单位在竞争激烈的市场环境中实现持续的创新和发展。当然，这些原则和策略并不是一成不变的，单位需要根据自身的实际情况和市场需求进行灵活的应用和调整。

第三章 人才招聘与选拔的创新管理

第一节 招聘渠道的创新

一、利用社交媒体进行招聘

随着科技的飞速发展和社交媒体的普及,人力资源部门开始重新思考传统的招聘方式。过去,招聘广告可能只出现在报纸或招聘网站上,但现在,社交媒体平台已经成为许多事业单位招聘的首选渠道。

首先,社交媒体具有极高的传播力。通过社交媒体平台,招聘信息可以迅速传播到数百万的潜在求职者中,覆盖面远超过传统招聘方式。这对于急需填补岗位空缺的单位来说,无疑是一个巨大的优势。

其次,社交媒体提供了丰富的交互功能。通过评论、私信、互动等方式,单位可以与求职者进行直接交流,更好地了解他们的兴趣、技能和需求。这种交互方式不仅提高了招聘的效率,也使得单位能够更精准地找到合适的人选。

最后,许多社交媒体平台还提供了数据分析功能,帮助单位了解求职者的分布和行为模式。这些数据可以帮助单位优化招聘策略,进一步提高招聘的成功率。

一些知名的社交媒体平台如 LinkedIn、Meta、Instagram 等已经成为招聘领域的领头羊。通过这些平台,单位可以发布招聘信息、筛选简历、进行面试等,大大简化了招聘流程。

然而,尽管社交媒体招聘具有诸多优势,但也有其局限性。例如,虚假信息、隐私泄露等问题时有发生,需要单位谨慎应对。同时,由于社交媒体上的信息量巨大,如何让招聘信息脱颖而出也是一个挑战。

综上所述,利用社交媒体进行招聘已经成为一种趋势。但要充分发挥其优势,单位需要灵活运用各种策略和技术,确保招聘过程的顺利进行。

二、内部推荐机制的建立与优化

内部推荐机制是一种高效、可靠的招聘方式,越来越多的单位开始重视并实施这一策略。通过员工的推荐,单位不仅能够更快地找到合适的人才,还能降低招聘成本,提高招聘质量。为了充分发挥内部推荐机制的优势,单位需要建立一套完善的内部推荐机制,并进行持续的优化。

首先,单位需要明确内部推荐流程。这包括推荐信息的收集、审核、面试安排等环节。通过制定详细的流程规范,单位可以确保推荐流程的顺畅进行,提高招聘效率。同时,单位还需要确保流程的透明度和公平性,让员工感受到自己的推荐是有价值的。

其次，为了鼓励员工积极参与内部推荐，单位需要制定合理的奖励措施。这可以是物质奖励，如奖金、礼品等，也可以是精神奖励，如表彰、晋升机会等。通过合理的奖励机制，可以激发员工的积极性，提高内部推荐的参与度。

最后，单位还需要加强内部宣传和培训。通过内部网站、公告、培训等方式，单位可以向员工宣传内部推荐的重要性和优势，提高员工的认知度和参与度。同时，单位还可以定期举办相关的培训和交流活动，让员工更好地了解内部推荐机制，提高推荐的准确性和成功率。

为了持续优化内部推荐机制，单位需要定期收集员工反馈和建议。通过与员工的沟通交流，单位可以了解机制实施过程中存在的问题和不足之处，及时进行调整和改进。同时，单位还可以借鉴其他单位的成功经验，不断优化和完善内部推荐机制。

通过建立完善的内部推荐机制并持续优化，单位可以提高招聘的质量和效率，降低招聘成本。同时，这也有助于增强员工的归属感和忠诚度，促进单位的长期发展。

三、远程招聘与全球招聘策略

在全球化日益深化的今天，远程工作和全球招聘策略已成为许多单位优先考虑的招聘方式。这不仅是因为技术的进步使得远程工作成为可能，更是因为这种招聘方式能够为单位带来更广泛的人才库，提高单位的多样性和包容性。

远程招聘允许单位不受地理位置的限制，从全球范围内吸引优秀的人才。这意味着单位可以轻易地接触到世界各地的顶尖人才，无论他们身在何处。这种招聘方式不仅扩大了单位的视野，也使得单位能够更好地适应全球化的发展趋势。

同时，根据单位的业务需求和项目特点，远程招聘和全球招聘策略能够灵活地吸引不同国家和地区的人才。这不仅满足了单位对多样性和包容性的追求，也使得单位能够更好地适应业务的变化和市场的需求。

然而，要实施有效的远程招聘和全球招聘策略，单位需要面临一些挑战。首先，了解不同国家和地区的文化背景和教育体系是至关重要的。这有助于单位制定针对性的招聘计划和人才选拔标准，确保招聘到的人才能够适应单位的文化和需求。

其次，建立有效的跨文化沟通和融合机制也是必不可少的。由于远程招聘和全球招聘涉及不同国家和地区的人才，文化和语言的差异可能会成为沟通的障碍。因此，单位需要提供相应的培训和支持，帮助新员工快速融入单位文化和团队工作。

此外，考虑到时差和工作习惯的不同，单位还需要制定相应的弹性工作安排和管理策略。这有助于提高员工的工作满意度和效率，同时也有助于保持单位的稳定和高效运转。

第二节 选拔流程的优化

一、技能评估与职业倾向测试

在当今竞争激烈的就业市场中,选拔到合适的人才关重要。为了确保招聘到的人才既具备所需的技能,又与事业单位的文化和价值观相契合,需要采取更为全面和科学的评估方法。这其中,技能评估和职业倾向测试是两种非常有效的工具。

技能评估在招聘过程中起着至关重要的作用。这是因为,尽管候选人的学历和工作经验是重要的参考指标,但它们只能反映过去的表现,而无法准确预测其在未来工作中的实际能力。因此,通过实际操作测试、案例分析、模拟任务等方式对候选人的技能进行评估,可以更准确地预测其未来的工作表现。

例如,实际操作测试可以让候选人直接展示他们的技能,如软件编程、销售技巧等。案例分析则要求候选人分析和解决一些模拟的工作问题,以此来评估他们的逻辑思维、问题解决能力等。而模拟任务则可以模拟实际工作中的情境,让候选人在此情境下完成任务,从而评估他们在实际工作中的表现。

与此同时,职业倾向测试也是招聘过程中不可或缺的一环。通过这种测试,单位可以深入了解候选人的职业兴趣、价值观、性格特点等,从而更好地预测其未来的职业发展。这样,单位不仅可以找到具备所需技能的候选人,还可以找到那些与单位文化和价值观相契合的人才。

职业倾向测试通常采用问卷调查的形式进行,候选人需要在问卷中回答一系列问题,这些问题涉及他们的职业兴趣、价值观、性格特点等。通过分析候选人的回答,单位可以得出其职业倾向的结论,从而制定更为准确的职业发展计划。

总的来说,技能评估和职业倾向测试是选拔合适人才的重要工具。通过这两种方法,单位可以更全面地了解候选人,确保招聘到的人才既具备所需的技能,又与单位的文化和价值观相契合。这将有助于单位的长期发展和成功。

二、面试方法的创新:如行为面试、情景模拟面试等

传统的面试方法在人才选拔过程中存在一定的局限性和不足,例如主观性较强、容易受到偏见的影响等。为了更准确地评估候选人的能力和潜力,许多单位开始探索创新的面试方法。其中,行为面试和情景模拟面试是两种备受推崇的面试方法。

行为面试是一种以行为为基础的面试方法,它着重于了解候选人在过去的工作或生活经历中遇到的具体情况和处理方式。通过要求候选人描述过去的实际情境和行动,单位可以更好地了解候选人的实际能力和问题解决能力。与传统的面试方法相比,行为面试更加客观和具体,能够减少主观性和偏见性。

情景模拟面试则是一种模拟未来工作情境的面试方法。在情景模拟面试中,单位会设计一些与实际工作相关的场景和问题,要求候选人给出解决方案

和应对措施。通过观察候选人在模拟情境下的反应和表现，可以更好地了解候选人在特定情境下的应对能力和创新能力。这种方法可以帮助单位预测候选人在未来工作中的表现和发展潜力。

除了行为面试和情景模拟面试之外，还有一些其他的创新面试方法，如能力测试、性格测试、小组讨论等。这些方法都有助于更全面地了解候选人的能力和潜力，提高选拔的准确性和公正性。

然而，创新的面试方法也存在一定的挑战和限制。例如，设计和实施这些方法需要投入大量的时间和资源，同时也需要专业的面试官进行培训和指导。因此，单位在采用创新的面试方法时需要综合考虑其成本效益和实际可行性。

三、多元化的选拔标准：能力与潜力的综合评估

在招聘过程中，单位通常会考虑候选人的技能、经验和背景等传统因素。然而，随着人才竞争的加剧和单位对人才需求的多样化，单一的选拔标准已经无法满足单位的需要。因此，多元化的选拔标准成了一种趋势。

多元化的选拔标准不仅关注候选人的技能和经验，还更加重视其潜力和发展前景。这意味着单位在选拔人才时，除了传统的教育背景、工作经验和技能水平外，还会考虑其他因素，如学习能力、创新思维、团队协作能力、领导力等。这些软技能在单位的成功中起着至关重要的作用。

学习能力是指候选人在新环境和新任务中快速学习和适应的能力。在快速变化的环境中，单位需要能够快速适应和学习的人才来应对挑战和机遇。

创新思维是指候选人在面对问题时能够打破常规、提出新颖解决方案的能力。这种能力对于单位的创新和变革至关重要。

团队协作能力是指候选人在团队中能够有效地与他人合作、达成共同目标的能力。在团队合作日益重要的今天，这种能力对于单位的协同工作和效率至关重要。

领导力则是指候选人在带领团队、指导和激励他人方面的能力。单位需要具备领导力的人才来推动团队的发展和成功。

通过综合考虑这些多元化的选拔标准，单位可以更全面地评估候选人的能力和潜力，从而选拔出最适合的人才。这有助于提高单位的绩效和竞争力，促进单位的长期发展。

当然，实施多元化的选拔标准需要单位投入更多的时间和资源进行培训和指导，以确保面试官能够准确评估候选人的这些软技能。此外，单位还需要建立完善的招聘流程和评估体系，以确保选拔标准的公正性和有效性。

综上所述，通过综合评估候选人的技能、经验和软技能，单位可以找到最适合的人才，推动单位的成功和发展。

第三节 候选人体验的提升

一、候选人门户网站的建设与优化

候选人门户网站是对外宣传和吸引人才的重要窗口。一个设计合理、功能齐全的候选人门户网站可以为候选人提供便捷的信息查询、在线申请和进度追踪等服务，从而提升候选人的兴趣和忠诚度。因此，建设和优化候选人门户网站对于单位的人才招聘和品牌建设具有重要意义。

首先，候选人门户网站的建设需要注重功能性和用户体验。网站应具备清晰的信息架构和简洁的页面设计，以便候选人快速找到所需信息。同时，提供在线申请和进度追踪等功能，让候选人能够方便地与单位进行互动和沟通。通过优化网站的加载速度和响应时间，提高网站的可用性和稳定性，确保候选人能够获得流畅的使用体验。

其次，候选人门户网站的内容也是关键。单位需要确保网站内容准确、及时更新，并突出展示单位的优势和特色。通过讲述单位的愿景、价值观、员工故事等，让候选人更好地了解单位文化和氛围。同时，利用数据和案例来展示单位在行业中的优秀表现和成就，提升候选人对单位的信任感和认同感。

再次，候选人门户网站还需要注重与社交媒体的整合。通过在网站上添加社交媒体分享按钮，方便候选人将招聘信息分享到自己的社交网络中，进一步扩大单位的知名度。同时，单位也可以通过社交媒体平台积极与候选人互动，及时回应他们的疑问和关注，增强候选人对单位的关注度和参与度。

最后，持续的监测和改进也是必不可少的。单位需要通过数据分析来了解候选人门户网站的使用情况，包括访问量、停留时间、跳出率等指标，以便评估网站的效果并制定改进措施。根据数据反馈，单位可以针对性地优化网站设计、改进功能或调整内容策略，以提高网站的吸引力和竞争力。

综上所述，通过注重功能性和用户体验、优化内容策略、加强社交媒体整合以及持续监测改进等方面的工作，单位可以打造一个优秀候选人门户网站，吸引更多优秀人才并提升品牌形象。

二、招聘流程的透明化与候选人反馈机制

在招聘过程中，透明度和反馈是提升候选人体验的关键因素。通过确保招聘流程的透明化和建立有效的候选人反馈机制，单位可以提高候选人的满意度和忠诚度，进而吸引更多优秀人才。

首先，招聘流程的透明化意味着单位需要清晰地向候选人传达招聘的进展和要求。候选人通常对招聘流程的认知有限，容易产生不确定感和焦虑感。因此，单位需要及时更新招聘状态，明确告知候选人每个阶段的进展情况。这不仅可以帮助候选人更好地了解招聘流程，还可以增加他们对单位的信任度。

为了实现招聘流程的透明化，单位需要精心制定出明确且详细的招聘流程指南。这一指南应涵盖从岗位需求分析、招聘信息发布、简历筛选，到面试环

节的组织安排、录用决策以及后续沟通等招聘全流程的各个方面。并确保有相关部门都清楚了解并遵循这一流程。此外,通过技术手段如招聘管理软件,可以自动化更新候选人状态,确保所有相关部门都能实时获取最新信息。

其次,建立有效的候选人反馈机制是提升候选人体验的重要手段。通过邀请候选人填写招聘满意度调查问卷、提供面试反馈渠道等措施,可以深入了解候选人对招聘流程和单位文化的感受和建议。这种反馈机制不仅可以帮助单位发现招聘流程中的不足之处,还能针对性地改进和优化招聘工作。

候选人反馈机制的建立需要遵循以下几个原则:一是及时性,即需要在候选人完成招聘流程后尽快收集反馈;二是保密性,确保候选人的反馈信息不被泄露给无关人员;三是真实性,确保候选人的反馈是真实、客观的。

最后,单位需要认真对待候选人提出的建议和意见,并及时采取改进措施。通过与候选人互动,单位可以建立起良好的口碑和形象,增加候选人对单位的认同感和忠诚度。这也是单位持续改进和优化招聘流程的重要动力。

三、入职培训与试用期管理

入职培训和试用期管理是新员工融入单位的关键环节,对于新员工的成长和单位的发展具有重要意义。通过精心设计和有效管理,单位可以帮助新员工快速适应工作环境、掌握工作技能,同时为单位培养合格的人才提供保障。

首先,入职培训是新员工了解单位文化、熟悉工作环境、掌握工作技能的重要环节。单位应制订详细的入职培训计划,确保新员工能够全面了解单位的规章制度、业务流程、团队协作等方面。在培训形式上,可以采用多种方式相结合,如集中授课、在线学习、师徒制等,以满足不同新员工的需求。

为了提高入职培训的效果,单位需要关注以下几个方面:一是培训内容要贴合实际工作,确保新员工能够将所学知识运用到实际工作中;二是培训师资要专业、经验丰富,能够为新员工提供有针对性的指导和建议;三是培训过程要注重互动和实践,鼓励新员工积极参与讨论和实践操作,提高其学习兴趣和效果。

其次,试用期管理是新员工融入单位的又一重要环节。在试用期内,单位应对新员工的工作表现进行全面评估,了解其适应能力和工作能力。通过合理的试用期管理,单位可以及时发现并解决新员工的困难和问题,为其提供必要的支持和指导。

为了实现有效的试用期管理,单位需要制定明确的试用期考核标准和流程。考核标准应包括工作态度、团队协作、工作能力等方面,以便全面评估新员工的综合素质。同时,单位应建立完善的试用期沟通机制,及时了解新员工的想法和需求,为其提供必要的帮助和指导。

再次,单位还需要关注试用期内的员工心理健康。在试用期内,新员工可能会面临工作压力、人际关系等方面的挑战,单位应提供必要的心理支持和辅导,帮助其顺利度过这一阶段。

最后,良好的入职培训和试用期管理有助于提升候选人对单位的满意度和忠诚度。通过提供全面的入职培训和有效的试用期管理，可以帮助新员工更好地融入团队和工作，增强其对单位的认同感和归属感。同时，为培养稳定、高素质的人才队伍提供了保障。

第四章 员工培训与发展的创新管理

第一节 培训方法的创新

一、在线学习平台的建立与使用

随着信息技术的飞速发展,在线学习平台作为一种新型的学习方式,正逐渐受到广大员工的青睐。这种学习方式不仅便捷高效,而且为员工提供了更加灵活的学习途径,有利于提升员工的专业技能和个人素质。

在线学习平台的建立需要充分考虑员工的学习需求和事业单位的发展目标。首先,平台应具备丰富的课程内容和学习资源,涵盖各个领域和层次,以满足员工的不同需求。其次,平台应提供个性化的学习计划和进度管理功能,方便员工根据自身情况安排学习时间和进度。

为了确保在线学习平台的有效使用,事业单位需要采取一系列措施。首先,单位应积极推广在线学习平台,提高员工对平台的认知度和使用意愿。可以通过举办培训课程、发放宣传资料等方式,向员工介绍平台的功能和优势。

其次,单位应提供必要的技术支持和指导,帮助员工解决在使用过程中遇到的问题。这包括提供在线客服、技术支持等,以确保员工在使用过程中能够得到及时的帮助和解答。

最后,单位还应建立完善的监督和评估机制,对员工的学习进度和成果进行跟踪和评估。这有助于激发员工的学习动力和积极性,同时也有助于单位了解员工的学习需求和不足之处,为进一步优化在线学习平台提供依据。

通过建立和推广在线学习平台,单位可以提高员工的自主学习意识和能力,促进个人和单位的共同发展。在线学习平台为员工提供了更加灵活、便捷的学习途径,有助于提升员工的专业技能和个人素质,增强单位的整体竞争力。同时,单位也可以通过在线学习平台进一步优化人力资源配置,提高工作效率和绩效。

二、实战模拟培训:理论与实践的结合

实战模拟培训是一种独特的培训方法,它紧密结合了理论与实践,为参与者提供了身临其境的学习体验。通过模拟真实的工作场景和问题,员工能够在实际操作中学习和掌握解决问题的方法和技巧,从而提升自身的实际操作能力和应对突发情况的能力。

在实战模拟培训中,单位可以根据实际情况设计和实施不同类型的模拟场景。这些场景可以涵盖各个部门和岗位的需求,针对实际工作中可能遇到的问

题进行模拟。通过模拟演练，员工可以亲身体验并解决实际问题，从而提高自身的实战能力。

此外，实战模拟培训还有助于加强团队之间的协作和沟通。在模拟演练中，员工需要与同事合作、沟通，共同解决问题。这种培训方式能够促进员工之间的互动与合作，提高团队的凝聚力和协作能力。

为了确保实战模拟培训的有效性，事业单位需要采取一些关键措施。首先，单位需要选择经验丰富、专业素养高的培训师进行指导，确保培训的专业性和针对性。其次，单位需要确保模拟场景的逼真度和完整性，使参与者能够获得真实的工作体验。此外，单位还需要制定明确的评估标准和方法，对参与者的表现进行客观评价，并提供及时的反馈和建议。

通过实战模拟培训，单位可以提高员工的实际操作能力和应对突发情况的能力，加强团队之间的协作和沟通。同时，这种培训方法还能够为员工提供更加个性化和定制化的学习体验，有助于提高员工的满意度和忠诚度。因此，单位应当重视实战模拟培训在员工发展中的重要作用，并根据实际情况将其纳入培训计划中。

三、团队建设与内部培训的整合

团队建设与内部培训的整合是单位发展的关键环节，对于提升员工能力、促进团队协作具有重要意义。通过将两者有机结合起来，单位可以增强培训效果和提高员工参与度，促进个人与单位的共同成长。

首先，一个团结、协作的团队能够更好地应对挑战和完成任务。单位应定期开展团队建设活动，加强员工之间的沟通与合作，培养团队精神和文化。这些活动可以包括户外拓展、团队竞赛、座谈会等，旨在提高员工的团队合作精神和凝聚力。

其次，内部培训也是提升员工能力的重要途径。通过专业的内部培训，员工可以获得更多的知识和技能，提高个人和团队的绩效。单位应根据员工的实际需求和业务发展，制订有针对性的培训计划，涵盖各个领域和层次。这些培训可以包括新员工入职培训、技能提升培训、领导力培训等，以满足不同员工的发展需求。

为了实现团队建设与内部培训的有效整合，单位需要采取一系列措施。首先，单位应将团队建设与内部培训相结合，制订一体化的培训计划。例如，在团队建设活动中穿插相关的内部培训内容，使员工在实践中学习和掌握知识。此外，单位可以邀请内部专家或外部讲师进行现场指导，为员工提供专业、实用的建议和指导。

其次，单位应鼓励员工积极参与团队建设和内部培训活动。通过提供必要的支持和激励措施，如奖励、晋升机会等，激发员工的积极性和参与度。同时，单位应关注员工的个人发展需求，提供个性化的培训计划和职业发展规划，帮助员工实现自我价值和职业目标。

最后，单位应对团队建设和内部培训的效果进行评估和反馈。通过收集员工意见、分析培训数据等方式，了解培训计划的实际效果和员工的满意度。根据评估结果，可以对培训计划进行优化和改进，提高培训的质量和效果。

第二节 技能提升的个性化定制

一、个性化学习路径的设计与实施

在当今社会，随着科技的迅速发展和工作环境的不断变化，员工需要不断提升能力以适应不断变化的工作需求。传统的统一培训模式可能无法满足不同员工的个性化需求，因此，单位需要设计和实施个性化的学习路径，以满足员工的个性化发展需求。

个性化学习路径是根据员工的个人特点和职业发展规划，结合单位的需求和目标，进行定制化设计的学习路径。这种学习路径旨在帮助员工更好地发掘自己的潜力，提高自我发展的能力。

为了设计和实施个性化学习路径，单位需要采取一系列措施。首先，单位需要对员工的个人特点和职业发展规划进行深入了解，以便更好地制定个性化的学习计划和目标。这可以通过员工自我评估、与员工进行面谈、分析员工绩效数据等方式实现。

其次，单位需要根据员工的个人特点和职业发展规划，结合单位的需求和目标，制定个性化的学习计划和目标。这些计划和目标应该具有明确性、可衡量性和可达成性，以确保员工能够明确自己的发展方向和重点。

在实施个性化学习路径的过程中，单位需要提供必要的支持和资源。这包括提供个性化的学习资源、安排专业导师进行指导、提供实践机会等。通过这些支持和资源，员工可以更好地实现自我发展，提高个人和单位的绩效。

最后，单位需要对个性化学习路径的实施效果进行评估和反馈。这可以通过收集员工意见、分析员工绩效数据、评估员工发展目标等方式实现。根据评估结果，单位可以对个性化学习路径进行优化和改进，提高其针对性和有效性。

通过设计和实施个性化学习路径，单位可以更好地满足员工的个性化发展需求，提高员工的自我发展能力和绩效水平。这将有助于增强单位的整体竞争力，促进单位的可持续发展。

二、技能评估与定制化培训计划的制订

在实施个性化学习路径的过程中，为了确保员工能够获得最适合自己的培训和发展机会，单位需要对其技能进行全面、准确地评估。这种评估不仅有助于了解员工的现有能力水平，还能揭示出他们在特定领域或技能上的优势和不足。基于这些评估结果，单位可以制订出更具针对性的定制化培训计划，帮助员工提升他们的技能水平和职业竞争力。

首先，单位需要对员工的技能进行评估。这可以通过多种方式实现，如在线测试、实际操作评估、同事和上级的反馈等。通过这些评估，单位可以获得

员工在各个方面的技能水平的详细数据。在收集到这些信息后，单位需要对其进行分析，以确定每个员工的优势和不足。这种分析不仅有助于了解员工的现有能力，还可以揭示出他们潜在的发展空间和提升方向。基于这些评估结果，可以开始制订针对性的定制化培训计划。这些计划应该充分考虑员工的学习风格、兴趣爱好和职业发展规划等因素，以确保培训内容与他们的需求和目标相一致。此外，单位还需要确保培训计划具有足够的灵活性和可调整性，以便应对员工在不同阶段的发展需求。

其次，为了确保培训计划的有效性，单位还需要定期对计划的实施效果进行评估。这可以通过收集员工的反馈、分析培训后的绩效数据等方式实现。通过这种评估，单位可以及时发现并解决培训计划中存在的问题，并对其进行必要的调整和优化。

三、持续学习与技能更新机制的建立

在当今这个信息爆炸、技术日新月异的时代，持续学习与技能更新变得至关重要。为了帮助员工适应快速变化的工作环境，提高其职业竞争力，单位需要建立持续学习与技能更新机制。

首先，单位应鼓励员工树立持续学习的意识。要让员工意识到，学习不再是一次性的行为，而是伴随职业生涯的长期过程。通过培训、宣传等方式，强化员工对持续学习重要性的认识，激发他们的学习热情和动力。

其次，单位应提供丰富的学习资源和机会。这包括在线课程、行业报告、专业书籍等，确保员工能够随时随地获取所需的知识和信息。此外，定期举办内部培训、研讨会和分享会，促进员工之间的交流和经验分享，帮助他们互相学习、共同进步。同时，单位应建立学习社群或学习小组，鼓励员工相互激励、共同成长。通过社群或小组的形式，员工可以互相支持、分享学习心得和经验，形成良好的学习氛围。

为了更好地支持员工的持续学习，单位还应提供相应的支持和激励。这包括提供必要的学习时间和资金支持，为员工参加外部培训、研讨会等提供便利。此外，设立奖励机制，对在学习和成长方面取得突出成绩的员工给予表彰和奖励，进一步激发他们的学习动力。

最后，单位应对持续学习与技能更新机制实施效果进行评估和反馈。通过收集员工意见、分析学习数据等方式，了解机制的实际效果和员工的满意度。根据评估结果，单位可以对机制进行优化和改进，提高其针对性和有效性。

第三节 学习效果的评估与反馈

一、学习效果的量化评估方法

在培训过程中，对学习效果进行准确、客观的评估是至关重要的。这不仅可以帮助我们了解员工的学习情况，还可以为后续的培训计划提供有力的数据支持。因此，采用量化的评估方法对学习效果进行评估是十分必要的。

量化的评估方法主要是通过具体的数据和指标来衡量员工的学习效果。这种方法可以更加客观、具体地反映员工的技能水平和培训效果。具体来说，量化的评估方法包括考试、实践操作、项目成果等多种方式。考试是最常见的一种评估方式，可以通过试卷或在线测试来检验员工对理论知识的掌握程度。实践操作评估则是在实际工作环境中观察员工操作技能的能力，这可以更真实地反映员工的实际工作能力。项目成果评估则是通过员工在实际工作中完成的项目或任务来评估其技能水平和工作表现。

通过这些量化的评估方法，我们可以全面了解员工的学习效果，包括理论知识的掌握程度、实际操作能力以及工作表现等。这些数据可以帮助我们明确培训对员工技能提升的贡献，并为后续的培训计划提供参考和依据。

此外，我们还可以根据这些评估结果对培训计划进行优化和调整，提高培训的有效性和针对性。例如，如果考试成绩普遍较低，我们可以调整培训内容或改进教学方法；如果实践操作能力不足，我们可以增加实践操作的培训和练习；如果项目成果不理想，我们可以审查项目要求和目标，并给予员工更多的指导和支持。

总之，采用量化的评估方法对学习效果进行评估可以帮助我们更好地了解员工的学习情况，提高培训的有效性。通过不断优化和调整培训计划，我们可以为员工提供更好的学习和发展机会，促进事业单位的持续发展和成功。

二、反馈机制的建立与持续改进

为了持续提升学习效果，建立有效的反馈机制是至关重要的。通过及时、准确的反馈，员工可以更好地了解自己的学习状况，发现需要改进的地方，并采取相应的措施调整学习策略，提高学习效果。

首先，单位应定期进行培训反馈调查，收集员工的意见和建议。这种反馈调查可以问卷形式进行，涵盖培训内容、教学方法、学习资源等方面。通过分析调查结果，单位可以了解员工对培训的满意度、存在的问题和改进的方向。

其次，除了培训反馈调查，单位还可以鼓励员工在日常工作中进行自我反思和总结。通过定期回顾自己的学习成果、工作表现和进步情况，员工可以及时发现自己的不足之处，并采取相应的措施进行改进。这种自我反思和总结可以帮助员工形成良好的学习习惯，提升个人成长动力。

再次，除了员工自我反思和总结，同事和上级的反馈也是非常重要的。通过与同事和上级的交流和讨论，员工可以获得更全面的观点和建议，更好地了解自己的长处和短处。这种多维度的反馈可以帮助员工更全面地认识自己，从而更好地调整学习策略和提高学习效果。

然后，为了确保反馈机制的有效性，单位应确保反馈的及时性和准确性。及时反馈可以帮助员工及时了解自己的学习状况，发现问题并采取相应措施。准确性则是指反馈应客观、具体，避免模糊和主观的评价。同时，单位应鼓励员工积极提供反馈和建议，建立良好的沟通氛围和文化。

最后，单位应对反馈机制的实施效果进行评估和改进。通过收集员工的意见、分析反馈数据等方式,单位可以了解反馈机制的实际效果和存在的问题。根据评估结果,可以对反馈机制进行优化和改进,提高其针对性和有效性。

三、培训效果与工作绩效的关联分析

为了确保培训的有效性并真正实现其目的,单位需要密切关注培训效果与员工工作绩效之间的关系。这种关联分析不仅有助于评估培训的实际效果,还能为未来的培训计划提供有利的参考。

首先,应对员工在培训前后的工作表现进行对比分析。通过观察员工在培训前后的工作绩效指标,如任务完成率、工作质量、客户满意度等,单位可以直观地了解员工在培训后是否有所进步。这种对比可以帮助单位明确培训对员工个人工作能力的提升程度。

其次,除了员工个体层面的分析,单位还需要从整体角度评估培训对单位效益的影响。这包括对单位生产率、项目成功率、客户留存率等关键绩效指标的考量。通过将这些指标与培训计划进行关联,单位可以全面了解培训对单位整体绩效的贡献。在进行这种关联分析时,单位应确保数据的准确性和可靠性。这包括确保绩效数据的客观性、公正性,以及培训效果的评估基于可靠、科学的评估方法。此外,单位还需要定期进行这种关联分析,以实时监测培训效果与工作绩效之间的关系。

如果经过分析发现培训效果不佳,单位应深入探究原因。这可能涉及培训内容与实际需求的匹配度、教学方法的有效性、培训时间的安排等因素。通过深入分析和反思,单位可以采取相应的改进措施,提高后续培训的效果。相反,如果培训效果良好,单位应总结成功的经验,并进一步完善培训体系。这种经验的提炼和传承可以为未来的培训计划提供宝贵的参考,帮助单位持续优化和提升培训质量。

总而言之,通过分析,单位不仅可以评估培训的实际效果,还能有针对性地优化和改进培训计划,从而提高员工的技能水平和工作绩效。这将有助于增强单位的整体竞争力,促进其可持续发展。

第五章 绩效管理的创新策略

第一节 绩效体系的重新设计

一、目标管理与关键绩效指标（KPI）的整合

目标管理是一种在事业单位中广泛应用的绩效管理方法，它通过明确、具体地设定目标，并定期对目标的完成情况进行跟踪和评估，来确保员工的工作方向与单位的战略目标保持一致。关键绩效指标（KPI）则是一套衡量员工绩效表现的重要标准，通过对这些关键指标的评估，单位可以更好地了解员工的工作表现和贡献。

将目标管理与关键绩效指标整合起来，可以使绩效评估更加科学、客观和公正。这种整合不仅有助于提高员工的工作效率和工作质量，还有助于单位实现其战略目标。

为了实现这种整合，单位需要根据实际情况制定合理的目标，并选择相应的关键绩效指标进行评估。这些关键绩效指标应该能够真实反映员工的工作表现和贡献，并且是可以量化和衡量的。通过将这些关键绩效指标与目标进行关联，单位可以建立一个完整的绩效评估体系，从而更好地跟踪和评估员工的工作表现。

在整合目标管理与关键绩效指标的过程中，单位需要特别关注以下几个方面，以确保绩效评估体系的科学性、客观性和有效性。

第一，单位需要确保目标与单位的战略目标一致。这意味着员工的工作目标应该与单位的整体发展目标相匹配，从而确保员工的工作能够为单位的整体发展做出贡献。这样可以避免员工的工作方向与单位战略相悖，确保资源的合理分配和有效利用。

第二，单位需要确保关键绩效指标的选择是科学、客观的。关键绩效指标是衡量员工工作表现的重要标准，必须确保其客观、公正。在选择关键绩效指标时，单位需要充分考虑员工的职责、工作内容和绩效标准，同时避免主观评价对评估结果的影响。这样可以确保绩效评估的准确性和公正性，提高员工对评估体系的信任度。

第三，单位需要建立有效的沟通机制。员工需要明确了解自己的工作目标和关键绩效指标，知道如何提高自己的工作表现。单位需要与员工保持密切的沟通，定期反馈评估结果和提供指导建议。通过有效的沟通，单位可以促进员工对工作目标和绩效指标的理解，帮助员工改进工作方法和提高效率。

第四，单位需要定期对目标和关键绩效指标进行审视和更新。随着单位的发展和变化，目标和绩效指标也需要不断调整和优化。事业单位需要定期评估目标和绩效指标的有效性，根据实际情况进行必要的调整和更新。这样可以确保绩效评估体系与单位的实际发展状况相匹配，更好地反映员工的工作表现和贡献。

第五，单位需要提供必要的培训和支持。员工需要不断提高自己的技能和能力以更好地完成工作目标。单位可以提供相关的培训课程、工作坊或学习资源，帮助员工提升自身能力和素质。同时，单位可以提供必要的支持和资源，如工具、设备、技术支持等，以帮助员工更好地完成工作任务。这样可以提高员工的工作效率和工作质量，进一步促进单位的整体发展和成功。

通过整合目标管理与关键绩效指标，单位可以建立一个科学、客观、公正的绩效评估体系。这样的体系不仅能够帮助单位更好地了解员工的工作表现和贡献，还可以作为激励和奖励员工的依据。通过合理的评估和反馈机制，单位可以激发员工的潜力，提高他们的工作积极性和创造力，从而促进单位的持续发展和成功。

二、平衡计分卡在绩效管理中的应用

平衡计分卡（Balanced Scorecard）是一种被广泛应用的绩效管理工具。它通过将单位的战略目标转化为具体的、可衡量的绩效指标，为单位提供了一个全面的绩效评估框架。通过平衡计分卡的应用，单位可以更全面地了解员工的绩效表现，发现存在的问题并及时进行改进，从而提升整体绩效。

平衡计分卡是一种有效的战略管理工具，其设计通常包括四个主要方面：财务、客户、内部业务流程和学习与成长。这四个方面共同构成了平衡计分卡的四个维度，旨在实现单位的长期和短期目标、内部和外部绩效以及硬性（客观）和软性（主观）指标之间的平衡。

首先，财务维度是平衡计分卡的重要组成部分，它关注传统的财务绩效指标，如收入增长、成本控制和盈利能力等。这些指标是衡量单位经济价值和绩效的关键因素，可以反映单位的经营成果和财务状况。通过关注财务维度，单位可以确保其战略目标的实现能够带来持续的经济增长和价值创造。

其次，客户维度强调客户满意度、客户留存率和新客户获取等方面的指标。在这个维度中，单位需要了解客户需求、期望和行为，以便更好地满足客户的需求并提高客户忠诚度。通过关注客户维度，单位可以了解市场趋势和客户需求的变化，从而调整战略和优化产品与服务。

再次，内部业务流程维度关注关键业务流程的效率和有效性，例如生产和交付过程、服务质量和运营绩效等。这个维度旨在优化单位内部流程、提高运营效率和降低成本。通过改进内部业务流程，单位可以提高生产力和效率，从而在市场竞争中获得优势。

最后，学习与成长维度评估员工能力、培训和单位文化等无形资产的发展。在这个维度中，单位重视员工的个人成长和职业发展，提供必要的培训和支持，并培养良好的单位文化。通过关注学习与成长维度，单位可以提高员工的能力和素质，增强创新能力、适应能力和发展潜力。

实施平衡计分卡有以下五个关键步骤。

第一步，明确单位的战略目标，并将其转化为可衡量的绩效指标。这一步是实施平衡计分卡的基础，需要单位对自身的战略目标进行清晰、明确的界定，并确保这些目标具有可操作性。同时，要将这些目标转化为具体的、可衡量的绩效指标，以便于评估和监测。

第二步，设计适合的平衡计分卡，选择关键绩效指标，并为其设定具体的目标和值。这一步需要单位根据自身的实际情况和战略目标，设计出合适的平衡计分卡。在选择关键绩效指标时，要确保它们能够全面反映单位的战略目标，并且是可衡量和可操作的。同时，要为这些指标设定具体的目标值，以便于评估和监测。

第三步，建立有效的监测和报告机制，定期评估绩效指标的完成情况。这一步是实施平衡计分卡的重要环节，需要单位建立有效的监测和报告机制，定期评估各项绩效指标的完成情况。通过监测和报告，单位可以及时发现存在的问题和不足之处，并及时采取措施进行改进。

第四步，进行定期的审查和调整，确保平衡计分卡与单位的战略目标保持一致。由于单位的战略目标和内外部环境会发生变化，因此需要定期对平衡计分卡进行审查和调整。在审查过程中，要确保平衡计分卡仍然符合单位的战略目标，并对不适应的指标进行调整和优化。

第五步，提供必要的培训和支持，帮助员工理解和实施平衡计分卡。员工是实施平衡计分卡的重要参与者，需要他们理解和接受平衡计分卡。因此，单位需要提供必要的培训和支持，帮助员工理解平衡计分卡的原理、方法和应用。同时，单位还需要建立相应的激励机制和奖励机制，鼓励员工积极参与平衡计分卡的实施工作。

三、绩效体系与单位战略的对接

绩效体系作为单位管理的重要组成部分，其设计应当与单位的战略目标保持高度一致。这是因为，只有当员工的个人绩效与单位的整体战略目标相符合，才能确保单位朝着既定的方向发展。为了实现这一目标，单位需要将战略目标分解为具体的绩效指标，并将其纳入绩效体系中。

首先，单位需要明确其战略目标。这些目标应当是清晰、具体且具有可操作性的，能够为全体员工提供一个明确的工作方向。然后，将这些宏观的战略目标分解为一系列具体的绩效指标。这些指标应当能够反映员工在实现战略目标中的贡献，并且是可以度量和评估的。

其次，单位需要制定合理的绩效考核标准和评估方法。这些标准和方法应当是公平、客观的，能够真实反映员工的绩效表现。同时，为了确保绩效评估的有效性，单位还需要建立完善的绩效反馈机制，及时向员工反馈其绩效情况，并针对存在的问题提出改进建议。

此外，随着单位的战略目标和内外部环境的变化，绩效体系也应当进行相应的调整。因此，需要定期对绩效体系进行审查和更新，以确保其始终与单位的战略目标和发展方向相匹配。

通过绩效体系与单位战略的对接，单位不仅能够确保员工的个人绩效与整体战略目标相符合，还能提高单位的整体绩效水平。这有助于单位更好地实现其战略目标，提升核心竞争力，并在激烈的市场竞争中保持领先地位。

第二节 绩效考核方法的创新

一、360度反馈评价法的实施与优化

360度反馈评价法，也称为全方位反馈或多源反馈，是一种多维度的绩效评估方法。它通过上级、下级、同事、客户等多个角度，对员工进行全面、客观的评估。这种方法的核心思想是利用多方面的信息来源，为员工的绩效评估提供更准确、更全面的数据。

在实施360度反馈评价法时，单位需要明确评估的标准和方法。首先，要确保评估的公正性和准确性，就必须明确评估标准，这些标准应与单位的战略目标和价值观相一致。同时，需要设定合理的评估流程，包括评价者的选择、评价周期的确定、评价工具的开发等。最后，单位需要选择合适的评价者。一般来说，上级、下级、同事、客户等都可以作为评价者。根据岗位和单位的实际情况，可以确定不同的评价者权重，以保证评估结果的客观性和公正性。

最后，为了提高评估的准确性和有效性，单位还需要进行定期的反馈和分析。反馈是关键的一环，它能帮助员工更好地了解自己的工作表现和优缺点。通过定期的分析，单位可以识别出员工在哪些方面需要改进，以及哪些方面是值得继续保持和发扬的。

为了优化360度反馈评价法的实施效果，单位可以结合实际情况进行个性化设计。不同的部门和岗位有不同的工作特点和要求，因此，评估的标准和方法也需要有针对性。通过个性化设计，可以更好地满足不同部门和岗位的需求，提高评估的准确性和有效性。此外，单位还需要关注评估结果的运用。评估结果不仅用于员工的绩效评价，还可以用于员工的职业发展、培训需求分析等方面。通过合理运用评估结果，可以帮助员工更好地认识自己，提高自己的能力和素质。

二、实时绩效数据的收集与分析

传统的绩效评估方式往往侧重于定期的考核，这导致对员工日常表现的追踪和记录相对滞后。为了实现更全面、准确的员工绩效评估，单位可以采纳实时绩效数据收集与分析的方法。

实时绩效数据的收集与分析系统，旨在实时监控和记录员工的绩效表现。通过这一系统，单位可以收集员工的工作数据、项目完成情况、客户反馈等信息，从而更全面地了解员工的实际工作状态和成果。

这种方法的优点在于能够及时发现员工存在的问题和不足，避免长时间的信息滞后导致的问题恶化。一旦发现问题，事业单位可以迅速介入，为员工提供必要的指导和支持，帮助他们改进工作方法和提高效率。

此外，实时数据收集和分析还能帮助单位发现潜在的人才和优秀员工。通过对员工绩效数据的深入分析，单位可以识别出在特定领域或项目中表现突出的员工，为单位的选拔和晋升提供有力的数据支持。

为了实施这一方法，单位需要建立一套完善的绩效数据收集机制。这包括设定合理的数据指标、明确数据收集的责任人、制定统一的数据格式和标准等。同时，单位还需要配备专业的数据分析人员，运用适当的分析工具和方法，对收集到的数据进行处理和解读。

三、绩效评估与员工发展的整合

绩效评估的目的不仅在于衡量员工的工作表现，更在于促进员工的个人发展和职业成长。因此，单位需要将绩效评估与员工发展进行紧密地整合。

首先，绩效评估为员工的个人发展提供了宝贵的反馈。通过评估，单位得以了解员工的优势和不足，这为员工的职业发展提供了明确的方向。员工可以根据评估结果，明确自己的职业定位和发展目标，制定合理的职业发展规划。

其次，基于绩效评估的结果，单位可以为员工制定个性化的培训计划。对于员工在工作中表现出的不足之处，提供相应的培训和技能提升机会。通过培训，员工能够提高自己的工作能力和技能水平，更好地适应单位的发展需求。

最后，为了进一步激励员工发挥自己的优势和特长，单位可以设立奖励机制。这可以是物质奖励，如奖金、晋升工资等；也可以是非物质奖励，如表扬、认可、晋升机会等。通过奖励机制，单位可以激发员工的工作积极性和创新能力，促使他们为单位的发展作出更大的贡献。

通过绩效评估与员工发展的整合，单位能够更好地发掘员工的潜力和才能。员工在明确的发展目标和激励下，能够更积极地投入工作中，提高整体绩效水平。同时，这也为单位的可持续发展提供了有力的人才保障。

第三节 绩效与激励的结合

一、薪酬与绩效的关联机制

薪酬是员工最为关心的方面之一，也是单位激励员工的重要手段。为了更好地激发员工的工作积极性和创造力，单位需要建立薪酬与绩效的关联机制。这种关联机制的核心思想是根据员工的绩效表现，给予相应的薪酬奖励，确保员工的付出得到应有的回报。

薪酬与绩效的关联机制有多种形式，其中最常见的是奖金制度。单位可以根据员工的绩效表现，设定不同的奖金级别，使奖金与员工的绩效直接挂钩。员工的表现越好，所获得的奖金也就越多。这种方式能够有效地激励员工努力提高自己的工作表现。

除了奖金制度外，提成也是一种常见的薪酬与绩效关联方式。对于销售人员等以业绩为主要考核指标的员工，提成能够更好地激发其工作积极性。员工完成或超额完成业绩目标时，便可以获得相应的提成收入。这种方式能够促使员工更加关注销售业绩，提高个人的工作效率和整体业绩。

此外，晋升工资也是一种薪酬与绩效关联的方式。单位可以根据员工的绩效表现，为其提供晋升机会和相应的工资增长。这种方式能够激励员工不断追求更高的工作目标，提高个人和单位的绩效水平。

合理的薪酬设计是建立薪酬与绩效关联机制的关键。单位需要确保薪酬设计的公平合理，确保员工的薪酬与其工作表现相匹配。同时，单位还需要定期对薪酬设计进行审查和调整，以适应内外部环境的变化和员工的需求。

通过建立薪酬与绩效的关联机制，单位可以更好地激励员工，提高其工作满意度和忠诚度。员工在获得合理回报的同时，也会更加关注自己的工作表现和绩效目标，从而提升个人和单位的绩效水平。这种机制不仅能够促进员工的个人发展，还能够推动单位的整体进步。

二、非物质激励的创新方法

除了传统的薪酬激励外，单位还可以采用非物质激励的创新方法，以更好地满足员工的多元化需求，提高其工作积极性和满意度。以下是一些非物质激励的创新方法。

（一）晋升机会

1. 明确的职业发展路径。单位应为员工提供一条清晰的职业发展路径，让他们明白自己在单位内的成长方向。这样的路径不仅包括晋升到更高职位的机会，也包括在现有职位中获得更多的责任和技能提升。

2. 公平的晋升机制。确保晋升机会对所有员工开放，不因种族、性别、年龄等因素而有所偏颇。建立公平、公正的评价体系，使员工能够凭借自己的能力和业绩获得晋升机会。

3. 持续的职业培训。提供定期的职业培训和发展课程，帮助员工提升职业技能和知识，满足晋升所需的能力要求。这样的培训不仅有助于员工的个人成长，也有助于单位整体的发展。

4. 内部和外部招聘。鼓励内部和外部招聘，为员工提供更多的晋升机会。内部招聘可以激发员工的积极性和归属感，而外部招聘则可以带来新的思想和经验。

5. 有效的沟通和反馈。定期与员工进行职业发展方面的沟通和反馈，了解他们的职业规划和个人目标。通过这种方式，单位可以更好地了解员工的职业需求，并提供相应的支持和机会。

通过以上措施，单位可以提供一个充满激励和发展机会的工作环境，使员工看到自己在单位中的未来和发展前景。这不仅有助于激发员工的积极性和创造力，还能提高员工的忠诚度和工作满意度，从而促进单位的长期发展。

（二）荣誉奖励

1. 设立多样化的荣誉奖项：单位可以设立多种荣誉奖项，以表彰员工在各个方面的卓越表现。例如，优秀员工奖、创新奖、团队合作奖、最佳业绩奖等，确保每个员工都有机会获得认可。

2. 定期颁发荣誉奖项：为了保持荣誉奖励的时效性和激励作用，应定期颁发荣誉奖项，如季度奖、年度奖等。这样可以提醒员工持续努力，争取更好的工作表现。

3. 公开表彰与奖励：在颁发荣誉奖项时，应举行正式的颁奖仪式，给予获奖者公开的表彰和奖励。这不仅可以增强获奖者的荣誉感，还可以激励其他员工向他们学习，争取更好的表现。

4. 个性化奖励：除了标准的荣誉奖项外，单位还可以根据员工的个人特点和需求，提供个性化的奖励。例如，提供深造机会、海外培训、特别的福利等，以满足员工的个人发展需求。

5. 确保奖励机制的公平性：确保奖励机制的公平性和透明度，避免因个人偏见或主观判断而影响奖励的公正性。建立客观、可衡量的评价标准，使每个员工都有机会凭借自己的努力和实际业绩获得荣誉奖励。

通过以上措施，单位可以给予员工荣誉奖励，以表彰他们在工作中的突出表现和贡献。这种奖励不仅可以给予员工精神上的满足和认同，提高他们的归属感和自豪感，还可以进一步激发他们的工作热情和创造力。同时，这也体现了单位对员工的认可和关怀，有助于提高员工的忠诚度和工作满意度。

（三）培训和发展机会

1. 内部培训计划。单位应提供内部培训计划，包括定期的技能培训、管理培训和团队建设活动等。这些培训可以帮助员工提升个人技能、增强团队协作能力，并为他们提供持续的学习机会。

2. 外部培训和进修。单位可以提供外部培训和进修的机会，如参加行业会议、研讨会，或者提供在线课程和认证培训等。这有助于员工扩展视野、获取新知识，并提高他们在专业领域的竞争力。

3. 职业发展规划。单位应与员工共同制定职业发展规划，了解他们的职业目标和需求，并提供相应的培训和发展机会。这样可以确保员工的个人发展与单位的战略目标相一致。

4. 导师制度和辅导计划。实施导师制度和辅导计划，让经验丰富的员工指导新员工，帮助他们更快地适应工作环境和提升技能。这样的制度有助于建立良好的工作氛围和知识传承机制。

5. 鼓励自主学习和研究。鼓励员工自主学习和研究，为他们提供必要的学习资源和支持。例如，提供学习资料、研究经费或学术假期的机会，以激发员工的创新和探索精神。

通过以上措施，单位可以提供丰富的培训和发展机会，满足员工的学习和发展需求。这些机会不仅有助于提高员工的技能和能力，增强其综合素质和竞争力,还可以增强员工对单位的忠诚度和工作满意度。同时,这也为单位的长期发展提供了有力的人才保障。

(四)工作自主权

在现代事业单位管理中,工作自主权被视为一种重要的激励手段。它意味着员工在特定范围内拥有对工作的决策权和控制权,能够自主安排工作进度、选择工作方法,并参与到与工作相关的决策中。

1. 参与决策。让员工参与到与工作相关的决策中,不仅能够增强他们的责任感,还能够提高决策的有效性和执行力。因为员工通常更了解实际工作情况,他们的参与可以带来更具创意和实用性的建议。

2. 自主安排工作进度。允许员工根据工作的重要性和紧急程度,自主安排工作进度。这种灵活性可以满足不同员工的工作风格和需求,提高工作效率,同时也能够增强员工的自我管理能力。

3. 选择工作方法。在工作过程中,员工可能会发现更高效、更合适的工作方法。给予他们选择工作方法的自主权,可以激发其主动性和创造性,同时也能够提高工作质量和效率。

工作自主权的赋予,不仅能够提高员工的工作满意度和责任感,还能够激发其主动性和创造性。当员工感到自己被重视和信任时,他们会更愿意投入时间和精力,为单位的发展贡献自己的力量。同时,这种自主权也有助于培养员工的自我发展和自我实现能力,为单位的长期发展储备人才。

(五)良好的工作环境

良好的工作环境对于员工的生产力和幸福感有着显著的影响。一个和谐、积极的工作氛围,以及舒适的工作环境和设施,可以极大地提升员工的归属感,提高他们的工作效率和满意度。

1. 物理环境。确保工作场所的整洁、明亮,设施完备且维护良好。提供足够的办公空间,保证员工的工作不受过度拥挤或噪声干扰。

2. 技术设施。提供先进且高效的技术设施,如高速网络、多功能的软件和工具,以及必要的工作设备,以确保员工能够顺利完成工作。

3. 休息和放松区域。设置休息室、咖啡区等供员工休息和放松的空间,让他们在紧张的工作之余得到适当的放松。

4. 健康与安全。确保工作场所符合健康和安全标准,提供必要的防护设备,以及制定应对突发情况的应急措施。

5. 文化氛围。营造一种积极、开放、包容的工作氛围,鼓励团队之间的交流与合作,并提供机会让员工展示自己的才能和贡献。

6. 员工关怀。关注员工的身心健康,提供定期的健康检查、心理健康支持,以及各种员工福利计划。

7. 灵活的工作安排。考虑实施灵活的工作时间、远程工作等安排,以满足不同员工的需要,提高他们的工作满意度和生活质量。

通过以上措施,单位可以为员工提供一个既舒适又高效的工作环境,从而激发他们的工作热情和创造力，提高整体的工作效率。同时，良好的工作环境也有助于增强员工的归属感，提高他们对单位的忠诚度。

（六）弹性工作

在当今快节奏、高压力的社会中，员工对于工作与生活平衡的需求日益增长。为了满足这一需求，许多事业单位开始提供弹性工作，如灵活的工作时间、远程工作等。这样的安排不仅可以提高员工的工作效率，还能增强他们的满意度和幸福感。

1. 灵活的工作时间。单位可以提供弹性的工作时间安排，允许员工根据个人需求和生活节奏调整工作时间。例如，分时段工作、错峰上下班、工作与休息交替等模式。这样的安排有助于员工更好地平衡工作与生活，减少通勤时间，提高工作效率。

2. 远程工作。随着技术的发展，远程工作已成为一种趋势。单位可以提供远程工作的选项，让员工在家或其他地点进行工作。这为员工提供了更大的工作灵活性，使他们能够更好地安排自己的工作和生活。

3. 工作分享。对于那些希望减少工作量的员工，单位可以考虑实施工作分享计划。通过与其他员工共享工作职责，员工可以调整自己的工作时间和工作量，以满足个人需求。

4. 调整工作任务和职责。单位可以根据员工的个人需求和生活情况，灵活调整工作任务和职责。例如，为员工提供可选的项目或任务，允许他们根据个人兴趣和专长选择适合自己的工作。

5. 平衡工作和生活的培训和辅导。单位可以提供培训和辅导，帮助员工更好地管理和平衡工作与生活。这样的培训可以涵盖时间管理、压力管理、家庭与工作的协调等方面的技巧。

通过以上措施，单位可以提供更加灵活的工作安排，满足员工的不同需求和生活方式。这样的安排不仅可以提高员工的工作效率，还能增强他们的满意度和幸福感。同时，弹性工作也有助于单位吸引和留住优秀的人才，提高员工的忠诚度和工作投入度。

（七）福利计划

福利计划是单位为员工提供的一系列非货币性报酬，旨在提高员工的工作满意度和生活质量。一个具有吸引力的福利计划，可以增强员工对单位的忠诚度，提高其工作积极性，并有助于单位吸引和留住优秀人才。

以下是一些具有吸引力的福利计划。

1. 健康保险。提供全面的健康保险，包括医疗保险、牙科保险和视力保险等。这可以让员工在健康方面得到保障，减轻他们的经济负担。

2. 年假和带薪休假：提供充足的年假和带薪休假，让员工有足够的时间休息和放松。这样可以提高员工的工作效率和幸福感。

3. 员工旅行。单位员工旅行或团队建设活动，以增强团队凝聚力和员工之间的交流。这种福利可以让员工在轻松愉快的氛围中建立良好的人际关系。

4. 继续教育。提供继续教育机会，如培训、研讨会或在线课程。这可以促进员工的个人成长和职业发展，提高其专业能力。

5. 健身和健康计划。提供健身和健康计划，如健身房会员、定期健康检查和营养咨询等。这有助于员工的身心健康，提高他们的工作效率和幸福感。

6. 灵活的工作安排。提供灵活的工作安排，如远程工作、灵活工作时间等。这种福利可以让员工更好地平衡工作与生活，提高其工作满意度和生活质量。

7. 退休计划。提供退休计划或养老金计划，为员工退休后的生活提供保障。这样可以增强员工的信任和忠诚度。

通过运用这些非物质激励的创新方法，单位可以更好地满足员工的多元化需求，提高其工作积极性和忠诚度。这将有助于单位吸引和留住优秀人才，提升整体绩效水平。

三、激励计划的个性化与定制化

员工的需求和动机各不相同，每个人都有自己的价值观、期望和偏好。为了更好地满足员工的个性化需求，单位需要制订个性化的激励计划，以定制化的方式来激励员工。

首先，对员工的需求进行深入了解。通过与员工进行沟通、调查和反馈，了解他们的工作目标、职业发展规划、家庭状况、个人喜好等方面的信息。这些信息有助于单位更好地理解员工的需求和动机，为制定个性化的激励计划提供依据。

其次，基于员工的需求信息，可以制定个性化的奖励方案。例如，对于追求职业发展的员工，可以提供更多的培训和学习机会；对于有家庭责任的员工，可以提供更灵活的工作安排或远程工作机会；对于注重健康的员工，可以提供健康保险或健身福利等。这些个性化的奖励方案能够更好地满足员工的特殊需求，提高他们对单位的满意度和忠诚度。

最后，除了个性化的奖励方案，还可以为员工提供定制化的激励计划。例如，根据员工的绩效表现和职业发展目标，为其制定个性化的晋升路径和职业发展规划；根据员工的学习需求，为其定制个性化的培训课程和学习计划；根据员工的兴趣爱好，为其提供参加相关活动或社团的机会等。这些定制化的激励计划能够更好地满足员工的个性化需求，提高其工作积极性和创造力。

第六章 薪酬福利的创新设计

第一节 薪酬福利的全面考量

在人力资源管理中，薪酬福利是一个关键的环节，它不仅影响员工的工作积极性和忠诚度，还直接关系到事业单位的稳定性和竞争力。因此，对于薪酬福利的设定，必须进行全面的考量。

一、**市场竞争力分析**

在薪酬管理过程中，设定具有竞争力的薪酬水平是至关重要的。为了确保单位的薪酬水平与市场相匹配，需要进行深入的市场竞争力分析。

首先，需要对同行业、同地区类似职位的薪酬水平进行调查和分析。了解竞争对手的薪酬策略，包括基本工资、奖金、福利等方面的信息。通过对比市场数据，单位可以评估自身薪酬水平的竞争力，从而作出相应的调整。

除了同行业的薪酬水平，还需要关注市场的整体薪酬趋势。了解行业的发展状况、人才市场的供求关系以及经济环境的变化，这些因素都会对薪酬水平产生影响。通过把握市场趋势，单位可以制定出更具前瞻性的薪酬策略。

为了确保分析的准确性和实时性，单位应定期进行市场薪酬调查。与专业的薪酬调查机构合作，或通过网络调查等方式收集数据，确保数据的广泛性和代表性。此外，单位还应根据市场变化和内部需求，定期更新薪酬策略，以确保其与市场竞争力保持一致。

在设定薪酬水平时，还需考虑内部公平性和外部竞争性的平衡。内部公平性意味着员工之间的薪酬水平应与其职位、能力和绩效相匹配；外部竞争性则是与市场和竞争对手的薪酬水平保持一致或具备一定的优势。通过平衡内外因素，单位可以制定出既满足内部需求又具备市场竞争力的薪酬策略。

二、**内部公平性与薪酬结构设计**

内部公平性是单位薪酬体系中的重要原则，它强调单位内部不同职位之间的薪酬分配应合理、公正，体现各职位的价值和员工的贡献。为了实现内部公平性，单位需要采取一系列措施来设计合理的薪酬结构。

首先，职位评估是确保内部公平性的基础。单位需要对各个职位进行详细的评估，明确各职位的职责、要求和工作量，并确定其相对价值。通过职位评估，单位可以对各个职位有一个客观、公正的认识，为薪酬结构设计提供依据。

在职位评估的基础上，单位可以设计合理的薪酬结构。薪酬结构应包括基本工资、奖金、津贴等部分，以确保员工的薪酬与他们的职责、能力和绩效相匹配。基本工资是员工稳定收入的主要来源，应根据职位价值和市场水平来确定；奖金则是激励员工努力工作的额外奖励，可以根据个人绩效和团队／部门绩效来确定；津贴则是针对特定职位或员工的福利，如交通津贴、通信补贴等。

此外，薪酬体系的设计还应考虑员工的工作年限、技能水平、学历等因素。对于在同一职位上工作多年的员工，可以考虑给予一定的薪酬调整，以体现其经验的价值；对于拥有特殊技能或高学历的员工，也可以给予相应的薪酬待遇，以吸引和留住优秀人才。

除了薪酬结构的设计，还需要建立有效的薪酬调整机制。定期进行薪酬调查和评估，了解市场和竞争对手的薪酬变化，并根据单位的实际情况进行调整。同时，单位还应建立公正的薪酬晋升机制，使员工看到自己在单位中的发展前景和未来。

三、薪酬与福利的比例平衡

薪酬和福利是员工福利的两个核心组成部分，它们在激励员工和提高员工满意度方面发挥着重要作用。为了实现更好的员工激励效果，单位需要在设定薪酬福利策略时合理平衡薪酬与福利的比例。

首先，薪酬是员工较为关注的方面。它为员工提供了经济上的保障和激励，是员工付出劳动的直接回报。在设定薪酬策略时，单位需要确保薪酬水平具有竞争力，能够吸引和留住优秀的人才。这需要对市场进行深入的调查和分析，确保薪酬水平与市场和竞争对手相匹配。

福利则是单位为员工提供的一系列非货币性待遇，包括健康保险、年假、员工培训、家庭成员福利等。福利旨在满足员工的不同需求，增强员工的归属感和忠诚度，提高员工的工作满意度和生活质量。合理的福利策略可以有效地激励员工，提高他们的工作积极性和创造力。

在平衡薪酬与福利的比例时，单位需要考虑两者的相互作用和影响。一方面，薪酬水平的高低会直接影响到福利策略的制定。高薪酬水平可以为福利策略提供更大的空间，而低薪酬水平则需要更加注重福利的合理性和有效性。另一方面，福利项目的丰富度和质量也会对薪酬的吸引力产生影响。良好的福利项目可以增强员工对单位的认同感和忠诚度，从而提高薪酬的吸引力。

为了实现更好的平衡，单位可以采取一系列措施。首先，进行全面的员工需求调查，了解员工对薪酬和福利的需求和期望。其次，制定灵活的福利政策，为员工提供个性化的福利选择。再次，定期评估和调整薪酬与福利策略，确保其与市场和单位内部的变化保持一致。最后，加强与员工的沟通与反馈，了解他们对薪酬与福利的意见和建议，以便不断改进和优化策略。

第二节 薪酬福利的个性化定制

在现代事业单位中,员工的需求和期望越来越多样化,传统的统一薪酬福利方案已经不能满足员工的需求。因此,单位需要制定个性化的薪酬福利策略,以满足员工的个性化需求,提高员工的满意度和工作积极性。

一、个性化薪酬方案的设计:基于员工需求与期望的薪酬体系

随着员工需求的多样化,传统的统一薪酬体系已无法满足所有员工的需求。为了更好地激励员工,提高其工作积极性和满意度,单位需要设计个性化的薪酬方案。这种方案应基于员工的个人需求和期望,综合考虑员工的职业发展、个人成就、生活质量等方面的需求。

首先,单位需要与员工进行深入的沟通,了解他们的期望和需求。通过开放式的对话和调查,单位可以了解员工对薪酬的关注点、对福利的要求、对职业发展的期望等。这种沟通不仅有助于单位更好地理解员工的需求,还能增强员工对单位的信任感和归属感。

其次,基于员工的反馈,单位可以制定出更加符合员工需求的薪酬体系。例如,对于追求职业发展的员工,单位可以提供晋升机会和培训计划,帮助他们实现职业目标;对于追求稳定生活的员工,单位可以提供具有竞争力的基本工资和福利,确保他们的生活稳定和舒适。

除了基于员工需求的薪酬体系,单位还可以考虑制订个性化的奖金计划。根据员工的工作表现和业绩,给予他们相应的奖金激励。这种个性化的奖金计划不仅能更好地激励员工,还能提高他们的工作积极性和创造力。此外,为了更好地满足员工的个性化需求,单位还可以提供多元化的福利项目。这些福利项目可以包括健康保险、年假、员工培训、家庭成员福利等。通过提供多元化的福利项目,单位可以更好地满足员工的不同需求,增强员工的归属感和忠诚度。

二、福利项目的多样化与定制化:满足不同员工的福利需求

随着员工需求的多样化,传统的统一福利制度已无法满足所有员工的需求。为了更好地激励员工,提高其工作积极性和满意度,单位需要提供多样化的福利项目。这些福利项目应满足不同员工的特殊需求,增强员工的归属感和忠诚度,提高员工的工作满意度。

单位需要了解员工的福利需求和偏好。通过调查和沟通,单位可以了解员工对健康、家庭、休闲等方面的需求。基于这些需求,单位可以制定出相应的福利项目,如提供健康保险、弹性时间、员工培训、旅游奖励等。

多样化的福利项目旨在满足不同员工的特殊需求。例如,对于关注健康的员工,单位可以提供健康保险和健身福利;对于有家庭的员工,可以提供弹性工作安排和儿童教育补贴;对于追求个人发展的员工,可以提供培训和晋升机会。这种个性化的福利项目能够更好地满足员工的个性化需求,提高其工作积

极性和创造力。

除了多样化的福利项目，事业单位还可以根据员工的需求和偏好，定制个性化的福利组合。员工可以根据自己的需求选择不同的福利组合，以满足自己的特殊需求。这种定制化的福利制度能够更好地满足员工的个性化需求，增强其归属感和忠诚度。

为了实现更好的福利效果，单位还需要定期评估和调整福利项目。定期评估可以帮助单位了解福利项目的实施效果，根据反馈进行相应的调整。同时，单位还应关注市场和竞争对手的福利变化，及时更新自己的福利策略，以保持竞争力。

三、薪酬与福利的组合策略：最大化激励效果

为了最大化激励效果，单位需要制定合理的薪酬与福利组合策略。这种策略应根据员工的个人特点和需求，综合考虑薪酬和福利的组合方式，以实现更好的激励效果。

首先，单位需要深入了解员工的个人特点和需求。员工的年龄、性别、教育背景、职业规划等因素都会影响他们对薪酬和福利的需求。例如，年轻的员工可能更关注职业发展和培训机会，而年长的员工可能更关注稳定的生活和福利待遇。

基于对员工需求的了解，单位可以制定出相应的薪酬与福利组合策略。例如，对于追求稳定收入的员工，单位可以提供具有竞争力的基本工资和福利组合，以确保他们的收入稳定；对于追求个人成就的员工，单位可以提供高额的奖金和晋升机会，以激发他们的积极性和创造力。

除了基于员工需求的组合策略，单位还可以考虑制定混合薪酬制度。这种制度将基本工资、奖金、津贴等多种薪酬元素结合起来，根据员工的工作表现和业绩给予相应的奖励。这种薪酬制度不仅可以激励员工努力工作，还可以提高薪酬的公平性和透明度。

除了薪酬和福利的组合策略，单位还需要关注薪酬与福利的公平性和透明度。公平性是指员工认为薪酬与福利制度是公平的，他们的工作表现和业绩能够得到应有的回报。透明度是指薪酬与福利制度是公开透明的，员工能够清楚地了解自己的薪酬和福利构成。通过提高公平性和透明度，单位可以增强员工的信任感和归属感，进一步提高激励效果。

为了实现更好的激励效果，单位还需要定期评估和调整薪酬与福利组合策略。定期评估可以帮助单位了解薪酬与福利策略的实施效果，根据反馈进行相应的调整。同时，单位还应关注市场和竞争对手的薪酬与福利变化，及时更新自己的策略，以保持竞争力。

第三节 薪酬福利的持续优化

为了保持竞争力和适应市场变化,薪酬福利体系需要持续优化和改进。这不仅有助于提高员工的满意度和工作积极性,还能促进单位的长期发展。

一、薪酬调整机制的建立:定期评估与调整薪酬水平

在任何单位中,薪酬水平都是吸引和留住人才的关键因素。然而,随着市场环境的变化和员工个人能力的提升,薪酬水平也需要进行相应的调整。为了确保薪酬水平的竞争力和公平性,单位需要建立定期评估和调整的机制。

首先,单位需要对市场薪酬水平进行调查。通过市场调查,单位可以了解同行业、同地区、同职位的薪酬水平,从而确定自身薪酬水平的竞争力。这种调查可以为单位提供一个参考框架,以便更好地制定薪酬策略。

其次,单位需要对内部薪酬结构进行审查。内部薪酬结构是指单位内部不同职位之间的薪酬分配关系。通过审查内部薪酬结构,单位可以了解其是否合理、公平,是否存在需要改进的地方。这有助于确保薪酬体系的有效性和激励性。

最后,单位还需要对员工绩效进行评估。员工绩效是衡量其工作表现和成果的重要指标。通过评估员工绩效,单位可以了解员工是否得到了应有的回报,以及薪酬水平是否与绩效表现相匹配。这有助于确保薪酬体系的公平性和激励性。

在完成上述评估后,单位可以根据评估结果对薪酬水平进行适当的调整。如果发现薪酬水平与市场存在较大差异,单位可以调整基本工资或奖金等薪酬元素,以保持与市场的竞争力;如果发现内部薪酬结构存在不合理之处,单位可以重新评估职位价值,调整各职位之间的薪酬分配关系;如果发现员工绩效未得到应有的回报,单位可以根据绩效评估结果调整薪酬水平,以更好地激励员工。

为了确保薪酬调整机制的有效性,单位还需要建立相应的沟通和反馈机制。员工和管理层之间的沟通可以促进彼此之间的理解和信任,使薪酬调整更加合理和透明。同时,单位还可以通过定期的满意度调查了解员工对薪酬体系的满意度,并根据反馈进行相应的改进。

二、福利项目的持续改进:基于员工反馈与市场变化调整福利政策

福利项目作为薪酬福利体系的重要组成部分,对于吸引和留住人才起着至关重要的作用。然而,随着市场的变化和员工需求的变化,福利项目也需要不断地进行改进和调整。为了确保福利项目的竞争力和吸引力,单位需要持续关注员工对福利项目的反馈和市场福利政策的变化。

首先,单位需要建立有效沟通机制,定期收集员工对福利项目的意见和建议。通过与员工的沟通,单位可以了解员工对现有福利项目的满意度、对福利项目的期望以及对福利政策改进的建议。这种沟通不仅可以增强员工对单位的

信任感和归属感，还可以提供宝贵的反馈，以便更好地改进福利政策。

其次，单位需要关注市场福利政策的变化。市场福利政策是指同行业、同地区其他单位的福利政策和实践。通过了解市场福利政策的变化，单位可以了解市场趋势、竞争对手的福利策略以及新兴的福利项目。这有助于单位及时调整自己的福利政策，以保持竞争力和吸引力。

基于员工反馈和市场变化，单位可以对福利政策进行相应的改进和调整。如果员工对某些福利项目存在不满或建议，单位可以根据反馈进行改进或取消；如果市场出现新的福利政策或项目，单位可以及时引入或借鉴，以提高福利体系的吸引力和竞争力。

除了对福利政策进行调整，单位还可以通过创新福利形式来提高员工的满意度和忠诚度。例如，单位可以提供定制化的福利套餐，让员工根据自己的需求选择合适的福利组合；单位还可以引入非传统的福利形式，如健康保险、家庭护理、心理咨询等，以满足员工多样化的需求。

最后，为了更好地改进福利政策，单位还可以寻求外部专家的建议和指导。外部专家可以对市场福利政策进行深入分析，提供专业的建议和解决方案，帮助单位制定更加科学、合理的福利政策。

三、薪酬福利与单位目标的对接

确保薪酬福利策略与单位战略一致性。薪酬福利策略作为单位战略的重要组成部分，对于实现单位目标起着至关重要的作用。为了确保薪酬福利策略的有效性，单位需要确保其与单位战略的一致性。这种对接不仅有助于提高员工的绩效和满意度，还能更好地支持单位目标的实现。

首先，单位需要将薪酬水平与市场定位和竞争策略相匹配。这意味着单位的薪酬水平应该与市场保持竞争力，以便吸引和留住优秀人才。单位可以根据市场调查和内部分析的结果，制定合理的薪酬策略，以确保薪酬水平与市场定位和竞争策略相一致。

其次，福利项目应该与单位的文化和价值观相契合。单位的文化和价值观是单位的独特标志，反映了单位的使命和愿景。通过将福利项目与文化和价值观相契合，单位可以更好地吸引与单位文化和价值观相匹配的人才，同时增强员工的归属感和忠诚度。

此外，薪酬福利策略应该与单位的长期发展目标相连接。单位的长期发展目标是单位未来发展的导向，而薪酬福利策略应该为实现这些目标提供支持。通过将薪酬福利策略与长期发展目标相连接，单位可以确保薪酬福利策略的制定和实施都是为了实现这些目标。

为了实现薪酬福利与单位目标的对接，单位还需要建立有效的沟通机制。管理层需要向员工传达单位的战略目标和发展计划，让员工了解单位的未来发展方向。同时，员工也可以通过沟通机制反馈其对薪酬福利的意见和建议，以便单位更好地调整和完善薪酬福利策略。

第七章 员工关系的创新管理

第一节 沟通机制的创新

在管理中,沟通是至关重要的环节。一个有效的沟通机制能够促进信息的流通,提高员工的参与感和归属感,从而提升单位的整体绩效。随着时代的变迁和单位结构的日益复杂,传统的沟通方式已经不能满足现代单位的需求,因此创新沟通机制成了一项重要的任务。

一、开放式沟通环境的营造

在当今的商业环境中,开放式沟通环境已经成为单位成功的关键因素之一。开放式沟通环境鼓励员工自由地表达意见、分享想法,从而提高决策的正确性和实施效率。为了营造这样的环境,单位需要采取一系列措施来建立信任、提供安全的环境,以及培养团队的凝聚力。

首先,建立信任是营造开放式沟通环境的关键。单位应确保信息的透明度,避免隐瞒或误导员工。管理层应该以身作则,展示诚实和正直的品质,从而建立起员工对管理层的信任。员工信任管理层,才会更愿意分享自己的意见和想法,积极参与决策过程。

其次,提供安全的环境对于开放式沟通至关重要。员工需要感到提出不同意见是安全的,不会因此受到惩罚或排挤。单位应倡导包容和尊重的文化,鼓励员工勇于表达自己的观点,即使这些观点与管理层或其他同事的观点不同。只有这样,员工才会更加自信地参与到开放式沟通中。

此外,团队建设活动和员工培训也是营造开放式沟通环境的重要手段。通过团队建设活动,单位可以增强团队凝聚力和合作精神,促进员工之间的交流和互动。员工培训则可以帮助员工提高沟通技巧和表达能力,使他们更加自信地参与开放式沟通。

为了确保开放式沟通环境的成功营造,单位还需要建立有效的反馈机制。员工和管理层之间应定期进行反馈和评估,以便及时发现问题并采取措施进行改进。这种机制有助于提高员工的满意度和忠诚度,促进单位的可持续发展。

二、员工建议与反馈渠道的建立

在单位的发展过程中,员工的建议和反馈是提升决策质量、优化工作流程、提高工作效率的重要资源。为了充分发掘和利用这些资源,单位需要建立一个有效、便捷的员工建议与反馈渠道。这不仅有助于提升员工的参与感和归属感,还能为单位的持续改进提供有力的支持。

建立员工建议与反馈渠道是促进员工参与和单位改进的重要步骤。以下是一些常见的方法，可以帮助单位有效地收集员工的意见和建议，提升员工的满意度和工作积极性。

（一）定期员工调查

定期员工调查是一个关键的步骤，不仅可以了解员工对工作环境、工作内容和福利待遇的满意度，还可以揭示员工对单位的期望和对改进的建议。通过定期进行这样的调查，单位可以建立一种持续改进的文化，鼓励员工积极参与并提供反馈。

首先，设计一份全面而详细的调查问卷。这份问卷应该涵盖多个方面，包括工作环境、工作内容、福利待遇、职业发展机会以及领导风格等。通过广泛地收集员工的意见和建议，单位可以更全面地了解员工的满意度和需求。

其次，在调查结束后，单位需要对收集到的数据进行统计分析。这不仅可以帮助单位识别出员工关注的重点问题，还可以揭示出员工对单位的期望和对改进的建议。通过深入分析这些数据，单位可以制定相应的改进措施，以满足员工的期望和需求。

最后，单位需要采取行动来实施这些改进措施。这可能涉及改善工作环境、调整工作流程、提高福利待遇或改进领导风格等方面。通过持续关注员工的需求和期望，单位可以建立起一种积极的改进机制，从而提升员工的满意度和工作效率。

（二）建议箱

建议箱是一个非常实用的工具，它为员工提供了一个简单、方便的途径来提出自己的建议和意见。通过设立一个建议箱或者在线建议平台，单位可以鼓励员工积极参与，随时将自己的想法和建议提交给管理层。

1. 建议箱的设置应该简单明了，让员工能够快速了解如何使用它。单位可以在明显的地方放置一个建议箱，或者创建一个在线建议平台，让员工可以随时随地提交自己的想法。同时，单位应该明确说明建议箱的使用方式和目的，以避免员工的误解或疑虑。

2. 建议箱的使用应该具有灵活性和保密性。员工可以随时将自己的建议投入建议箱，而不必担心自己的意见会被泄露或受到惩罚。单位应该保证建议箱的使用是保密的，员工的个人信息和提交的建议都应该得到保护。这样可以增强员工的信任感，让他们更愿意提出自己的想法和建议。

3. 单位应该定期查看并处理员工的建议。管理层应该对收集到的建议进行认真分析和评估，识别出有价值的建议并给予实施。对于有明显改进效果或创新性的建议，单位应该给予提出者适当的奖励和认可，以激励员工继续提出建设性的意见。

4. 建议箱的使用应该持续不断。单位应该定期开展活动或宣传，提醒员工使用建议箱，并鼓励他们为单位的改进和发展贡献自己的智慧。通过不断优化建议箱的使用方式和流程，单位可以建立起一个积极向上的反馈机制，促进员工的参与和单位的持续改进。

（三）在线反馈平台

随着信息技术的迅猛发展，在线反馈平台已经成了现代事业单位中不可或缺的一部分。这种平台为员工提供了一个便捷、高效的方式来表达自己的意见和建议，使得员工可以随时随地进行反馈，无须受到时间和地点的限制。

1. 单位可以利用现有的内部通信工具来建立在线反馈平台。这些工具包括内部论坛、事业单位微信、钉钉等，它们已经为员工所熟悉，因此可以降低使用难度，提高员工的参与度。通过这些平台，员工可以轻松地表达自己的观点、提出建议或反馈问题，与其他同事进行实时交流和讨论。

2. 在线反馈平台的好处在于它提供了即时的互动性。员工可以快速地分享自己的想法和意见，而管理层也可以及时地对反馈进行回复和跟进。这种实时的互动可以增强员工与管理层之间的沟通与交流，提高单位内部的透明度和效率。

3. 在线反馈平台还有助于单位对员工的反馈进行跟踪和回复。通过平台的管理功能，单位可以对员工的反馈进行分类、整理和跟踪，确保每个建议或问题都能得到及时的处理和回复。这不仅可以提高员工的满意度，还可以促进单位的持续改进和提升整体绩效。

4. 为了更好地发挥在线反馈平台的作用，单位需要采取一些措施来鼓励员工的参与。例如，可以设立奖励机制，对提出有价值建议或问题的员工给予适当的奖励；还可以定期对反馈进行总结和分析，向员工展示单位对他们的意见和建议的重视程度。通过这些措施，单位可以激发员工的积极性，提高他们的归属感和忠诚度。

（四）焦点小组讨论

为了更深入地了解员工的想法和需求，单位可以定期举行焦点小组讨论。这种讨论方式是一种有效的信息收集工具，可以帮助单位更好地理解员工的观点和需求，从而做出更明智的决策。

首先，单位需要确定讨论的主题和目标。主题应该与员工的日常工作密切相关，例如改进工作流程、提高产品质量或提升客户服务等。目标则是通过讨论收集员工的意见和建议，共同探讨解决问题的方法，为单位的改进和发展提供有价值的见解。

其次，单位需要邀请不同部门的员工参与讨论。这样可以收集到更广泛的意见和建议，从不同角度了解员工的需求和想法。在讨论过程中，鼓励员工积极分享自己的观点和经验，共同探讨解决问题的方法。这有助于促进员工之间的交流和合作，增强团队的凝聚力和向心力。

再次，单位需要对焦点小组讨论的结果进行整理和分析。这有助于识别出员工关注的重点问题，以及他们提出的解决方案和建议。单位可以根据这些结果制定相应的改进措施，以满足员工的期望和需求。同时，这些结果也可以作为单位决策的重要参考依据。

最后，为了提高焦点小组讨论的效果，单位需要采取一些措施来鼓励员工的参与。例如，可以给予参与讨论的员工一定的奖励或认可，以激励他们积极发表自己的观点。此外，还可以提供培训和支持，帮助员工提高讨论技巧和能力，使他们能够更好地参与到讨论中来。

（五）领导层见面会

领导层见面会是一种非常有效的员工参与方式，它为员工提供了一个直接与高层领导交流和反馈的平台。通过定期举行领导层见面会，单位可以鼓励员工积极参与，直接向领导层提出自己的意见和建议。

单位需要确定领导层见面会的频率和时间。一般来说，单位可以根据自身的情况，选择每月或每季度举行一次见面会。时间应该选择在方便员工参与的时候，并且要提前通知员工，让他们有足够的时间准备和安排。

在会议中，员工可以自由地提出自己的意见。这是一个开放的平台，员工可以分享自己的想法和困惑，也可以提出对单位的期望和需求。领导层则要认真倾听员工的意见和建议，给予积极的回应。这种直接的交流可以增强员工对单位的信任感，让他们感受到自己的声音被重视和采纳。

此外，领导层见面会也是一个很好的机会，让领导层了解员工的真实需求和期望。通过与员工的交流，领导层可以更好地理解员工的关注点和工作中的困难，从而制定出更加符合员工需求的政策和措施。这有助于提高员工的满意度和工作积极性，促进单位的改进和发展。

为了使领导层见面会更加有效，单位需要采取一些措施来鼓励员工的参与。例如，可以提前公布会议的主题和议程，让员工有目的地参与讨论；还可以设立奖励机制，对提出有价值意见和建议的员工给予适当的奖励或认可。此外，单位需要确保会议的保密性，保护员工的个人信息和隐私。

三、跨部门与团队沟通的优化

随着单位结构的日益复杂，跨部门和团队的沟通已经成为提高单位效率和协作的关键因素，单位需要采取一系列措施来加强各部门之间的协作和信息共享。

首先，明确各部门的职责和目标是优化跨部门沟通的基础。单位应清晰地界定每个部门的职责和业务范围，确保权责划分清晰，避免出现权责不清的情况。同时，明确各部门的工作目标和期望，有助于更好地协调各部门的工作，避免出现目标冲突和重复工作。

其次，定期举行跨部门的会议和活动是促进交流与合作的重要手段。通过定期的会议，各部门可以分享工作进展、交流信息和经验，共同解决问题和应对挑战。此外，单位也可以举办一些团队建设活动，以增强各部门之间的联系和团队合作意识。

利用现代技术手段可以提高跨部门沟通的效率和效果。例如，即时通信工具、电子邮件、项目管理软件等工具可以帮助各部门之间快速传递信息、协调工作进度和任务分配。这些工具可以提高工作效率，减少信息传递的延误和误解。此外，建立有效的信息共享平台也是优化跨部门沟通的重要措施。通过平台，各部门可以随时获取所需的信息和数据，了解其他部门的工作进展和需求。这有助于更好地协调工作，提高整体运营效率。

为了确保跨部门沟通的优化，还需要建立相应的反馈机制。员工和管理层之间应定期进行沟通和反馈，及时发现和解决跨部门沟通中的问题。通过反馈机制，单位可以不断改进和调整沟通策略和方法，以适应单位结构和业务变化的需要。

第二节 员工关怀的新方式

在现代单位中，员工关怀已经成了人力资源管理的重要组成部分。员工关怀不仅关注员工的物质需求，更重视员工的身心健康和成长发展。为了更好地关心员工，单位需要探索和创新员工关怀的新方式。

一、员工健康与安全管理的强化

在当今的工作环境中，员工健康与安全管理已经成了单位必须高度重视的问题。员工的健康和安全不仅是他们个人福祉的关键，也是单位稳定和持续发展的基础。为了确保员工的健康与安全，单位需要采取一系列措施来强化这方面的管理。

首先，单位应提供安全的工作环境，确保员工在工作时不会面临危险或危害。这包括对工作场所进行定期的安全检查，及时修复和更新设备，以及制定和执行严格的安全规章制度。同时，必要的劳动保护措施也是必不可少的，如提供防护装备、制定应急预案等。

其次，单位应定期开展健康讲座和体检活动，关心员工身体健康。通过健康讲座，员工可以了解如何在日常生活中保持健康的生活方式，提高自己的健康意识。而定期的体检活动则可以帮助员工及时发现和预防潜在的健康问题。

此外，提高员工的安全意识和自我保护能力也是至关重要的。单位应定期进行安全培训和演练，使员工熟悉安全规章制度和应急预案，掌握必要的应急处理技能。同时，鼓励员工在发现潜在的安全隐患时及时报告，使单位能够及时采取措施防止事故的发生。

为了更好地实施员工健康与安全管理，单位还应建立完善的管理体系。这包括制定明确的安全规章制度、设立专门的安全管理机构或指定安全管理人员、建立事故报告和调查制度等。通过这些措施，单位可以确保员工健康与安全管理的有效性和持续性。

二、员工援助计划的实施

员工援助计划（EAP）是一种专门为员工设计的心理健康支持和服务体系。在现代社会，工作压力、生活困扰等问题日益增多，员工的心理健康状况对工作表现和整体福祉有着重大影响。因此，实施员工援助计划已经成为单位关心员工福利、提高员工工作满意度和忠诚度的重要手段。

员工援助计划旨在为员工提供全方位的心理健康支持和服务，帮助他们解决工作和生活上的压力、焦虑和抑郁等问题。通过专业的心理咨询和治疗，员工可以获得情绪疏导、压力管理和心理辅导等方面的支持，从而更好地应对生活中的挑战和工作中的压力。

EAP 的具体服务内容可以根据实际情况和员工的需求进行调整和扩展。除了基本的心理咨询，EAP 还可以包括压力管理培训、家庭关系辅导、职业生涯规划指导等服务。这些服务可以帮助员工更好地应对工作和生活中的各种问题，提高他们的心理健康水平和生活质量。

实施员工援助计划的过程中，单位需要确保服务的专业性和保密性。选择经验丰富、有资质认证的心理咨询师提供服务，并确保员工的信息安全，以免员工的隐私受到侵犯。同时，单位还需要定期评估 EAP 的效果，收集员工的反馈意见，不断改进和优化服务内容，以满足员工不断变化的需求。

通过实施员工援助计划，单位不仅能够提高员工心理健康水平，减少因心理问题导致的工作绩效下降和员工离职率，还能增强员工的归属感和忠诚度，提高单位的凝聚力和竞争力。因此，单位应该充分认识到员工援助计划的重要性，将其纳入员工福利体系中，为员工提供更加全面和人性化的关怀和支持。

三、弹性工作与远程工作安排

随着科技的快速发展和工作方式的不断变革，弹性工作和远程工作已成为当今职场中的重要趋势。越来越多的单位开始意识到为员工提供灵活的工作安排不仅能够满足员工的需求，还能够提高员工的工作效率和生活质量。

弹性工作是指单位在员工的工作时间和地点方面给予一定的灵活性。这包括但不限于灵活的工作时间、远程工作、分时工作等多种形式。通过弹性工作，员工可以根据自己的生活需求和工作情况，更加合理地安排工作时间和地点，从而更好地平衡工作和生活。

远程工作，也称为居家办公，是指员工在远离传统办公地点的地方完成工作任务。这种工作方式为员工提供了更大的便利性，减少了通勤时间和成本，同时也为员工创造了更加舒适和高效的工作环境。

单位可以根据员工的个人需求和工作性质来制定灵活的工作安排。例如，对于需要照顾家庭或有特殊需求的员工，可以提供灵活的工作时间；对于需要集中精力完成特定任务的员工，可以提供远程工作的机会；对于需要分担工作压力的员工，可以实行分时工作的安排。

弹性工作和远程工作安排不仅能够满足员工的个性化需求，提高工作效率和生活质量，还能够为单位带来诸多益处。首先，这种工作方式减少了通勤时间和成本，提高了工作效率和员工满意度。其次，这种安排为员工创造了更加人性化的工作环境，有助于吸引和留住优秀人才。最后，这种工作模式也有助于单位的可持续发展，减少了办公空间和环境的影响。

然而，实施弹性工作和远程工作安排也需要注意一些问题。首先，单位需要建立有效的沟通机制，确保员工与管理者之间的信息畅通，避免因信息不对称导致的工作延误或误解。其次，单位需要制定明确的工作标准和考核机制，确保员工的工作质量和效率达到预期标准。最后，单位需要关注员工的心理健康和工作生活平衡，提供必要的支持和关怀。

第三节 事业单位文化的塑造与传承

事业单位作为国家科技创新的重要力量，其文化建设不仅关系到内部员工的成长和发展，更影响着整个行业的进步和国家科技实力的提升。因此，事业单位必须重视文化的塑造与传承，通过营造良好的文化氛围，激发员工的创新活力，提升整体竞争力。

一、核心价值观的明确与传播

作为单位文化的核心，核心价值观是一个单位的精神支柱和行为准则，它反映了单位的基本信仰和价值取向。对于事业单位来说，明确并传播其核心价值观尤为重要。核心价值观如追求卓越、团队协作、创新进取等，不仅能够为单位的发展提供明确的方向，还能激发员工的归属感和工作热情。

首先，需要明确自己的核心价值观。这需要单位内部进行深入的探讨和思考，明确单位的使命和愿景，提炼出符合单位特性的核心价值观。这些核心价值观应该能够反映单位的核心精神和工作特点，如追求科技创新、注重团队协作、提倡学术诚信等。

一旦核心价值观得到明确，接下来的关键步骤就是通过各种渠道进行传播。传播的目的是使单位的每一个成员都能深入了解并认同这些核心价值观。这可以通过多种方式实现，例如定期的内部培训、发放宣传册、在官方网站和内部刊物上发布相关信息等。这些方式都能有效地将核心价值观传达给员工，增强他们对单位的认同感和归属感。

其次，领导者的角色也非常关键。他们应以身作则，成为践行核心价值观的典范。领导者通过自己的行为和决策，向员工展示核心价值观的具体内涵和实践方式。他们的行为将直接影响员工对核心价值观的理解和接受程度。

明确并传播核心价值观，对于事业单位来说，具有深远的意义。它不仅有助于提升单位的形象和声誉，还能增强员工的凝聚力，提高整体的工作效率和质量。通过共同遵循核心价值观，单位能够更好地应对外部的挑战和机遇，实现持续稳定的发展。

二、员工行为规范的制定与实施

员工行为规范是单位文化中的重要组成部分，它为员工的日常行为提供了明确的指导和规范。对于事业单位来说，制定与实施员工行为规范是维护单位稳定、促进单位发展的重要手段。

首先，制定员工行为规范的基础是单位的核心价值观和行业特点。事业单位应当根据自身的特点和使命，明确员工应当遵循的职业道德、工作纪律和学术诚信等方面的要求。这些规范应当是具体的、可操作的，能够为员工提供明确的指导。

在制定出行为规范之后，实施的过程同样重要。单位需要通过各种方式，如内部培训、讲座和一对一辅导等，确保员工充分了解并明确行为规范的具体要求。员工需要清楚地知道哪些行为是受鼓励的，哪些行为是不被接受的。这样，员工才能在日常工作中自觉遵守相关规定，保持良好的行为习惯。

其次，有效的监督机制是确保员工行为规范得到有效执行的关键。单位需要设立专门的监督机构或人员，定期对员工的行为进行检查和评估。对于违反行为规范的员工，应当进行适当的惩戒，以维护单位文化的权威性。通过这种方式，可以强化员工对于行为规范的重视程度，提高他们遵守规定的自觉性。

制定和实施员工行为规范的过程并不是一蹴而就的，需要持续的努力和维护。单位应当定期对行为规范进行审查和更新，以适应单位的发展和外部环境的变化。同时，领导者应当以身作则，成为遵守行为规范的榜样，为员工树立良好的榜样。通过这样的方式，事业单位可以建立起积极向上的单位文化，提高员工的凝聚力和工作满意度。

三、单位文化活动的策划与执行

为了营造积极向上的文化氛围，增强员工的归属感和凝聚力，事业单位需要定期策划和单位各类文化活动。这些活动不仅有助于提升员工的团队合作精神，还能加强单位内部的沟通与交流，进一步推动单位文化的传承和发展。

首先，策划员工座谈会是一个有效的途径。通过定期举办座谈会，员工可以分享自己的工作心得、成长经历以及对单位的建议和期望。这不仅能够增进员工之间的了解和信任，还能帮助管理者更好地了解员工的需求和困惑，为单位的发展提供有益的参考。

团队建设活动也是单位文化活动的重要组成部分。通过举办各种团队活动，如拓展训练、团队合作游戏等，可以加强员工之间的合作与沟通，提升团队的协作能力。这有助于在单位内部形成积极向上的工作氛围，提高整体的工作效率。

其次，学术交流会也是事业单位必不可少的文化活动。通过单位学术交流会，员工可以分享最新的研究成果、学术观点和创新思路。这不仅能够激发员工的创新思维，还能促进学术交流与合作，提升单位的学术影响力。

除了以上活动，设立创新奖励和优秀员工评选也是激励员工积极进取的有效手段。通过设立创新奖励，单位可以鼓励员工勇于尝试、追求卓越，为单位的创新发展贡献力量。而优秀员工评选则是对表现突出的员工给予肯定和表彰，以此提升员工的荣誉感和归属感。

在策划和执行单位文化活动的过程中，还需要注意以下几点。

在单位各类活动时，充分考虑员工的参与度和认同感是至关重要的。这不仅关系到活动的成功与否，更直接影响到员工的工作积极性和单位的整体凝聚力。因此，活动策划必须精心设计，以确保其能够吸引员工的兴趣并激发他们的参与热情。

首先，活动策划应紧密围绕员工的需求和兴趣展开。这意味着单位者需要事先了解员工的需求、喜好和期望，以确保活动内容能够满足他们的实际需求。例如，可以通过问卷调查、小组讨论等方式收集员工的意见和建议，从而确定活动的主题、形式和内容。这样的活动不仅能够吸引员工的注意，还能让他们感到自己的意见和需求得到了重视。

　　其次，要确保员工能够积极参与并从中受益。活动的目的是激发员工的热情，提升技能，因此必须确保每个员工都有机会参与并从中获得成长。为了实现这一目标，单位可以设计多样化的活动形式，如团队竞赛、个人展示、经验分享等，以满足不同员工的参与需求。同时，还可以设置奖励机制，以激励员工更积极地参与活动。

　　最后，关注员工的反馈意见也是提升活动效果的关键。活动结束后，单位者应及时收集员工的反馈意见，了解他们对活动的满意度、哪些环节做得好、哪些地方需要改进等。这些信息不仅可以帮助单位者评估活动的效果，还能为今后的活动策划提供宝贵的参考。通过持续改进和优化活动内容，单位者可以逐步提升员工的认同感和归属感，从而增强单位的凝聚力。

　　在策划员工活动时，注重多样性和创新性是保持活动吸引力和新鲜感的关键。为了满足不同员工的兴趣和需求，单位需要不断推陈出新，策划不同类型的活动。

　　首先，单位可以策划各类技能培训、团队建设、文化交流等活动，以满足员工的不同需求。例如，针对新员工，可以单位入职培训活动，帮助他们快速融入团队；针对技术员工，可以单位技术分享会，促进技术交流和提升；针对管理团队，可以单位战略研讨会，共同探讨单位未来的发展方向。通过不同类型的活动，单位可以激发员工的潜能，提高他们的专业技能和团队协作能力。

　　其次，单位可以鼓励员工提出创新性的活动建议。员工的创造力是无限的，他们往往能够提出新颖、有趣的活动建议。为了激发员工的创造力，单位可以设立创意征集平台，鼓励员工分享自己的创意和建议。通过集思广益，单位可以获得更多的灵感和创意，从而策划出更具吸引力的活动。

　　最后，单位还可以通过与其他事业单位或机构合作，引入外部资源，丰富活动的多样性和创新性。通过与行业内的其他事业单位或机构合作，单位可以共享资源、交流经验，共同策划出更具影响力的活动。这种合作不仅可以拓展员工的视野，还可以增强单位的竞争力。

　　在策划和实施员工活动时，加强活动的单位和宣传工作是确保活动成功的关键。良好的单位管理能够确保活动流程的顺利进行，而有效的宣传推广则能够提高员工的参与度和积极性。

　　首先，单位者需要提前制订详细的活动计划和流程，明确活动的目标、时间、地点、参与人员、活动内容等关键信息。计划应考虑到各种可能出现的意外情况，并制定相应的应对措施，以确保活动的顺利进行。同时，单位者还需要明确分工，指定专人负责活动的各个环节，确保各项任务得到有效执行。

其次，宣传和推广活动也非常重要。通过各种渠道，如内部网站、公告板、电子邮件等，向员工宣传活动的目的、内容、时间等信息。宣传内容应具有吸引力，强调活动对员工的益处和价值，激发员工的参与热情和积极性。此外，还可以通过外部媒体或社交平台进行宣传，提高活动的知名度和影响力。

通过以上三个方面的工作，可以塑造独特的文化背景，并将其传承下去。优秀的单位文化不仅能够激发员工的创造力和潜能，提高整体绩效，还能为国家的科技创新事业注入持久的活力。因此，应重视文化建设，持续开展有益的文化活动，以促进长期发展。

第八章 事业单位变革中的创新管理

第一节 变革管理的原则和方法

在当今复杂多变的商业环境中，变革已成为单位持续发展的必然要求。变革管理涉及从战略规划到具体实施的整个过程，其成功与否直接影响到事业单位的生存和竞争力。因此，理解和掌握变革管理的原则和方法至关重要。

一、变革管理的核心原则：适应性、敏捷性和持续性

在当今快速变化且充满挑战的商业环境中，变革管理已成为单位持续发展的关键。而适应性、敏捷性和持续性是变革管理的三大核心原则，它们共同构成了事业单位应对变革的基础框架。

首先，适应性是变革管理的基石。单位需要具备适应外界环境变化的能力，包括市场、技术、竞争态势等方面的变化。这种能力要求事业单位不断地进行自我调整，重新定义和优化战略，以及重塑业务模式。通过持续地适应变化，单位能够确保自身的竞争力并实现可持续发展。

其次，敏捷性是单位在变革中快速应对变化的能力。在高度不确定的商业环境中，单位需要有足够的敏捷性来应对突发情况，抓住瞬息万变的机遇。这需要单位建立敏捷的单位结构和决策机制，以便迅速调整资源、优化流程并做出明智的决策。通过提高敏捷性，单位能够更快地适应变化，增强自身的竞争优势。

最后，持续性是确保变革成果的重要原则。变革往往是一个长期的过程，需要持之以恒的努力和投入。单位需要制定长期的发展战略，不断优化和改进自身的业务模式和管理体系。在变革过程中，单位应保持耐心和毅力，不断积累经验并逐步完善变革措施。只有通过持续的努力，单位才能够实现稳定且长期的变革成果。

综上所述，适应性、敏捷性和持续性是变革管理的核心原则。单位应关注这些原则的实践和整合，以提高应对变革的能力，确保持续的发展和竞争优势。通过不断适应变化、提高敏捷性和保持持续性努力，单位将能够成功应对挑战，开创更加美好的未来。

二、变革管理流程的设计与实施：从规划、单位到执行

在变革管理中，规划、单位和执行是三个关键阶段。这些阶段相互关联，共同构成了一个完整的变革管理流程。下面将详细探讨每个阶段的重点内容。

（一）规划阶段

在规划阶段，明确变革的目标和意义是至关重要的。这一阶段需要对单位的内外环境进行深入分析，识别潜在的机遇和挑战，并明确变革的预期成果。通过细致的分析和研究，可以更好地理解现状和未来发展的需求，为后续的变革计划提供坚实的基础。

在明确变革的目标和意义之后，需要制订一个详细且可行的变革计划。这一计划应该包括变革的预期结果、时间表、资源需求和预算等关键要素。在制订计划的过程中，需要充分考虑利益相关者的需求和预期，确保变革计划能够得到各方的支持与合作。通过与利益相关者的沟通和协商，可以更好地平衡各方的利益，减少变革过程中的阻力，提高变革成功的概率。

此外，在规划阶段还需要考虑到变革可能带来的风险和挑战。对这些潜在的风险和挑战进行充分评估，并制定相应的应对策略，可以确保变革过程的顺利进行。同时，需要制定一套有效的监控和评估机制，对变革的过程和结果进行实时监测和评估，及时发现和解决问题，确保变革计划能够按预期实现。

（二）单位阶段

在单位变革的过程中，建立一支有效的变革团队是至关重要的。这个团队应该由不同专长和经验的人员组成，能够涵盖变革所需的各个方面。团队成员需要明确各自的职责和分工，确保他们能够高效地协同工作，推动变革计划的实施。

为了确保团队成员具备实施变革所需的技能和资源，需要进行有针对性的培训和指导。培训内容可以包括变革管理、团队协作、沟通技巧等方面，以提高团队成员的专业能力和综合素质。同时，提供必要的资源和支持，如资金、设备、人力等，以确保团队能够顺利地开展工作。

除了建立有效的变革团队，构建支持变革的单位文化也是非常重要的。单位文化是单位成员共同遵循的价值观念和行为准则，对变革的成功与否具有重要影响。因此，需要通过培训、宣传、激励等手段，培养员工的变革意识，提高他们对变革的认同感和参与度。同时，强调团队协作、创新思维和持续改进等价值观，营造积极向上的工作氛围。

在单位阶段，还需要制订应急预案以应对变革过程中可能出现的问题和挑战。变革过程中难免会遇到各种预料之外的情况，如资源不足、人员流失、技术难题等。因此，需要制定相应的应对策略和措施，以便在问题出现时能够迅速采取行动，避免对变革计划产生重大影响。

（三）执行阶段

在执行阶段，实施变革计划并监控变革过程是至关重要的。这一阶段的目标是确保变革按计划进行，并密切关注变革过程中的问题和挑战。为了实现这一目标，需要建立有效的监控机制，及时收集和分析数据，以便发现潜在的问题并采取相应的措施。

首先，建立数据收集和分析机制是必要的。通过收集相关数据，如财务指标、业绩评估、员工反馈等，可以对变革过程进行实时监测。对这些数据进行深入分析，可以发现潜在的问题和挑战，并及时采取应对措施。这有助于确保变革计划能够按预期进行，并及时纠正偏差。

其次，持续收集反馈并根据反馈优化变革计划是必要的。在变革过程中，员工和利益相关者的反馈对于改进变革计划具有重要意义。通过定期收集员工的意见和建议，可以了解他们对变革的看法和需求。根据反馈意见，可以对变革计划进行优化和调整，以提高变革的成功率和实现更好的结果。

最后，持续关注并完善变革管理流程也是关键因素之一。变革管理流程包括规划、单位、协调、控制等方面，对于确保变革的顺利进行至关重要。通过对变革管理流程的持续关注和改进，可以提高适应性和创新能力，更好地应对内外环境的变化。

三、变革管理的工具与技术

在变革管理中，工具与技术的应用是提高管理效率和成功实施变革的关键。其中，单位诊断和变革模型的应用是两种重要的工具，它们为单位提供了深入了解自身状况和指导变革过程的框架。

（一）单位诊断

单位诊断是一个对单位进行全面审视和分析的过程，它的主要目的是深入了解单位的优势和不足，从而为后续的变革提供重要的依据。这个过程对于任何寻求改进和发展的单位来说都是至关重要的。

单位诊断通常涉及对单位的多个方面进行深入研究和评估，包括但不限于单位的结构、文化、运营状况、流程以及员工的态度和行为等。通过这些全面的分析，单位可以更好地理解自身的现状，识别出潜在的问题和改进领域，以及发现可能的机遇和挑战。

在这个过程中，常用的诊断方法包括SWOT分析、PEST分析等。SWOT分析，战略分析工具，通过对单位的优势（Strengths）、劣势（Weaknesses）、机会（Opportunities）和威胁（Threats）进行全面评估，帮助单位明确自身的战略位置和发展方向。而PEST分析则从政治（Political）、经济（Economic）、社会（Social）和技术（Technological）四个方面对外部环境进行全面分析，以帮助单位识别外部环境的变化和影响。

这些诊断方法不仅可以帮助单位更好地理解自身的状况，还可以为制定合适的变革策略提供重要的支持。通过诊断，单位可以明确变革的需求和目标，制订出更加符合实际情况的变革计划，并采取有效的措施来推动变革的实施。

总的来说，单位诊断是一个关键的环节，它为单位变革提供了基础和指导。通过诊断，单位不仅可以更好地理解自身的现状，还可以发现潜在的问题，从而为制定合适的变革策略提供重要的依据和支持。

（二）变革模型的应用

借鉴经典的变革模型是实施有序、有效变革的重要工具之一。这些模型提供了对变革过程的深入理解，帮助单位预测变革中的挑战，并制定相应的应对策略。常见的变革模型包括 Lewin 的三步骤模型和 Rogers 的五阶段模型等。Lewin 的模型强调变革的三个过程：解冻、移动和再冻结，而 Rogers 的模型则描述了人们对变革的接受程度和变革的五个阶段。通过应用这些模型，单位可以更好地规划和实施变革，确保变革过程的有序性和有效性。

除了诊断和变革模型的应用外，还有其他工具和技术可用于变革管理。例如，Kotter 的领导变革框架提供了实施变革的八个步骤，强调领导者在变革过程中的关键作用。此外，敏捷方法和精益思想也为适应性和持续改进提供了指导原则和工具。通过综合运用这些工具和技术，单位能够更好地应对复杂多变的环境，实现持续的发展和竞争优势。

综上所述，单位诊断和变革模型的应用是变革管理的两大重要工具。通过单位诊断，单位可以深入了解自身的状况（优势和不足）；而借鉴经典的变革模型，单位可以有序、有效地实施和管理变革过程。结合其他工具和技术，如领导变革框架、敏捷方法和精益思想等，单位能够进一步提高变革管理的效率和成功率，实现持续的发展和创新。

第二节 单位架构的调整与优化

在当今快速变化的市场环境中，单位必须不断地调整和优化自身的单位架构，以适应不断变化的市场需求和技术趋势。单位架构的调整与优化不仅有助于提高单位的运营效率，还有助于增强单位的市场竞争力。

一、单位结构的诊断与分析：识别存在的问题与瓶颈

单位结构的诊断与分析是变革管理过程中至关重要的第一步，它为单位调整和优化单位架构提供了基础。通过深入分析单位的结构和运作方式，单位可以全面了解单位内部的层级关系、部门设置、岗位职责以及它们之间的相互关系。

单位结构图是一个直观的工具，用于展示单位的整体架构和各部门之间的关系。通过单位结构图，单位可以清晰地看到各个部门和职位之间的层级关系，以及各自的职责范围。这样可以帮助单位识别出单位结构中存在的问题，如部门间职责重叠、沟通不畅等。

流程图则是另一种重要的分析工具，它可以帮助单位了解各个部门之间的工作流程和信息流。通过分析流程图，单位可以发现流程中存在的问题和瓶颈，例如工作环节过多、流程烦琐等。这些问题可能会影响单位的效率和响应速度，需要进行优化。此外，职责分析也是一项重要的诊断方法。通过详细分析每个岗位的职责和工作内容，单位可以发现职责不明确、工作量不均衡等问题。这些问题可能会导致员工的工作积极性下降，影响单位的整体绩效。

通过运用这些专业的工具和方法进行单位结构的诊断与分析，单位可以全面了解现有单位结构中存在的问题和瓶颈。这些问题可能包括部门间沟通不畅、职责重叠、流程烦琐、工作量不均衡等。发现这些问题后，单位可以根据

实际情况制定相应的优化措施，以提高单位的效率和响应速度。

在这个过程中，单位需要特别关注以下几个方面：首先，要确保单位结构与单位的战略目标相一致，使单位结构能够更好地支持单位战略的实施；其次，要注重扁平化设计，减少层级关系，加强部门间的沟通与合作；最后，要确保岗位职责明确、工作量均衡，为员工提供良好的工作环境和发展机会。

二、单位架构的创新设计：扁平化、网络化、模块化等

在完成单位结构的诊断与分析后，单位需要设计新的单位架构以解决存在的问题。创新的单位架构可以使单位更加适应市场变化，提高运营效率。以下是一些常见的创新设计方法。

（一）扁平化

扁平化是一种单位变革策略，旨在减少单位层级，使单位结构更加紧凑和高效。传统的金字塔式单位结构往往会因为层级过多而导致决策过程缓慢，难以适应快速变化的市场环境。扁平化设计则通过减少管理层级，缩短决策周期，提高单位的响应速度，使单位能够更好地抓住市场机遇。

在扁平化过程中，单位可以采取一系列措施来优化单位结构。首先，可以通过合并、撤销或简化某些部门和职位来减少层级。这有助于消除冗余和不必要的流程，提高单位效率。其次，单位可以推广跨部门协作和团队合作的理念，鼓励员工在更广泛的范围内参与决策过程。这样可以增强员工的参与感和归属感，同时提高单位的创新能力。

扁平化设计还有助于加强员工之间的沟通与协作。在传统的单位结构中，过多的层级可能导致信息传递不畅和沟通障碍。通过减少层级，单位能够促进信息的快速流通和有效沟通。员工之间的互动和合作将更加频繁和高效，从而提高整个单位的协同工作能力。

此外，扁平化还有助于提高员工的满意度和忠诚度。在扁平化的单位中，员工有更多的机会参与决策、展示自己的才能和贡献自己的价值。这种参与感和成就感能够激发员工的积极性和工作热情，增强他们对单位的认同感和归属感。

（二）网络化

网络化是另一种重要的单位变革策略，其核心在于构建跨部门、跨职能的项目团队，并加强内部沟通与协作。传统的单位结构往往因为部门分割而导致资源重复和信息孤岛，这不仅降低了单位的效率，还削弱了单位的灵活性和创新能力。

网络化设计的核心理念是打破部门壁垒，促进跨部门的合作与交流。通过构建项目团队，将来自不同部门、不同职能的员工聚集在一起，共同完成特定的任务或项目。这种设计方法有助于更好地整合单位资源，提高资源利用效率，避免重复工作和浪费。

网络化单位结构鼓励员工之间的协作和互助，打破了传统的部门界限。通过跨部门合作，员工可以接触到更广泛的知识和资源，激发创新思维，提高个人和单位整体的绩效。此外，这种设计方法还能够增强员工的团队合作精神和归属感，提高单位的凝聚力。

在网络化单位中，沟通变得更加重要和频繁。为了确保项目的顺利实施和团队协作的有效性，事业单位需要建立完善的沟通机制，如定期的项目进展会议、团队讨论和信息共享平台等。这些措施有助于促进信息的快速流通，提高决策效率和响应速度。此外，网络化单位结构还有助于提高单位的适应性和创新能力。由于项目团队成员来自不同的部门和职能，他们能够从不同的角度看待问题，提出创新的解决方案。这种多元化的思维方式有助于打破传统思维的局限，增强单位的创新能力。

（三）模块化

模块化是另一种重要的单位变革策略，其核心是将单位划分为相对独立的模块，每个模块负责特定的业务或职能。这种设计方法可以帮助单位更加专注于核心业务，提高专业能力，降低单位的复杂度，便于管理和维护。

通过模块化设计，单位可以将不同的业务或职能划分为相对独立的单元或模块，每个模块具有明确的任务和职责。这种划分可以使单位更加专注于核心业务，提高专业能力，降低复杂性，便于管理和维护。同时，模块化设计还有助于提高单位的灵活性和应变能力。

模块化设计的优点在于它可以根据市场需求灵活调整单位结构和资源配置。通过将不同的模块组合，单位可以根据市场变化快速调整单位结构和资源分配，提高单位的应变能力。这种设计方法有助于单位更好地适应不断变化的市场环境，抓住市场机遇。

此外，模块化设计还有助于培养专业化的团队。在模块化单位中，员工可以更加专注于特定的业务或职能，深入发展自己的专业知识和技能。这种专业化的发展有助于提升员工的个人能力和职业发展，进而提升单位的整体竞争力。

除了以上几种常见的创新设计方法外，还有一些其他的设计理念可以考虑。例如，单位结构可以更加柔性化，以适应不断变化的市场环境；可以借鉴生物学的单位结构，建立自适应的单位系统；还可以通过引入人工智能等先进技术来优化单位结构和流程，提高单位的效率和响应速度。

三、单位流程的再造与优化，消除冗余，提高效率

单位架构的调整与优化不仅涉及结构层面的变革，更包括对单位流程的深入再造与优化。这是因为单位流程是确保单位高效运营的关键因素，消除冗余和低效环节，能够显著提高单位的整体运营效率。

首先，全面梳理和分析业务流程是基础。这需要单位深入了解自身运营的各个环节，识别哪些流程是关键的，哪些环节存在冗余或低效现象。在这个过程中，运用流程图、数据分析和员工反馈等方法，能够更直观地发现问题所在。

消除冗余和低效环节是流程再造的核心。例如，单位可以简化审批流程，

减少不必要的环节,提高决策效率。通过自动化和数字化技术,也可以进一步优化和改进流程。

优化工作流程也是关键。重新设计工作流程可以消除重复和不必要的任务,使员工更专注于创造价值的工作。通过合理分配资源和任务,可以提高工作效率,减少资源浪费。

强化信息流通也是流程优化的重要方面。在内部建立有效的信息传递机制,确保各部门之间的信息畅通,可以避免信息孤岛现象,提高决策效率和响应速度。

通过流程再造与优化,单位可以进一步释放单位的潜力,提升市场竞争力。这不仅有助于提高运营效率,降低成本,还能增强单位的创新能力,更好地满足客户需求。

第三节 应对变革的心理准备与引导

在单位变革的过程中,除了物质和结构上的调整,更重要的是员工心理层面的准备与引导。员工的心理状态直接影响着他们对变革的接受程度和参与度,进而影响变革的成败。因此,单位需要关注员工对变革的心理反应,并采取有效的措施进行应对。

一、员工对变革的心理反应分析

在单位变革的过程中,员工对于变革的心理反应是一个不可忽视的重要因素。这些心理反应可能会直接影响变革的成败,因此,对员工心理反应的分析是变革管理中的一项关键任务。

当变革的消息在单位内传播开来,员工们往往会经历一系列复杂的心理变化。这些心理反应可能包括焦虑、不安、抵制等。这些反应并不是无中生有,而是有其深层次的心理成因。

首先,对未知的恐惧是一个重要的因素。人们对于未知的事物往往会产生恐惧感,因为未知意味着不确定性,而人们对于不确定性的反应往往是负面的。变革就意味着未知,意味着工作环境、工作内容甚至工作关系的改变,这自然会引发员工的恐惧反应。

其次,对自身利益的担忧也是一个重要因素。在许多情况下,变革可能会对员工的利益产生影响,例如职位变动、薪资待遇变化等。当员工认为变革可能会损害自身利益时,自然会产生抵制心理。

除了上述两个主要因素外,员工的个人性格、经历以及对于变革的理解等因素也会影响其对变革的心理反应。例如,一些性格较为保守的员工可能更倾向于抵制变革;而一些有过类似变革经历的员工可能更能理解变革的必要性,从而产生更积极的态度。

了解员工心理反应的成因和类型是至关重要的,因为这有助于单位更好地制定应对策略。例如,对于对未知的恐惧,单位可以通过提供更多的信息、增加透明度来减轻员工的焦虑；对于对自身利益的担忧，单位可以通过沟通、提供适当的保障来缓解员工的抵制情绪。

二、变革沟通策略的制定与执行：确保信息的透明与准确

在变革的过程中，有效的沟通是至关重要的。它能够消除员工的疑虑、建立信任，并确保变革的顺利实施。因此，制定并执行一个明确的变革沟通策略是变革管理的关键环节。

首先，单位需要制订一个详细的沟通计划。这个计划应该明确沟通的目标、内容、方式和时间表。目标是确保信息传递的有效性，内容需要涵盖变革的背景、目的和预期影响，方式可以包括面对面会议、电子邮件、内部网站等，时间表则要考虑到变革的各个阶段和关键节点。

其次，单位需要通过多种渠道向员工传递清晰、一致的信息。这包括正式和非正式的沟通渠道。正式渠道如定期的内部通信、员工大会等，非正式渠道如团队讨论、一对一的面谈等。通过多种渠道的沟通，可以确保信息传递的全面性和准确性。

最后，单位应鼓励员工提问和反馈。设立专门的变革咨询小组或热线，为员工提供一个提问和反馈的平台。对于员工的疑虑和问题，应及时、透明地进行解答，这有助于消除误解、建立信任。单位应关注员工对变革的心理反应，尤其是对变革的抵制情绪。对于消极的反应，需要进行一对一的辅导和咨询，帮助员工理解和接受变革。

总的来说，一个成功的变革沟通策略需要强调信息的透明性和准确性。通过有效的沟通，单位可以减少员工的焦虑和不安，增强他们对变革的信心和支持，从而确保变革的顺利实施。同时，这也是一个双向的过程，单位需要倾听员工的意见和建议，将他们的需求和期望纳入变革的考虑之中。这样不仅可以增强员工的参与感和归属感，也可以提高变革的成功率。

三、员工参与和赋能：激发员工的主动性和创新精神

在单位变革的过程中，员工的参与和赋能是至关重要的。员工是单位的核心资产，他们的主动性和创新精神是推动变革成功的重要力量。因此，单位应采取一系列措施，鼓励员工参与到变革过程中，并激发他们的潜能。

首先，单位应鼓励员工参与到变革的决策和实施过程中。通过组建跨部门的团队、开展员工建议征集活动等方式，让员工参与到变革的讨论和规划中。这不仅有助于提高员工的参与感和归属感，还能激发他们的主动性和创新精神，为变革提供更多的思路和方法。

其次，单位应为员工提供必要的培训和支持，帮助他们提升技能和能力，以应对变革带来的挑战。随着变革的推进，员工可能会面临新的工作任务和挑战，这时单位需要为他们提供相关的培训和资源支持，帮助他们快速适应新的工作环境和要求。

再次，单位应关注员工的心理准备和引导。变革往往伴随着不确定性，员工可能会产生焦虑、不安等负面情绪。因此，单位需要通过有效的沟通、心理

辅导等方式，帮助员工调整心态，建立对变革的积极态度和信心。

最后，单位应为员工提供反馈和认可机制。在变革过程中，员工的付出和努力是宝贵的，单位应及时给予他们正面的反馈和认可。这有助于增强员工的动力和成就感，进一步激发他们的主动性和创新精神。

第九章 技术对人力资源创新管理的影响

第一节 人工智能在人力资源管理中的应用

随着科技的飞速发展，人工智能（以下简称AI）在各个领域的应用越来越广泛。在人力资源管理领域，AI的应用不仅带来了效率的提升，还为传统的人力资源管理带来了新的思路和方法。

一、人工智能在招聘与选拔中的角色

在当今的数字化时代，AI已经渗透到各个领域，包括招聘与选拔。传统的招聘过程往往涉及大量的人工筛选和评估，既耗时又耗力。然而，随着AI技术的不断发展，我们可以通过自动化和数据分析来提高这一过程的效率。

首先，AI在简历筛选中发挥着重要作用。过去，招聘人员需要手动筛选大量的求职简历，以找出符合职位要求的候选人。但如今，使用AI算法，可以自动筛选出符合职位要求的候选人，大大提高了筛选的效率和准确性。

其次，AI也可以应用于面试评估。通过使用AI系统，可以分析候选人的回答，并评估其与职位的匹配度。AI不仅可以对候选人的语言和表达能力进行分析，还可以通过分析候选人的非言语行为（如面部表情和肢体语言）来评估其性格和适应性。

最后，AI还可以用于员工背景调查。在进行招聘时，了解候选人的背景和经历是非常重要的。使用AI技术，可以快速准确地核实候选人的教育、工作经历以及其他相关信息，确保新员工没有不良记录。

总之，AI在招聘与选拔中的应用，可以大大提高招聘过程的效率和准确性。通过自动化和数据分析，我们可以更好地识别和选拔出最符合职位要求的候选人，为单位的发展提供有力的人才支持。同时，这也标志着招聘行业的数字化转型，为单位的人力资源管理带来了新的机遇和挑战。

二、人工智能在员工培训与发展中的作用

在当今快速发展的商业环境中，员工培训与发展对于单位的成功至关重要。AI作为一项革命性的技术，在员工培训与发展领域也发挥了重要的作用。

首先，AI能够帮助单位创建个性化的培训计划。通过对员工技能和需求的深入分析，AI可以为每位员工定制个性化的培训内容，确保培训计划符合员工的实际需求和职业发展目标。这样的个性化培训方式不仅提高了培训的针对性，也大大提高了员工的参与度和学习效果。

其次，AI可以通过在线学习平台为员工提供实时、互动的学习体验。传统的培训方式往往受到时间和地点的限制，而AI技术打破了这些限制，让员工可以随时随地地进行学习。通过在线学习平台，员工可以获取丰富的学习资源，包括视频教程、在线课程、模拟练习等。此外，AI还可以通过实时反馈和互动讨论来提高员工的学习效果和参与度。

再次，AI还可以帮助单位评估员工的学习成果和绩效表现。通过对员工学习数据的分析，AI可以为单位提供客观、准确的评估结果，帮助单位了解员工的技能水平和绩效表现。这些数据还可以为单位的人力资源决策提供有力的支持，例如晋升、奖励等。

最后，AI还可以帮助单位预测员工的职业发展路径和未来需求。通过分析行业趋势、技术发展以及单位的战略规划，AI可以预测未来的人才需求和职业发展方向。单位可以根据这些预测结果提前进行人才储备和培训计划制订，确保单位在未来的发展中具备足够的人才支持。

综上所述，AI在员工培训与发展中起到了重要的作用。通过个性化培训计划的创建、在线学习平台的提供、学习成果的评估以及职业发展预测等方面的应用，AI为单位的人才培养和发展提供了有力支持。在未来，随着AI技术的不断进步和应用范围的不断扩大，其在员工培训与发展中的作用将更加突出。

三、人工智能在绩效与薪酬管理中的影响

在人力资源管理中，绩效与薪酬管理是至关重要的环节。随着AI技术的不断发展，AI在绩效与薪酬管理中的应用也日益广泛，为单位带来了诸多变革和影响。

首先，AI通过分析员工的绩效数据，能够更准确地评估员工的贡献。传统的绩效评估方式往往依赖于主管的主观评价，而AI技术通过处理大量的绩效数据，能够提供更客观、准确的评估结果。这不仅提高了绩效评估的准确性，也为单位进行薪酬调整和晋升提供了更为可靠的依据。

其次，AI可以帮助单位制定更公平、透明的绩效评估体系。通过数据分析和算法，AI能够客观地评估员工的绩效表现，减少了人为因素对评估结果的影响。这种基于数据的评估方式使得绩效结果更加公平和透明，提高了员工对绩效评估的信任度。

再次，AI在薪酬管理中也发挥着重要作用。通过对市场薪酬水平和单位内部数据的分析，AI能够帮助单位制定合理的薪酬体系，确保员工的薪酬与市场和业绩相匹配。同时，AI还可以通过数据分析预测员工的薪酬期望和薪酬增长需求，为单位制定薪酬调整策略提供有力支持。

最后，AI在绩效与薪酬管理中的应用还带来了其他一系列的变革。例如，AI可以帮助单位进行更精细化的员工激励计划设计，根据员工的绩效和贡献提供个性化的奖励和激励措施。此外，AI还可以通过数据分析预测员工的职业发展路径和留任意愿，为单位制定人才保留策略提供依据。

第二节 大数据在人力资源管理中的应用

随着大数据技术的不断发展，其在人力资源管理领域的应用也日益广泛。大数据的应用为单位的人力资源管理带来了更深入的数据洞察和更高效的决策支持。

一、大数据在人才分析中的应用

在当今信息爆炸的时代，大数据已经成为各行各业的战略资源。在人力资源管理领域，大数据的应用也日益广泛。通过收集、分析和利用大量的数据，单位可以进行更全面、细致的人才分析，从而更好地制定人才策略，优化人力资源管理。

首先，大数据可以帮助单位更准确地了解员工的绩效表现。通过收集和分析员工的绩效数据，单位可以全面了解员工的业绩水平、工作表现以及发展潜力。这种基于数据的分析方式能够提供更客观、准确的评估结果，为单位进行绩效评估和薪酬调整提供依据。

其次，大数据还可以帮助单位了解员工的职业发展需求。通过分析员工的个人信息、职业背景、能力评估数据以及职业规划意向，单位可以更好地了解员工的职业发展需求和期望。这种深入的了解有助于单位为员工提供更有针对性的培训和发展机会，从而提高员工的满意度和忠诚度。

再次，大数据在人才市场分析方面也具有重要价值。通过收集和分析人才市场的数据，单位可以了解市场的人才供求状况、薪酬水平以及行业发展趋势。这些信息能够帮助单位制定更科学、合理的人才招聘和选拔策略，提高单位在人才市场的竞争力。

最后，大数据还可以为单位制定更科学、合理的薪酬体系提供支持。通过分析员工的绩效数据、市场薪酬水平以及行业发展趋势，单位可以制定出更具竞争力的薪酬体系。这种基于数据的薪酬体系不仅提高了薪酬的公平性和透明度，还有助于单位吸引和留住优秀人才。

二、大数据在员工关系管理中的作用

员工关系管理是人力资源管理中的核心环节，它关系到单位的稳定、员工的满意度和忠诚度。在这个信息爆炸的时代，大数据技术的运用为单位的员工关系管理带来了全新的视角和方法。

首先，大数据可以帮助单位更好地了解员工的需求和期望。通过收集和分析员工的反馈数据，单位可以更准确地把握员工在工作中的需求和期望，从而制定出更符合员工需求的政策和措施。这不仅能够提高员工的满意度，还能够增强员工对单位的归属感。

其次，大数据可以预测员工的行为和态度。通过分析员工的社交媒体数据、工作绩效数据以及其他相关数据，单位可以预测员工的行为和态度变化。这种预测可以帮助单位提前发现潜在的员工关系问题，从而采取有效的措施进

行干预和解决。

再次，大数据分析还可以帮助单位制定更有效的员工沟通策略。通过分析员工的沟通数据，单位可以了解员工的沟通方式和偏好，从而制定出更符合员工需求的沟通策略。这不仅能够提高沟通效果，还能够增强员工之间的凝聚力。

最后，大数据在员工关系管理中还具有监测和评估的作用。通过收集和分析员工关系管理的相关数据，单位可以对员工关系管理策略的有效性进行评估和监测。这种基于数据的评估方式能够提供更客观、准确的反馈，帮助单位不断完善和优化员工关系管理策略。

三、大数据在人力资源决策支持系统中的应用

人力资源决策支持系统（HRDSS）是一个利用大数据和人工智能技术为单位提供人力资源管理和决策支持的工具。通过集成单位的人力资源数据和其他相关数据，HRDSS能够帮助单位进行数据驱动的决策，从而提高决策的准确性和效率。

首先，HRDSS能够整合单位各个部门的数据，包括人力资源、财务、市场、销售等，形成一个完整的数据视图。这些数据不仅包括员工的个人信息、绩效评估、培训记录等，还包括单位的业务数据、市场数据等。通过整合这些数据，HRDSS能够提供一个全面、细致的视角，帮助单位更好地了解人力资源状况和业务发展趋势。

其次，HRDSS通过高级分析功能，能够进行数据挖掘和预测分析。通过运用人工智能和机器学习算法，HRDSS能够发现数据之间的潜在联系和规律，预测未来的趋势和变化。例如，HRDSS可以根据历史招聘数据和市场趋势，预测未来的招聘需求和人才市场状况，为单位制订招聘计划提供依据。

再次，HRDSS还具有智能推荐功能。基于大数据分析和机器学习算法，HRDSS可以根据单位的战略目标和发展规划，自动推荐合适的人才招聘候选人、培训计划和绩效评估标准等。这种智能推荐功能能够帮助单位更快地做出决策，提高决策的针对性和准确性。

最后，HRDSS还为单位提供了一个可视化的决策支持平台。通过数据可视化技术，HRDSS能够将复杂的数据以直观、易懂的方式呈现给决策者。这种可视化的决策支持方式不仅提高了数据的可读性，还能够帮助决策者更快地理解数据和做出决策。

第三节 云计算和物联网在人力资源管理中的应用

随着科技的飞速发展，云计算和物联网技术在人力资源管理中的应用越来越广泛。这些技术的应用为事业单位的人力资源管理带来了更高效、更便捷的服务。

一、云计算在人力资源信息系统中的应用

随着科技的飞速发展，云计算技术已经逐渐成为单位信息化的重要支撑。特别是在人力资源信息系统领域，云计算技术为单位带来了诸多变革和优势。下面我们将详细探讨云计算在人力资源信息系统中的应用及其重要性。

首先，云计算技术为单位提供了高效、灵活的数据存储和管理方式。通过将人力资源数据存储在云端，单位可以随时随地访问这些数据，不受地理位置和时间的限制。这种数据存储和管理方式不仅提高了数据的可用性和可维护性，还降低了单位在硬件设备上的投入成本和日常维护成本。

其次，云计算技术为单位的人力资源信息系统提供了强大的分析功能。通过云计算技术，单位可以对大量的人力资源数据进行快速、准确的分析和挖掘，从而为单位的人力资源决策提供更准确、更全面的数据支持。这种基于数据的决策方式有助于单位更好地了解员工的需求和期望，优化人力资源配置，提高单位的竞争力。

再次，云计算技术还可以帮助单位实现人力资源数据的共享和协同。通过云平台，单位内部各部门可以随时共享和协同处理人力资源数据，提高了单位内部的人力资源管理效率。这种协同工作方式不仅减少了重复工作和沟通成本，还促进了单位内部各部门之间的合作和交流。

最后，云计算技术为单位的人力资源信息系统提供了安全保障。通过采用先进的安全技术和加密算法，云平台能够确保人力资源数据的安全性和隐私保护。这种安全保障降低了单位面临的数据泄露风险，保护了员工的隐私权益。

二、物联网在员工健康与安全管理系统中的应用

随着物联网技术的不断发展和普及，其在员工健康与安全管理系统中的应用也逐渐受到单位的关注。通过将物联网技术应用于员工健康与安全管理，单位可以实现对员工健康状况的实时监测、安全事故的预防以及应急响应的智能化和自动化。

首先，物联网技术在员工健康管理方面具有重要作用。通过佩戴智能手环、智能手表等可穿戴设备，员工可以实时监测自己的身体状况，如心率、血压、运动量等。这些数据可以通过物联网技术实时传输到单位的健康管理系统中，为单位提供员工的健康数据。一旦发现员工的身体状况出现异常，系统可以及时发出预警，并提供相应的健康管理建议，帮助员工更好地管理自己的健康。

其次，物联网技术还可以应用于单位的安全管理系统。通过安装智能监控设备和传感器，单位可以实时监测生产现场的安全状况，如设备运行状态、气体浓度、温度等。一旦发现异常情况或安全隐患，物联网系统可以自动预警，并触发相应的应急响应机制，如启动排风设备、切断电源等，以避免事故的发生。此外，物联网技术还可以通过智能识别和数据分析，为单位提供预防性维护和预测性安全管理的建议，进一步提高单位的安全管理水平。

最后，物联网技术的应用还为单位提供了更高效、准确的员工健康与安全

信息管理方式。通过电子化、智能化的信息管理平台，单位可以实现对员工健康状况、安全事故记录等信息的集中管理和分析。这种信息管理方式不仅提高了信息的可追溯性和可靠性，还有助于单位更好地了解员工的需求，优化员工健康与安全管理体系。

三、云计算与物联网在人力资源管理中的整合与协同作用

在当今信息化时代，云计算和物联网技术已经成为单位人力资源管理中不可或缺的两个重要支柱。它们不仅可以独立地为单位提供强大的支持，还可以相互整合，发挥更大的协同作用，进一步提升单位人力资源管理的效率和水平。

云计算技术为单位提供了高效、灵活的数据存储和管理方式，使得人力资源数据可以随时随地被访问和使用。通过将人力资源数据存储在云端，单位可以确保数据的完整性和安全性，同时还可以降低数据丢失的风险。此外，云端的数据分析功能还可以帮助单位对大量的人力资源数据进行深入的分析和挖掘，为单位的人力资源决策提供更准确、更全面的数据支持。

而物联网技术的应用，则使得单位能够实现员工健康与安全管理的智能化和自动化。通过智能手环、智能手表等可穿戴设备，单位可以实时监测员工的身体状况和运动数据，及时发现员工的健康问题，并提供相应的健康管理建议。同时，物联网技术还可以用于单位的安全管理系统，通过智能监控和预警系统，及时发现安全隐患并采取相应的措施，确保员工的人身安全。

更为重要的是，当云计算和物联网技术相互整合时，它们可以发挥出更大的协同作用。单位可以将人力资源数据存储在云端，并利用物联网技术收集员工的身体状况和行为数据。这样，单位就可以更全面地了解员工的绩效表现和健康状况，为人力资源决策提供更准确、更全面的数据支持。同时，这种整合与协同作用还能够帮助单位实现更高效、更便捷的人力资源管理，提高单位的运营效率和市场竞争力。

第十章 人力资源创新管理的实施与评估

第一节 创新管理的实施步骤与方法

创新管理是事业单位持续发展的关键动力,也是应对市场变化和竞争压力的重要手段。为了有效地实施创新管理,需要遵循一定的步骤和方法。

一、创新管理战略的制定与规划

在当今高度竞争和快速变化的市场环境中,创新是事业单位持续发展的关键。因此,制定和规划创新管理战略成了重要任务。这一过程需要深入理解市场趋势、技术发展以及竞争态势,以确保创新战略的有效性和针对性。

明确创新管理的战略目标是至关重要的。需要对市场进行深入研究,了解客户需求、竞争对手的动态以及行业的发展趋势。同时,还需要关注技术发展,尤其是那些可能对现有业务产生重大影响的新兴技术。通过这些分析,可以明确创新的方向和重点,从而制定出相应的创新战略。

在制定创新战略时,需要考虑多个方面。首先是产品创新,关注产品的功能、性能和用户体验,以满足市场的不断变化和客户的个性化需求。其次是市场创新,探索新的市场机会,扩大市场份额,提高品牌影响力。此外,创新也是关键,通过优化结构、改进管理流程、激发员工创新活力等方式,提升整体创新能力。

除了制定创新战略,详细的创新规划也是必不可少的。需要选择合适的创新项目,根据资源配置情况制订实施计划,并明确时间安排和创新目标。此外,风险评估和应对策略也是规划的重要部分,以确保事业单位在面对不确定性时能够迅速调整和创新方向。

总的来说,制订和规划创新管理战略是实现可持续发展的关键步骤。通过明确战略目标、制订创新战略和详细规划,可以提升创新能力、抓住市场机遇并应对竞争挑战。在未来,随着市场不断变化和技术的发展,需要持续关注创新管理战略的调整和优化,以保持竞争优势并实现可持续发展。

二、创新管理团队的组建与培训

实施创新管理战略,需要一支具备创新精神、跨领域知识和实践经验的团队来推动和执行。因此,需要从各个部门抽调出优秀的人才,组建一支高效、专业的创新管理团队。

在组建团队的过程中,需要充分考虑团队成员的背景、经验和技能。这不仅包括技术研发、市场营销、财务管理等专业领域的人才,还需要吸纳具有创新思维、善于协作和沟通的人才。通过这样的团队组合，可以更好地应对创新过程中遇到的各种挑战和问题。

为了提高团队的创新能力和管理水平，需要定期开展培训和交流活动。这些活动可以涵盖创新管理理论、市场趋势分析、团队协作技巧等多个方面，使团队成员不断更新知识和技能，提升自身的综合素质。此外，还可以邀请行业专家、学者进行授课和分享，为团队提供更深入的学习和指导。

除了内部培训，还可以通过外部交流来增强团队的创新能力。与其他研究机构或创新交流与合作，可以帮助团队获取更多的创新资源和实践经验，促进团队成员之间的思想碰撞和创意生成。另外，还需要关注团队文化的建设。培养积极向上的团队氛围，鼓励团队成员发挥主观能动性，激发他们的创新潜力。同时，建立健全的激励机制，对在创新项目中取得突出成绩的团队或个人给予适当的奖励和激励，以激发团队的创新热情。

三、创新管理项目的选择与推进

在确定了创新战略和团队后，需要选择合适的创新管理项目来实施这一战略。项目的选择与推进是创新管理过程中至关重要的一环，它决定了创新成果的实现和价值创造。

首先，需要对多个备选项目进行筛选，挑选出具有潜力的项目进行推进。在筛选项目时，需要考虑市场前景、技术可行性、资源需求以及风险评估等多个因素。市场前景决定了项目的商业价值和发展空间，技术可行性体现了对技术创新的掌控能力，资源需求则涉及项目实施所需的资金、人力等资源配置，而风险评估则有助于识别和应对潜在的风险。

选定项目后，需要制订详细的实施计划。这包括任务分解、进度安排、资源调配等多个方面，以确保项目的顺利推进。任务分解是将项目目标细化为具体的任务，明确责任分工；进度安排则是根据任务分解制订出合理的项目时间表，确保项目按时完成；资源调配则是根据项目需求合理分配所需的资源，如人力、物力、财力等。

在项目实施过程中，有效的沟通机制和风险管理机制是必不可少的。通过建立定期的沟通会议、工作汇报等沟通机制，可以及时了解项目进展情况，解决项目中出现的问题。同时，风险管理机制可以帮助识别、评估和控制潜在的风险，降低项目失败的风险。此外，为了确保项目的成功实施，还需要建立一套完善的项目管理流程。这包括项目立项、计划制订、执行控制、验收评估等环节，通过规范的项目管理流程，可以更好地协调资源、监控进度、控制质量，从而确保项目的顺利完成。

第二节 创新管理的评估与反馈机制

为了确保创新管理的有效性和持续改进，事业单位需要建立一套完善的评估与反馈机制。这一机制不仅有助于评估创新管理的效果，还能提供改进的方向和动力。

一、创新管理效果的评估标准与方法

评估创新管理效果是确保创新活动有效性和持续性的关键。为了准确评估创新管理的效果，需要明确评估的标准和方法。

首先，评估标准应与组织的战略目标和创新目标相一致。这包括创新项目的市场表现、技术先进性、资源利用效率等方面。市场表现主要考察创新产品或服务在市场上的接受度和竞争力，技术先进性则关注项目的技术水平和对行业发展的影响，而资源利用效率评估则涉及对人力、物力、财力等资源的合理配置和有效利用。

选择合适的评估方法对确保评估结果的客观性和准确性至关重要。组织可以采用定量分析、定性分析、比较分析等多种方法进行评估。定量分析侧重于数据和指标的统计分析，如市场份额、客户满意度等；定性分析则更关注对创新过程、团队氛围等方面的深入理解；比较分析则通过将当前项目与历史项目或竞争对手进行对比，找出优势和不足。

此外，定期评估是及时了解创新管理成效的关键。组织可以通过定期评估及时发现存在的问题和不足，以便及时调整和创新方向。同时，评估结果还可以作为组织决策的重要依据，帮助组织优化资源配置、改进管理流程、提高创新效率。

二、创新管理过程中的反馈机制建立

在创新管理过程中，建立一套有效的反馈机制是至关重要的。反馈机制是评估与改进的重要环节，它能够帮助组织及时了解创新管理实践中的问题和不足，从而针对性地采取改进措施，提高创新管理的效果。

首先，组织需要建立一套有效的反馈渠道，确保员工能够积极参与创新管理过程，并提供意见和建议。这可以包括设立专门的反馈邮箱、在线调查问卷、座谈会等多种形式，使员工能够方便地表达自己的看法和意见。

其次，组织需要鼓励员工积极参与反馈。这不仅需要管理层的高度重视和支持，还需要通过建立积极的激励机制，如表彰和奖励机制，来提高员工的参与度和积极性。同时，组织还需要营造一个开放、包容的文化氛围，鼓励员工敢于提出自己的看法和建议，不受层级和职位的限制。

再次，组织还需要定期收集员工的反馈意见，并及时进行分析和处理。这可以通过定期开展员工满意度调查、创新项目评估等活动来实现。通过收集和分析员工的反馈意见，事业单位可以及时了解创新管理实践中的问题和不足，并针对性地采取改进措施。同时，事业单位还需要建立相应的跟踪和监督机制，确保改进措施的有效实施。

最后，反馈机制还有助于增强员工的参与感和归属感。当员工感到自己的意见和建议被重视和采纳时，他们会更加积极地参与到创新管理过程中，发挥自己的创造力和潜能。这不仅能够提高创新管理的效果，还能够增强员工的忠诚度和工作满意度，促进事业单位的长期发展。

三、创新管理绩效的定期评估与报告

为了确保创新管理的持续推进和改进，事业单位需要定期评估创新管理绩效，并向高层管理者和相关部门报告。这一过程不仅有助于全面了解创新管理的实际效果，还可以为高层管理者提供决策依据，推动创新管理的不断优化和提升。

首先，绩效评估是定期评估与报告的核心内容。事业单位需要制订一套科学的评估指标，涵盖创新项目的进度、资源利用效率、市场表现等多个方面。这些指标应该能够客观地反映创新管理的实际效果，并且可以进行量化和比较。通过定期收集相关数据和信息，事业单位可以对每个指标进行评估和分析，全面了解创新管理的实际情况。

其次，报告是定期评估与绩效呈现的重要方式。报告应该清晰明了地呈现绩效数据和结论，包括各项指标的具体数值、比较分析和问题分析等。报告的语言应该简明扼要，避免使用过于专业的术语，以便高层管理者和其他相关部门能够快速理解。同时，报告还应该提出针对性的建议和改进措施，为高层管理者提供决策依据。

再次，定期评估与报告还需要建立相应的流程和机制。事业单位可以设立专门的评估小组或委员会，负责实施定期评估与报告工作。该小组或委员会应该由事业单位内部的相关专业人士组成，具备评估和决策的能力和经验。同时，事业单位还需要建立相应的数据收集和分析系统，以便高效地收集、整理和分析绩效数据。

最后，定期评估与报告的结果应该得到充分应用。事业单位应该根据绩效评估结果及时调整和创新策略，改进管理流程和提升资源利用效率。同时，结果还可以作为员工绩效考核和奖励的依据，激励员工积极参与创新管理过程。

第三节 创新管理持续改进的策略与建议

为了确保创新管理的持续性和有效性，事业单位需要不断地进行自我反思和改进。以下是一些关于创新管理持续改进的策略和建议。

一、创新管理经验的总结与分享

在创新管理过程中，经验的总结与分享是至关重要的环节。通过鼓励团队成员定期总结和分享创新管理经验，事业单位可以促进内部的知识共享和经验传承，从而提高整个团队的创新管理能力。

首先，事业单位应该倡导团队成员积极总结创新管理经验。这包括对成功和失败案例的分析、项目管理过程中的经验教训等。团队成员可以通过撰写工作总结、案例分析报告等形式，将个人经验转化为知识，为团队提供宝贵的经验和参考。

其次，事业单位应该创造一个良好的分享平台，鼓励团队成员相互交流和

学习。这可以通过定期举行经验分享会、研讨会等形式实现。在分享会上,团队成员可以轮流发言,分享自己的经验和心得,同时也可以向其他成员请教问题和寻求帮助。通过这种互动式的交流,团队成员可以共同成长、共同提高。

最后,事业单位还可以通过内部培训的方式促进经验交流和知识共享。内部培训可以围绕创新管理主题展开,邀请内部专家或外部讲师进行授课和分享。培训内容可以涵盖创新管理理论、实践案例分析、项目管理技巧等多个方面,帮助团队成员全面提升创新管理能力。事业单位应该建立相应的激励机制,鼓励团队成员积极总结和分享经验。这可以通过设立奖励制度、晋升机制等方式实现。对于在经验总结和分享中表现突出的团队或个人,事业单位可以给予适当的奖励和激励,以激发他们的积极性和创造力。

二、创新管理瓶颈的识别与解决

在创新管理过程中,团队可能会遇到各种瓶颈和困难,这些问题可能会阻碍创新进展和效果。因此,事业单位需要采取有效措施来解决这些瓶颈问题。

首先,事业单位需要积极识别创新管理中的瓶颈问题。这可以通过定期评估、数据分析以及团队成员的反馈等方式实现。评估可以帮助事业单位了解创新项目的进展情况,数据分析则可以揭示潜在的问题和挑战,而团队成员的反馈则可以提供关于团队协作、资源分配等方面的见解。通过综合这些信息,事业单位可以全面了解创新管理中的瓶颈问题。

其次,事业单位需要采取有效的解决措施来解决瓶颈问题。这可能涉及资源分配、流程优化、团队协作等多个方面。对于资源分配问题,事业单位可以根据项目的优先级和需求合理配置资源,确保关键项目得到足够的支持。对于流程优化问题,事业单位可以分析现有流程中的瓶颈环节,并通过改进或重新设计流程来提高效率。对于团队协作问题,事业单位可以通过加强沟通、促进知识共享、建立协作机制等方式来提高团队的协作效率。

再次,事业单位还需要建立相应的跟踪和监督机制,确保解决措施的有效实施。这可以通过定期检查、评估和反馈等方式实现。定期检查可以帮助事业单位及时发现并解决新出现的问题,评估则可以衡量解决措施的效果和影响,而反馈则可以为后续的改进提供参考和借鉴。

最后,事业单位还需要不断总结经验教训,并应用到未来的创新管理中。通过回顾过去的瓶颈问题和解决方案,事业单位可以从中吸取教训,并在未来的管理中提前预防类似问题的出现。同时,事业单位还可以将成功解决瓶颈问题的经验分享给其他团队或部门,促进整体共同进步和发展。

三、创新管理未来的趋势与展望

随着科技的快速发展和市场竞争的日益激烈,创新管理在以后将面临更多的挑战和机遇。为了保持领先地位,事业单位需要对创新管理未来的趋势进行预测和展望。以下是对未来创新管理的一些可能趋势和展望。

(一)数字化转型的深入推进

随着科技的飞速发展,数字化技术已经逐渐成为事业单位创新和发展的核心驱动力。数字化转型不再是一个选择，而是事业单位适应未来市场变化的必要手段。在未来，数字化转型将继续深入推进，覆盖事业单位的各个环节和流程，实现数据驱动的管理决策和创新实践。

首先，数字化转型将更加深入地渗透到事业单位的各个领域。无论是生产、销售、物流还是客户服务，数字化技术都将为事业单位提供更加高效和智能化的解决方案。通过引入大数据、云计算、人工智能等先进技术，事业单位可以实现自动化、智能化的生产流程，提高生产效率和产品质量。同时，数字化技术还能够为事业单位提供更加精准的市场分析和预测，帮助事业单位更好地把握市场机遇和客户需求。

其次，数字化转型将推动事业单位实现数据驱动的管理决策和创新实践。在数字化时代，数据已经成为事业单位的重要资产。通过收集和分析各种数据，事业单位可以更好地了解市场趋势、客户需求和业务运营情况，从而做出更加科学和明智的决策。同时，数字化技术还能够为事业单位提供更加灵活和快速的创新实践平台。事业单位可以利用数字化技术快速试验新的产品和服务，并根据市场反馈及时调整和优化，提高创新效率和成功率。

最后，数字化转型将促进事业单位与外部合作伙伴和客户的紧密连接。数字化技术为事业单位提供了更加便捷和高效的沟通渠道，使事业单位能够更好地与合作伙伴和客户进行互动和协作。通过数字化平台，事业单位可以与外部合作伙伴共同开发新产品和服务，实现互利共赢的合作关系。同时，数字化技术还能够为事业单位提供更加个性化和定制化的客户服务体验，提高客户满意度和忠诚度。

总之，数字化转型将继续深入推进，成为事业单位创新和发展的必由之路。数字化技术将覆盖事业单位的各个环节和流程，实现数据驱动的管理决策和创新实践。数字化转型不仅将提高事业单位的运营效率和竞争力，还将为事业单位带来更加广阔的市场机会和发展空间。

（二）人工智能的广泛应用

随着人工智能技术的快速发展，其应用范围不断扩大，成为事业单位创新管理中的重要工具。在未来，人工智能将在创新管理中发挥越来越重要的作用，通过智能化、自动化和预测性的手段提升创新效率和成功率。

首先，人工智能技术将为事业单位提供智能化的项目管理能力。通过人工智能项目管理软件，事业单位可以实现项目任务的自动分配、进度监控和风险预警等功能。这种智能化的项目管理方式能够提高项目执行效率，降低项目成本和风险，提升创新项目的成功率。

其次，人工智能技术还可以帮助事业单位实现自动化的问题解决。在创新过程中，事业单位常常面临各种问题和挑战，需要快速、准确地找到解决方案。通过人工智能技术，事业单位可以利用自然语言处理、机器学习等技术自动分析问题、提出解决方案，提高问题解决的效率和准确性。

最后，人工智能技术为事业单位提供预测性的决策支持。在数字化时代，数据已经成为事业单位决策的重要依据。通过人工智能技术，事业单位可以利用大数据分析、机器学习等技术对市场趋势、客户需求等进行预测，为事业单位提供更加科学和明智的决策支持。这种预测性的决策支持能够提高事业单位的市场敏感度和竞争力。

（三）可持续发展成为核心目标

随着全球对可持续发展的关注度不断提高，未来创新管理将更加注重环保和社会责任。可持续发展将成为事业单位核心目标之一，要求事业单位在创新过程中充分考虑资源的可持续利用、减少排放和促进社会福祉。

首先，事业单位将更加注重资源的可持续利用。在产品设计和生产过程中，事业单位需要采取更加环保的材料和工艺，降低资源消耗和浪费。同时，事业单位还需要积极推广循环经济，通过回收、再利用和再制造等方式，减少对自然资源的依赖，降低对环境的负面影响。

其次，事业单位将努力减少排放和环境污染。随着环保法规的日益完善，事业单位需要采取更加清洁和高效的生产方式，减少废气、废水和固废的排放。通过引入环保技术和设备，优化生产流程和管理体系，事业单位可以实现绿色生产，降低对环境的负担。

最后，事业单位将更加注重促进社会福祉。在创新过程中，事业单位需要充分考虑社会责任和公共利益，确保创新成果能够为社会的可持续发展做出贡献。通过提供公平、安全和高质量的产品和服务，事业单位可以满足客户需求，提高员工满意度和归属感，同时为社会的繁荣和进步作出贡献。

（四）跨界合作与生态协同

在未来的创新管理中，跨界合作与生态协同将成为重要的趋势。随着技术的快速发展和市场竞争的加剧，事业单位需要打破传统边界，与其他产业、研究机构和政府部门等建立广泛的合作关系，共同推动创新的发展和应用。

跨界合作能够为事业单位提供更广阔的创新资源和能力。通过与其他产业合作，事业单位可以共享资源、技术和知识，实现优势互补，加速创新进程。这种跨界合作有助于事业单位突破自身局限，拓展业务领域和市场空间，提高竞争力和适应性。

生态协同则强调事业单位与外部合作伙伴之间的深度融合和共同进化。通过建立良好的生态协同关系，事业单位可以与合作伙伴共同应对市场挑战和机遇，实现互利共赢。生态协同有助于降低交易成本、提高创新能力、加速产品上市，为事业单位创造更大的价值。

为了实现跨界合作与生态协同，事业单位需要采取一系列措施。首先，事业单位需要积极寻找并建立与自身业务相契合的合作伙伴关系。这需要事业单位具备良好的合作意识和开放的心态，主动拓展合作渠道，建立多元化的合作关系。

其次，事业单位需要建立有效的沟通机制和合作平台，确保与合作伙伴之间的信息共享、资源整合和协同工作。这有助于提高合作效率和创新能力，降低合作风险。

再次，事业单位还需要注重合作关系的持续维护和优化。随着市场环境和合作需求的变化，事业单位需要及时调整合作策略和方式，确保合作关系始终保持活力和有效性。

最后，事业单位需要关注合作成果的落地和推广。跨界合作与生态协同的最终目的是推动创新的发展和应用，为事业单位和社会创造价值。因此，事业单位需要将合作成果转化为实际的生产力，实现商业化和产业化。

（五）个性化与敏捷化的创新模式

随着消费者需求的日益多样化，未来的创新管理将更加注重个性化产品和服务的开发，以及敏捷化的创新流程和结构。个性化与敏捷化将成为事业单位创新的重要模式，要求事业单位具备快速响应市场变化和满足个性化需求的能力。

首先，个性化产品和服务的开发将成为事业单位创新的重要方向。随着消费者需求的多样化，事业单位需要关注不同客户群体的个性化需求，提供定制化的产品和服务。通过引入大数据和人工智能等技术，事业单位可以对客户需求进行深入分析，精准定位目标市场，快速开发和推出符合个性化需求的产品和服务。

其次，敏捷化的创新流程和结构将成为事业单位应对市场变化的必要手段。在快速变化的市场环境中，事业单位需要具备快速响应和适应变化的能力。通过采用敏捷开发方法、引入跨部门协作等方式，事业单位可以加速创新进程，提高对市场变化的反应速度。同时，组织结构的敏捷化也有助于事业单位更好地应对市场挑战和机遇。

为了实现个性化与敏捷化的创新模式，事业单位需要采取一系列措施。首先，事业单位需要建立以客户为中心的创新理念，关注客户需求的变化，提供个性化的产品和服务。这需要事业单位具备敏锐的市场洞察力和客户服务意识。

其次，事业单位需要优化创新流程，提高敏捷化程度。通过引入敏捷开发方法和管理理念，事业单位可以加快产品开发速度，提高创新效率。同时，事业单位还需要建立跨部门协作机制，促进不同部门之间的信息共享和协同工作。

再次，事业单位需要培养具备快速响应和创新能力的人才队伍。通过加强员工培训、鼓励创新实践等方式，事业单位可以提高员工的综合素质和创新能力，为事业单位的个性化与敏捷化创新提供有力支持。

最后，事业单位需要建立灵活的组织结构和管理体系。随着市场的变化和业务的发展，事业单位需要及时调整组织结构和管理策略，以适应不断变化的市场环境。通过建立灵活的组织结构和管理体系，事业单位可以更好地应对市场挑战和机遇，保持竞争力和创新能力。

(六)数据驱动的创新决策

在数字化时代,数据已经成为事业单位决策的重要依据。随着数据分析和人工智能技术的不断发展,事业单位将更加依赖数据驱动的创新决策。数据驱动的创新决策将使事业单位能够更好地理解市场需求、预测未来趋势,并制订更加科学和精准的策略。

首先,数据挖掘将成为事业单位创新决策的重要手段。通过收集和分析大量数据,事业单位可以深入挖掘市场信息和用户需求,了解消费者的行为习惯和偏好。数据挖掘有助于事业单位发现潜在的市场机会和竞争态势,为事业单位提供精准的市场定位和产品开发方向。

其次,预测模型将为事业单位创新决策提供科学依据。利用人工智能技术,事业单位可以构建各种预测模型,对市场趋势、用户行为和业务绩效等进行预测。通过预测模型,事业单位可以提前预见市场变化和潜在风险,及时调整创新策略,提高决策的准确性和时效性。

为了实现数据驱动的创新决策,事业单位需要采取一系列措施。首先,事业单位需要建立完善的数据收集和分析体系。这包括收集各种来源的数据、建立统一的数据仓库、采用先进的数据分析工具等。通过数据的全面收集和深度分析,事业单位可以获取更加精准和深入的信息。

其次,事业单位需要培养数据驱动的决策文化。这要求事业单位领导者具备数据意识和决策智慧,鼓励员工积极参与数据分析和创新决策。同时,事业单位需要建立基于数据的决策流程和管理体系,确保数据在决策中的核心地位。

再次,事业单位需要与数据科技公司和专业机构合作,引入先进的数据分析和人工智能技术。通过合作与交流,事业单位可以获得更丰富的数据资源和更专业的技术支持,提高数据驱动的创新决策能力。

最后,事业单位需要注重数据安全和隐私保护。在收集和使用数据的过程中,事业单位需要严格遵守相关法律法规和伦理规范,确保数据的合法性和安全性。同时,事业单位需要采取有效的技术和管理措施,保护用户隐私和数据安全。

(七)人才发展与事业单位文化的重塑

在未来的创新管理中,人才的培养和发展以及文化的建设将成为核心要素。随着市场竞争的加剧和科技的不断进步,顶尖人才成为事业单位创新的关键驱动力。同时,组织文化的建设也显得尤为重要,一个鼓励创新、开放包容的文化能够激发员工的创造力和潜力,为事业单位创造更多价值。

为了吸引和留住顶尖人才,事业单位需要打造具有竞争力的薪酬福利体系,提供良好的职业发展机会,并建立以人为本的管理模式。此外,事业单位还需关注员工的工作满意度和幸福感,营造积极向上的工作氛围,让员工在工作中找到归属感和成就感。

组织文化的重塑对于事业单位的发展也至关重要。事业单位需要建立一种鼓励创新、开放包容的文化，激发员工的创新意识和创造力。通过倡导开放思维、鼓励员工尝试新事物、建立容错机制等方式，事业单位可以营造一个充满活力和创造力的事业单位文化。

为了应对未来的市场变化和需求，事业单位需要采取一系列积极的策略。首先，密切关注科技和市场的发展动态，及时把握新的机遇和挑战。事业单位需要不断学习新知识、新技术，保持敏锐的市场洞察力。其次，加强研发投入，提升自身的技术水平和创新能力。通过持续的技术创新，事业单位可以保持竞争优势，满足客户的需求。此外，加强跨界合作与生态协同也是关键策略之一。事业单位需要与其他产业、研究机构和政府部门等建立广泛的合作关系，共同推动创新的发展和应用。最后，注重人才发展、文化建设以及跨界合作与生态协同的策略将有助于事业单位在未来的创新管理中取得成功。

总之，未来的创新管理将更加注重人才的培养和发展以及文化的建设。事业单位需要采取积极的策略，包括密切关注科技和市场动态、加强研发投入、打造有竞争力的薪酬福利体系、建立鼓励创新和开放包容的组织文化等。通过这些努力，事业单位可以吸引和留住顶尖人才，激发员工的创造力和潜力，为未来的创新发展奠定坚实基础。

第十一章 人力资源创新管理的实际案例分析

第一节 事业单位人力资源创新管理的成功实践

随着科技的快速发展和市场竞争的加剧，事业单位面临着越来越多的挑战。为了保持领先地位并提高科研效率，许多事业单位开始重视人力资源创新管理。在这一领域，一些成功的事业单位已经取得了显著的成果。以下将介绍一个成功的事业单位的人力资源创新管理实践案例，分析其实施过程与细节，以及探讨其所带来的效果和影响。

一、案例选择与背景介绍

本案例研究的是某知名事业单位，该机构在国内外的科研领域享有盛誉。它拥有世界先进的科研设备和一支高素质、专业化的科研团队，一直是国内科研的领头羊和排头兵。然而，随着科技的飞速发展和市场竞争的日益激烈，该机构逐渐意识到传统的科研管理方式已经无法满足其日益复杂的科研需求。

在传统的科研管理方式下，项目的开展主要依赖于个体的能力，团队的合作和沟通并不十分紧密。这在一定程度上限制了科研的效率和成果的质量。同时，随着科研项目的规模和复杂性的增加，传统的科研管理方式在资源分配、团队协作和项目进度管理等方面也表现出了明显的局限性。

面对这一挑战，该机构决定从根本上改变其人力资源管理方式，采用一种创新的、以团队为基础的管理模式。这一变革旨在提高科研效率和成果质量，增强团队协作和沟通能力，以及更好地应对日益激烈的市场竞争。

这一案例的选择具有代表性和现实意义。通过深入研究该单位的创新人力资源管理实践，可以为其他类似机构提供有益的借鉴和启示。同时，该案例也突出了人力资源管理在推动科研创新和发展中的重要作用，为进一步的理论和实践研究提供了丰富的素材。

二、创新管理的实施过程与细节

在实施创新管理的过程中，该机构注重人才的引进和培养，认为人才是推动创新的关键因素。为了吸引和留住优秀人才，该机构采取了多种措施。首先，通过多种渠道招募人才，包括校园招聘、社会招聘和内部推荐等，确保能够吸引到不同领域和层次的人才。其次，为新员工提供系统的入职培训，帮助他们快速融入团队和熟悉工作环境。此外，该机构还制定了个性化的职业发展计划，为每个员工提供成长的空间和机会。为了进一步提升员工的学术水平和专业素养，该机构鼓励员工参加国内外学术交流活动、研讨会和进修课程，以拓宽视野和增强自身能力。

除了人才管理，该机构还建立了完善的激励机制，以激发员工的积极性和创造力。除了提供具有竞争力的基本薪酬福利外，该机构还设立了项目奖励和科技成果转化收益等激励措施。这些奖励不仅是对员工过去表现的认可，也是对未来发展的鼓励和支持。通过这种激励机制，该机构成功地激发了员工的创新热情和工作动力，促进了科研成果的产出和质量提升。

再次，该机构注重团队建设和协作精神的培育。在项目实施过程中，鼓励不同部门和领域的科研人员加强合作与交流，通过跨学科的团队合作来解决复杂问题。为了促进团队协作，该机构定期组织团队建设活动、课题组联合攻关和内部研讨会议等，为员工提供了一个良好的交流平台。通过这些活动，团队成员可以分享经验、碰撞思想火花，从而提升整体科研实力和创新能力。

最后，该机构倡导创新文化，鼓励员工勇于尝试、敢于突破。为了营造一个开放、包容的创新环境，该机构建立了完善的创新支持体系。这包括提供创新所需的资源和平台、鼓励员工提出新的想法和建议、建立容错机制等。通过这种创新文化的培育，该机构激发了员工的创造力和创新意识，推动了科研成果的创新性和实用性。在实施创新管理的过程中，该机构注重细节的把握和执行力的强化。通过上述措施的实施，该机构成功地提升了科研效率和创新能力，为持续发展奠定了坚实基础。

三、创新管理实践的效果与影响

通过实施一系列的创新管理措施，该事业单位取得了显著的效果和影响。以下是对这些效果的详细分析。

（一）人才队伍壮大

随着创新管理实践的深入推进，该机构吸引了大量优秀人才，其人才队伍不断壮大。这些优秀人才来自不同的领域和背景，具备丰富的经验和专业技能，为该机构的科研项目提供了强有力的人才保障。

该机构在吸引优秀人才方面采取了一系列措施。首先，该机构注重打造良好的工作环境，提供先进的设施和设备，为科研人员提供良好的工作条件。其次，该机构倡导开放、包容、创新的文化氛围，鼓励员工敢于尝试、勇于创新，为优秀人才提供广阔的发展空间。最后，该机构还通过开展培训、交流等活动，不断提升员工的专业技能和综合素质，为机构的持续发展提供源源不断的人才支持。

优秀人才的聚集效应在该机构中得到了充分体现。这些人才在各自的领域中具备深厚的学术造诣和丰富的实践经验，通过相互交流和合作，实现了资源共享、优势互补。这使得该机构在各个科研领域都具备了强大的实力，取得了丰硕的科研成果。

该机构在科研项目的开展中充分发挥了优秀人才的积极作用。科研人员们通过不断探索、实践，攻克了一个又一个技术难题，推动着科研项目的不断前进。同时，该机构还注重产学研结合，将科研成果转化为实际生产力，为社会的发展和进步做出了积极贡献。

总之，随着人才队伍的不断壮大，该机构在创新管理实践中取得了显著成效。优秀人才的聚集效应为该机构的科研项目提供了有力保障，推动了机构的持续发展和进步。在未来，该机构将继续加强人才队伍建设，吸引更多优秀人才的加入，为科研事业和社会发展做出更大的贡献。

（二）科研成果丰硕

在创新管理的引领下，该机构的科研成果丰硕，不断取得突破性进展。这些成果不仅在国内产生了广泛影响，而且在国际上处于领先地位，为该机构赢得了极高的声誉。

该机构的科研成果涵盖了多个领域，包括但不限于新材料、新能源、生物技术、信息技术等。这些成果不仅具有高度的学术价值，更具备实际应用的意义。例如，该机构在新能源领域的研究成果，为解决全球能源危机提供了新的思路；在生物技术领域的研究成果，为疾病治疗和农业生产提供了有效的技术支持。

这些科研成果不仅提升了该机构在国内外的声誉，更为社会和经济发展带来了巨大的价值。通过科研成果的转化和应用，该机构为解决现实问题提供了有效的解决方案，为社会创造了显著的经济效益和社会效益。

此外，该机构还注重与产业界的合作，将科研成果转化为实际生产力。通过与事业单位的合作，该机构将科研成果应用于生产实践中，推动了产业的发展和升级。这种产学研结合的模式，不仅加速了科研成果的转化，还为事业单位提供了技术支持和创新动力。

综上所述，该机构在创新管理的推动下，取得了丰硕的科研成果。这些成果不仅提升了该机构在国内外的声誉，更为社会和经济发展带来了巨大的价值。未来，该机构将继续加强创新管理，推动科研成果的转化和应用，为现实问题提供更多有效的解决方案。

（三）团队协作能力提升

在创新管理的实践中，团队协作能力的提升是至关重要的。该机构通过一系列措施，积极培养团队建设和协作精神，取得了显著成效。

首先，该机构注重跨学科、跨领域的合作与交流。不同领域的科研人员通过共同参与项目、分享知识和经验，相互学习、取长补短。这不仅加强了团队成员之间的联系和信任，还提高了整体科研效率。在面对复杂问题时，团队成员能够迅速形成有效的解决方案，充分发挥各自的专业优势。

其次，该机构重视团队建设活动。通过定期的团队建设活动，如拓展训练、座谈会等，加强团队成员之间的互动与沟通。这些活动不仅增进了团队凝聚力，还激发了团队成员的积极性和创造力。在活动中，团队成员可以自由交流想法、分享经验，为团队的发展和进步提供源源不断的动力。

最后，该机构还建立了有效的沟通机制。团队成员之间保持及时、透明的沟通，确保信息的传递和共享。这有助于避免信息孤岛和重复工作，提高工作效率。同时，沟通机制也为团队成员提供了反馈和建议的渠道，有助于不断完善和优化工作流程。团队协作能力的提升为该机构的科研项目提供了强有力的支持。在面对复杂问题时，团队成员能够迅速集思广益、协同作战，共同攻克难题。这种团队协作的精神不仅提高了整体科研效率，还为科研项目的顺利开展提供了有力保障。

综上所述，通过团队建设和协作精神的培育，该机构的团队协作能力得到了显著提升。这不仅提高了整体科研效率，更使得团队在面对复杂问题时能够迅速形成有效的解决方案。未来，该机构将继续加强团队协作能力的提升，为科研事业和社会发展做出更大的贡献。

（四）创新能力增强

在创新文化的引领下，该机构的创新能力得到了明显增强。这种创新能力的提升不仅体现在科研成果上，更贯穿于日常工作的方方面面。

首先，创新文化的建设激发了员工的创新意识和创造力。该机构倡导勇于尝试、敢于突破的精神，鼓励员工积极探索、大胆实践。在这样的文化氛围下，员工们敢于挑战传统思维模式，不断挖掘新的思路和方法。这种勇于尝试的精神为该机构在科技创新方面取得更多突破性成果提供了源源不断的动力。

其次，该机构注重培养员工的创新能力。通过开展培训、交流等活动，该机构不断提升员工的专业技能和创新能力。员工们在学习和实践中不断成长，学会了从不同角度思考问题，寻求创新的解决方案。这种培训和学习机制为该机构培养了一支具备创新能力的优秀团队。

最后，该机构还鼓励员工在日常工作中积极寻求创新。无论是在项目管理、团队协作还是问题解决方面，该机构都倡导员工勇于尝试新的方法和思路。这种鼓励创新的机制使得员工在日常工作中不断探索、实践，推动了工作方法的持续改进和创新。

创新能力的增强为该机构带来了显著的优势。在科技创新方面，该机构取得了更多突破性成果，提升了其在国内外的影响力和竞争力。在日常工作中，员工们通过创新解决问题的方法和思路，提高了工作效率和质量。这种创新能力的提升为该机构的持续发展提供了强有力的支持。

综上所述，在创新文化的引领下，该机构的创新能力得到了明显增强。这种能力的提升不仅体现在科研成果上，更表现在日常工作中对问题的解决和方法的创新。未来，该机构将继续加强创新能力的培养，为科技创新和日常工作的持续改进注入更多活力。

（五）可持续发展能力提升

通过创新管理实践，该机构的可持续发展能力得到了显著提升。这种能力的提升使得该机构在市场竞争中能够更好地适应环境变化，抓住发展机遇，实现长期稳定的发展。

首先，创新管理实践有助于该机构不断优化自身的结构和运营模式。通过持续改进和优化管理流程，该机构提高了运营效率，降低了成本，增强了盈利能力。这为该机构的可持续发展提供了坚实的经济基础。

其次，创新管理实践鼓励该机构不断探索新的业务领域和市场机会。通过深入研究市场需求、跟踪行业动态，该机构能够及时调整自身的发展战略，抓住市场机遇。这种灵活性和适应性使得该机构在市场竞争中始终保持领先地位。

再次，创新管理实践还注重人才培养和团队建设。通过持续的培训和激励，该机构培养了一支具备高素质、高度专业化的员工队伍。这支队伍不仅具备强大的创新能力，还拥有高度的责任心和使命感，为该机构的可持续发展提供了有力的人才保障。

最后，创新管理实践还强调与利益相关方的合作与共赢。该机构注重与合作伙伴、供应商和客户建立长期稳定的合作关系，共同推动业务的发展和进步。这种合作模式不仅提高了该机构的竞争力，还为其可持续发展赢得了广泛的支持和信任。

可持续发展能力的提升为该机构带来了长远的利益。在未来的市场竞争中，该机构将占据更有利的位置，具备更强的竞争优势。这种能力的提升不仅有助于该机构实现长期稳定的发展，还将为其在未来的竞争中赢得更多的市场份额和话语权。

综上所述，通过创新管理实践，该机构的可持续发展能力得到了显著提升。这种能力的提升使得该机构在未来的竞争中占据了更有利的位置，为其实现长期稳定的发展奠定了坚实的基础。

第二节 对其他事业单位的借鉴与启示

一、对其他事业单位的适用性分析

以上提到的成功经验对于其他事业单位来说具有一定的适用性，主要体现在以下几个方面。

（一）人才战略的重要性

人才战略在事业单位的发展中具有不可替代的重要性。对于任何科研机构而言，人才是其核心竞争力的关键。一个拥有高素质、专业化人才的团队，能够为科研创新提供源源不断的动力。因此，重视人才的引进和培养是至关重要的。

其他单位可以借鉴该机构的成功经验，制定适合自己的人才发展战略。首先，要明确人才引进的目标和标准，制定科学的人才招聘策略。通过校园招聘、社会招聘和内部推荐等多种渠道，广泛吸引优秀人才加入。同时，要注重人才的多样性，引进不同领域和层次的人才，以丰富团队的知识结构和创新能力。

其次，提供系统的培训计划是人才培养的关键。新员工入职后，应该接受全面的培训，包括专业技能、团队协作、沟通技巧等方面的内容。此外，为了不断提升员工的素质和能力，还需要定期开展各种专业培训和技能提升课程，鼓励员工持续学习和成长。

职业发展机会是留住优秀人才的重要因素。单位应该为每个员工制订个性化的职业发展计划，根据他们的兴趣、能力和发展需求，提供成长的空间和机会。这包括参与国际交流、攻读更高学历、承担更高级别的项目等。通过提供良好的职业发展前景，可以增强员工的归属感和忠诚度，降低人才流失率。

除了以上措施，单位还应该注重营造良好的工作氛围和团队文化。一个积极向上、团结协作的工作环境能够激发员工的创造力和工作热情，提高工作效率和成果产出。同时，还应该建立完善的激励机制和容错机制，鼓励员工勇于尝试、敢于突破，为科研创新提供广阔的空间和支持。

总之，人才战略是事业单位发展的关键。通过借鉴该机构的经验，重视人才的引进和培养、建立完善的人才发展体系、制定科学的人才招聘策略、提供系统的培训计划和职业发展机会等措施，可以为科研工作的长远发展奠定坚实基础。只有这样，事业单位才能在激烈的竞争中立于不败之地。

（二）激励机制的创新

激励机制在激发员工的积极性和创造力方面具有重要作用。有效的激励机制能够为员工提供足够的动力，促使他们更加专注于科研创新工作。其他单位可以学习该机构的激励机制，根据自身情况制定合适的奖励措施，提升员工的创新动力。

物质奖励是激励机制的重要组成部分。除了基本的薪酬福利外，单位可以设立项目奖励、科技成果转化收益等奖励措施。项目奖励可以根据员工在科研项目中的贡献和表现给予额外的奖金或提成，科技成果转化收益则可以将部分转化收益用于奖励做出贡献的员工。这些物质奖励能够直接体现员工的工作价值，提高他们的工作满意度和归属感。

除了物质奖励外，精神激励同样重要。单位可以定期开展表彰活动，对在科研工作中表现突出的员工给予荣誉和认可。同时，提供晋升机会、参与决策等非物质激励措施也是激发员工积极性的有效手段。这些措施能够满足员工的自我实现需求，提升他们的工作自豪感和成就感。

职业发展机会是激励机制中不可忽视的一环。单位应该为员工的职业发展提供支持和指导，帮助他们实现个人成长和事业发展。这包括提供专业培训、攻读更高学历、参与国际交流等机会，让员工不断提升自身能力和素质，增强职业竞争力。

制定激励机制时，应充分考虑员工的多元化需求。不同员工有不同的激励点，有的注重物质奖励，有的更看重职业发展机会。因此，激励机制的制定应具有针对性，以满足不同员工的个性化需求。此外，激励机制的制定还需考虑公平性和合理性。公平的激励机制能够让员工感到自己的付出得到了应有的回报，从而更加积极地投入工作。同时，激励机制的执行也需要公开透明，确保每位员工都受到公正的对待。

总之,其他单位可以学习该机构的激励机制,结合自身实际情况制定合适的奖励措施。通过提供物质奖励、精神激励和职业发展机会等多方面的支持,最大限度地激发员工的潜力,推动科研工作的不断创新和发展。这样的激励机制不仅有助于提升员工的创新动力,还能够增强整个团队的凝聚力和战斗力。

(三)团队协作与沟通

在当今科研领域,团队协作与沟通显得尤为重要。该机构在团队建设和协作方面取得的显著成效,为其他单位树立了良好的榜样。为了提升整体科研效率,其他单位也应该注重团队沟通和合作,打破部门壁垒,实现跨部门协作。

跨部门合作能够整合不同部门的优势资源,实现资源共享和协同发展。通过组织跨部门团队,单位可以充分利用各部门的专长和经验,共同攻克难题、开展创新研究。这种合作模式有助于拓展研究视野、激发创新思维,提高整体科研效率。

课题组联合攻关也是团队协作与沟通的一种有效方式。针对重大科研项目,可以组织多个课题组联合开展研究,共同制订研究计划、分配任务、分享资源和成果。通过联合攻关,课题组之间可以相互学习、取长补短,实现科研成果的集成创新。这种合作模式有助于提高研究质量、缩短研究周期,推动科研工作的快速发展。

良好的团队协作与沟通能够促进知识共享、创意碰撞和问题解决。团队成员之间的交流和分享能够使知识在不同领域和学科之间传递和扩散,激发新的创意和想法。通过定期召开团队会议、组织学术交流活动等,可以促进团队成员之间的交流与合作,共同探讨问题、分享经验。这种知识共享和创意碰撞有助于提升整个团队的创新能力,推动科研工作的不断创新和发展。此外,为了更好地促进团队协作与沟通,单位还应建立良好的沟通机制和平台。例如,可以设立内部交流平台、鼓励员工之间的信息分享和反馈、倡导开放和包容的文化氛围等。这些措施有助于打破信息孤岛、减少沟通障碍,使团队协作更加顺畅高效。

综上所述,其他单位应借鉴该机构的成功经验,注重团队沟通和合作。通过跨部门合作、课题组联合攻关等协作方式,促进知识共享、创意碰撞和问题解决,进而提升整个团队的创新能力。只有团队协作与沟通得到充分重视和有效实施,单位才能更好地应对挑战、抓住机遇,取得更加丰硕的科研成果。

(四)创新文化的培育

创新是事业单位持续发展的驱动力,也是提升核心竞争力的关键。其他单位可以借鉴该机构在创新文化建设方面的经验,鼓励员工勇于尝试、敢于突破,推动科技创新的不断发展。

首先,培育创新文化需要营造开放、包容的工作氛围。创新往往伴随着失败和风险,因此,单位应该鼓励员工勇于尝试,不畏失败。通过建立容错机制,为员工提供宽松的创新环境,让他们在失败中学习和成长。同时,要倡导开放思维，鼓励不同意见和观点的交流与碰撞，激发创新灵感。

其次，提供必要的创新资源和平台是培育创新文化的关键。单位应该为员工的创新活动提供充足的资金、先进的设备和丰富的数据资源等。此外，还要搭建跨学科、跨领域的合作平台，促进不同领域和专业的科研人员之间的交流与合作，共同开展创新研究。

再次，建立完善的激励机制也是培育创新文化的重要措施。通过设立创新奖励、提供晋升机会等激励手段，激发员工参与创新的积极性和热情。同时，应该注重精神激励，给予员工充分的认可和表彰，增强他们的创新动力和自豪感。此外，培养员工的创新意识和能力也是培育创新文化的重要环节。通过开展创新培训、组织创新实践活动等途径，提升员工的创新思维和创新能力。同时，应该鼓励员工不断学习新知识、掌握新技能，以适应快速发展的科技环境。

最后，推动科研成果的创新性和实用性是培育创新文化的最终目的。单位应该注重市场需求和实际问题，将科研成果转化为实际应用。同时，要关注国际科技发展趋势和国家战略需求，积极参与国家和地方的科技创新项目，为国家和社会的发展做出贡献。

综上所述，培育创新文化是事业单位持续发展的关键。通过营造开放、包容的创新氛围、提供必要的创新资源和平台、建立容错机制等措施，激发员工的创新精神，推动科技创新的不断发展和进步。其他单位应该借鉴该机构的经验，积极培育创新文化，提升核心竞争力，以适应日益激烈的竞争环境。

三、结合自身情况进行创新管理的建议

为了将上述成功经验应用到自身的管理实践中，其他事业单位可以采取以下建议。

（一）分析现状与明确目标

在寻求改进和发展的道路上，任何事业单位首先需要对自己当前的状态有一个清晰的认识。对于其他单位来说，这首先意味着要进行一次深入的现状分析，明确目标，然后才能制定出有效的策略。

首先，他们需要对自己的"家底"有一个全面的了解。这包括现有人力资源的管理模式、员工结构和层次、人才储备和培养机制等。通过内部调研，单位可以了解到自身在人力资源管理上的优势和不足。例如，他们可以通过员工满意度调查来获取员工对当前人力资源管理工作的反馈，从中发现存在的问题和改进的空间。

其次，外部比较也是一种重要的分析方法。通过与国内外其他优秀的单位进行比较，可以更清楚地看到自己在人力资源管理方面的不足，从而明确改进的方向。这种比较不仅涉及人力资源管理的具体操作，如招聘、培训、绩效评估等，更包括整体的人力资源战略和规划。

最后，在深入分析现状之后，明确目标就成了下一步的关键。目标的设定需要具体、可衡量和具有挑战性。例如，他们可能会设定提高员工满意度、优

化人才结构、提升团队创新能力等目标。这些目标不仅要有明确的衡量标准，而且要具有一定的挑战性，以激发团队的动力去实现。明确的目标为制定针对性的措施和方案提供了方向。例如，如果发现人才储备不足，那么可能需要制定更积极的人才引进和培养策略；如果发现员工创新力不足，那么可能需要优化激励机制或提供更多的创新培训。

总的来说，对于其他单位来说，现状分析和目标明确是改进人力资源管理的第一步。只有在对自己的状况有清晰的认识，并且明确了改进的方向后，他们才能制定出真正有效的策略来提升自己的人力资源管理水平。

（二）制定针对性的措施

在明确了改进的方向和目标之后，其他单位需要制定针对性的措施来实施改进计划。这些措施应该是具体、可行并能有效解决问题的。以下是一些可能适用于不同方面的措施建议。

1. 人才引进和培养

首先，优化招聘流程。制定科学的招聘标准和流程，确保招聘到合适的人才。这包括建立完善的招聘渠道、进行有效的面试和评估等。

其次，建立完善的培训体系。根据员工的需求和职业发展规划，提供系统的培训计划和课程。这可以包括专业技能培训、团队合作培训和管理能力培训等。

最后，提供职业发展机会。为员工提供晋升机会、参与决策和承担更多责任等机会，激发员工的潜力和创造力。

2. 激励机制

首先调整薪酬结构。建立公平、合理的薪酬体系，根据员工的贡献和表现给予相应的薪酬和福利。

其次，实施项目奖励和科技成果转化收益。设立项目奖励和科技成果转化收益等奖励措施，激励员工在科研项目中发挥更大的作用。

最后，提供非物质激励。如提供荣誉和认可、参与决策和提供职业发展机会等，满足员工的多元化需求。

3. 团队建设和协作

首先，加强跨部门合作。打破部门壁垒，促进不同部门之间的交流与合作，实现资源共享和协同发展。

其次，建立课题组联合攻关机制。针对重大科研项目，组织多个课题组联合开展研究，实现优势互补和资源整合。

最后，促进知识共享和创意碰撞。通过定期的团队会议、交流活动等，鼓励员工分享经验和知识，激发新的创意和想法。

4. 创新文化的培育

首先，营造开放、包容的创新氛围，鼓励员工勇于尝试、敢于突破，不畏失败。建立容错机制，为员工提供宽松的创新环境。

其次，提供创新资源和平台。为员工的创新活动提供资金、设备和数据资源等支持，搭建跨学科、跨领域的合作平台。

最后，建立激励机制。设立创新奖励机制，提供晋升机会等激励手段，激发员工参与创新的积极性和热情。同时注重精神激励，给予员工充分的认可和表彰。

这些措施需要根据实际情况进行针对性的调整和优化，以确保能够有效地解决问题并实现改进目标。在实施过程中，还需要持续监测和评估措施的效果，及时进行调整和改进，以确保改进计划的顺利进行。

（三）持续改进与创新

创新管理并不仅仅是一次性的活动，而是一个持续不断的过程。在这个过程中，单位需要不断地反思自己的管理实践，寻找改进的空间，同时也要勇于尝试新的管理方法和技术。

首先，保持敏锐的市场洞察力是持续改进和创新的关键。单位应该密切关注市场需求和技术发展趋势，以便及时调整自己的研究方向和策略。例如，随着人工智能和大数据技术的快速发展，许多单位开始将目光转向这些领域，积极探索新的应用场景和商业模式。

其次，关注技术发展趋势也是持续改进和创新的重要方面。单位应该时刻关注国内外科技前沿动态，了解最新的科研成果和技术进展。通过与国内外同行进行交流和合作，可以获取更多的创新资源和灵感，促进自身研究的进步和发展。

在持续改进和创新的过程中，鼓励员工提出创新意见和建议是激发整体创新活力的重要手段。单位应该建立良好的反馈机制，鼓励员工在日常工作中发现问题并提出解决方案。同时，应该营造一个开放、包容的文化氛围，让员工敢于尝试和冒险，不怕失败。

再次，持续改进和创新还需要注重数据分析和实证研究。通过收集和分析相关数据，可以了解管理实践的效果和问题，从而有针对性地进行改进和创新。例如，通过分析员工绩效数据，可以发现影响员工绩效的关键因素，进而制定相应的激励措施和培训计划。

最后，持续改进和创新需要领导层的支持和推动。单位的领导应该以身作则，积极倡导创新文化，鼓励员工进行尝试和探索。同时，领导层也应该给予员工足够的资源和支持，帮助他们实现创新想法和计划。

综上所述，保持敏锐的市场洞察力、关注技术发展趋势、鼓励员工提出创新意见和建议等措施，可以激发整体的创新活力，推动单位不断向前发展。

（四）加强交流与合作

在当今全球化和知识经济的大背景下，交流与合作已成为推动单位创新和发展的关键途径之一。通过与其他事业单位进行交流与合作，不仅可以共享资源、降低成本，还可以共同攻克技术难题、提高创新管理水平，进而促进整个行业的进步。

首先，交流与合作可以帮助单位获取更多的外部知识和资源。每个单位都有自己的研究专长和优势,通过与其他单位的交流与合作,可以了解和学习到更多的先进技术和研究方法,进而提升自身的创新能力和竞争力。这种资源共享的模式不仅可以降低成本,还可以加速科研进程,推动整个行业的进步。

其次,交流与合作有助于解决技术难题和突破创新瓶颈。在科研过程中,经常会遇到一些技术难题和瓶颈,单凭一个单位的力量很难解决。通过与其他单位的交流与合作,可以集合多方面的力量和智慧,共同攻克这些难题,实现更大的创新突破。这种合作模式能够提高科研效率和成功率,推动科技创新的快速发展。

最后,交流与合作还有助于促进单位之间的协同发展。在交流与合作的过程中,单位之间可以相互了解、互相信任,建立长期稳定的合作关系。这种关系可以为未来的合作打下坚实的基础,实现更加深入和广泛的合作。通过协同发展,可以共同应对市场挑战和竞争压力,实现互利共赢的局面。

为了加强交流与合作,单位可以采取多种方式。首先,可以参加国内外学术会议、展览和论坛等活动,与其他单位的专家学者进行交流和互动。其次,可以主动寻求合作伙伴,共同开展研究项目和技术攻关。最后,可以通过建立联合实验室、共同培养人才等方式深化合作关系,实现更加紧密的合作。

综上所述,加强交流与合作是推动单位创新和发展的重要途径之一。通过与其他单位的交流与合作,可以获取更多的外部知识和资源、解决技术难题和突破创新瓶颈、促进协同发展等。未来,随着全球化和知识经济的不断发展,交流与合作的重要性将更加凸显。因此,单位应该积极加强与其他机构的交流与合作,共同推动科技创新和行业进步。

(五)营造创新文化氛围

在单位的发展中,创新文化的建设是至关重要的。文化是事业单位的灵魂,它能够影响员工的行为和思维方式,进而影响整体发展。创新文化能够激发员工的创新精神,推动组织不断向前发展。

为了营造创新文化氛围,单位需要倡导开放、包容、鼓励尝试的文化理念。这种文化理念能够为员工提供创新的土壤,让他们勇于尝试、敢于突破,不断探索新的研究方向和思路。同时,这种文化氛围还能够促进员工之间的交流与合作,激发团队的创造力。

建立容错机制是营造创新文化氛围的重要措施之一。在科研过程中,失败是难免的,但是很多员工因为害怕失败而不敢尝试。通过建立容错机制,单位可以鼓励员工勇于尝试、不怕失败,从失败中学习和成长。这种机制能够让员工更加自由地发挥自己的想象力和创造力,推动事业单位不断创新和发展。

此外,领导层的支持和推动也是营造创新文化氛围的关键因素之一。单位的领导应该以身作则,积极倡导创新文化,鼓励员工进行尝试和探索。同时,领导层也应该给予员工足够的资源和支持,帮助他们实现创新想法和计划。为了更好地营造创新文化氛围,单位还可以采取其他措施。例如,可以定期举办创新讲座、研讨会等活动,激发员工的创新思维和创造力。同时,可以建立奖励机制,对在创新方面做出突出贡献的员工给予表彰和奖励。这些措施能够进一步推动创新文化的建设和发展。

综上所述,营造创新文化氛围是推动单位发展的重要途径之一。通过倡导开放、包容、鼓励尝试的文化理念,建立容错机制,领导层的支持和推动等措施,可以激发员工的创新精神、推动事业单位不断创新和发展。

总之,其他事业单位可以根据自身实际情况,借鉴并应用上述建议,不断完善和创新自身的管理体系。通过不断地学习和实践,其他单位可以提升自身的创新管理水平,为科技创新和可持续发展奠定坚实基础。同时,不断关注市场变化和技术发展,灵活调整管理策略,以适应不断变化的环境和需求。

第三节 案例分析的应用与价值

案例分析作为一种有效的研究方法,在多个领域都有着广泛的应用。对于人力资源管理而言,案例分析的价值体现在其理论发展、实践指导以及变革与创新等方面。本节将详细探讨案例分析在这些方面的应用与价值。

一、案例分析在理论发展中的作用

案例分析在理论发展方面扮演着至关重要的角色。它不仅为理论提供了实践的支撑,还为理论的创新和发展提供了源源不断的动力。

首先,案例分析为理论提供了实证基础。理论往往来源于实践,而案例正是实践的集中体现。通过对具体案例的深入剖析,研究者能够更直观、更具体地理解人力资源管理的实际操作和效果,从而验证理论的正确性和适用性。这样的实证分析有助于增强理论的信度和说服力,使理论更具有实践指导意义。

其次,案例分析能够提炼和发展普遍性的理论观点。通过对不同案例的综合比较和分析,研究者可以提炼出共性的问题和解决方案,从而概括出具有普遍意义的理论观点。这些理论观点可以进一步丰富和发展人力资源管理的学科体系,推动该领域的知识进步。通过案例分析,我们可以不断完善和修正理论,使其更好地解释和预测实践中的现象。

最后,案例分析还有助于发现新的理论视角和研究问题。每个案例都有其独特的环境和背景,通过对不同案例的深入探究,研究者可以发现不同组织在人力资源管理方面的差异和独特性。这些差异和独特性往往隐藏着深层次的原因和影响因素,为理论创新提供新的思路和方向。通过案例分析,我们可以不断拓展理论的外延和内涵,推动人力资源管理理论的不断发展。

综上所述,案例分析在理论发展中起到了关键作用。它不仅为理论提供了实证基础和普遍性的理论观点,还为理论创新提供了新的视角和问题。通过不断进行案例分析和研究,我们可以不断完善和发展人力资源管理的理论体系,推动该领域的持续发展。

二、案例分析在实践指导中的价值

案例分析不仅在理论发展方面具有重要作用,其实践指导价值也同样不可忽视。通过案例分析，可以更好地理解人力资源管理实践中遇到的问题和挑战，并从中获取宝贵的经验和教训。这些经验和教训可以为事业单位提供有价值的参考和借鉴，帮助组织改进人力资源管理实践，提高组织绩效和竞争力。

首先，案例分析为组织提供了实践的参考和借鉴。通过研究和分析成功的案例，组织可以了解优秀的管理实践和策略，学习如何处理复杂的人力资源管理问题。这些案例可以为组织提供实用的经验和启示，帮助组织避免走弯路，提高管理效率和效果。

其次，案例分析为组织提供了实用的工具和方法。通过对不同案例的研究和分析，组织可以了解不同的人力资源管理策略和方法的效果和适用性。在此基础上，组织可以根据自身的情况选择合适的管理工具和方法，实现更加科学和有效的人力资源管理。这些实用的工具和方法可以帮助组织解决实际的人力资源管理问题，提高组织的绩效和竞争力。

最后，案例分析还有助于组织培养人力资源管理人才。通过分析和研究案例，组织可以提高人力资源管理人员的问题解决能力和决策能力。通过模拟实践和案例讨论，组织可以提供更多的学习和发展机会，帮助人力资源管理人员提升专业素养和实践能力。

综上所述，案例分析在实践指导中具有重要的价值。它为组织提供了实践的参考和借鉴、实用的工具和方法以及人才培养的机会。通过不断进行案例分析和研究，组织可以改进人力资源管理实践，提高组织绩效和竞争力，为组织的持续发展奠定坚实基础。

三、案例分析在组织变革与创新中的推动作用

随着全球化、信息化和知识经济的发展，组织变革与创新已成为组织适应市场环境变化、提升竞争力的重要途径。在这一过程中，案例分析发挥着不可或缺的推动作用。

首先，案例分析为组织变革与创新提供了宝贵的经验和教训。通过对不同组织变革与创新的实践案例进行分析，组织可以深入了解变革和创新的成功要素、实施过程和效果评估。这些经验和教训可以为组织提供有益的借鉴和启示，帮助组织更好地规划和实施变革与创新。

其次，案例分析有助于组织发现变革和创新的机遇和挑战。通过对不同组织案例的比较和分析，可以了解不同事业单位的优势和劣势，发现自身的不足之处和改进空间。有助于制定更加科学和可行的变革和创新计划，明确变革和创新的重点和方向，提高变革和创新的成功率。

最后，案例分析还可以提供实用的工具和方法，支持组织变革与创新。通过研究和分析不同组织的变革与创新案例，组织可以了解各种实用的工具和方法，如项目管理、敏捷开发、创新生态系统等。这些工具和方法可以帮助组织更好地应对变革和创新的挑战，提高变革和创新的效率和效果。

综上所述，案例分析在组织变革与创新中具有显著的推动作用。通过提供经验和教训、发现机遇和挑战以及提供实用的工具和方法，案例分析为组织变

革与创新提供了重要的支持和指导。通过不断进行案例分析和研究,组织可以更好地适应市场环境变化,提升竞争力,实现可持续发展。

第十二章 未来人力资源创新管理的发展趋势与挑战

第一节 技术进步带来的新机遇与新挑战

随着科技的快速发展,技术进步为人力资源管理带来了前所未有的新机遇与新挑战。本节将深入探讨技术变革对人力资源管理的影响,以及如何应对这些影响,以实现人力资源管理的持续创新和发展。

一、人工智能与大数据在人力资源管理中的无限可能

随着科技的飞速发展,人工智能和大数据已经成为现代人力资源管理的核心要素。这两大技术的结合,正在深度重塑人力资源管理的传统模式,为事业单位带来了前所未有的机遇和挑战。

人工智能的应用正在逐渐改变人力资源管理的面貌。从招聘、培训到绩效评估,人工智能技术都展现出了强大的潜力。例如,通过机器学习和自然语言处理技术,事业单位可以更快速、准确地筛选简历,找到最匹配的候选人。同时,人工智能在培训和员工发展方面也大有可为,它能根据员工的个人特点和需求,为其提供定制化的学习和发展建议。

而大数据技术的应用则为人力资源管理提供了更为精准和科学的决策支持。通过收集和分析员工的各种数据,事业单位可以更深入地了解员工的需求、行为模式和潜在能力,从而制定更为精准的人力资源策略。例如,通过分析员工的社交媒体数据,事业单位可以更好地理解员工的价值观和职业期望,从而在招聘和留人策略上做出更为明智的决策。

更为重要的是,人工智能和大数据的结合,使得人力资源管理流程得以自动化和智能化,极大地提高了工作效率。例如,通过智能化的招聘系统,事业单位可以自动筛选简历、进行初步面试,大大缩短招聘周期。同时,通过大数据分析,事业单位可以实时监控员工绩效,及时发现并解决潜在问题,从而提升整体绩效。

然而,尽管人工智能和大数据带来了诸多优势,我们仍需警惕其潜在的风险和挑战。例如,数据安全和隐私保护问题、技术取代人力的风险等。因此,在应用这些技术时,事业单位需要审慎考虑,确保其在带来效率的同时,也能维护员工的权益和利益。

总之,人工智能和大数据为人力资源管理带来了前所未有的机遇和挑战。在未来,随着这两大技术的进一步发展和融合,人力资源管理将更加精准、高

效和科学。事业单位需要紧跟时代步伐，积极拥抱新技术，以应对日益复杂多变的市场环境。

二、技术变革对人力资源管理的双刃剑效应

技术变革在人力资源管理领域的深度渗透，无疑为这一领域带来了诸多积极的影响。然而，与此同时，技术变革也带来了一系列潜在的风险，使人力资源管理面临前所未有的挑战。

首先，技术进步为人力资源管理带来了前所未有的效率提升。通过人工智能、大数据等技术手段，事业单位能够更精准地分析员工需求、行为模式和绩效表现，从而制定出更符合员工实际需求的人力资源策略。例如，智能化的招聘系统能够自动筛选简历、进行初步面试，大大缩短了招聘周期；而基于大数据的员工绩效评估则能够更准确地反映员工的实际表现，为绩效管理和晋升提供更为客观的依据。

其次，技术变革推动了人力资源管理的创新。随着新技术的发展，新的管理理念和方法也应运而生。例如，远程办公、弹性工作等新型工作模式逐渐被越来越多的事业单位所采纳，为员工提供了更为灵活和多样的工作选择。

然而，技术变革也带来了一系列潜在的风险。首先，随着自动化和智能化技术的广泛应用，一些传统的工作岗位可能会被机器所取代，这无疑给员工的就业带来了巨大的压力和挑战。其次，过度依赖技术可能会导致事业单位忽视人性化管理的重要性。尽管技术能够提高管理效率，但它无法完全替代人的情感交流和人际互动。在人力资源管理中，人性化管理、员工关怀等因素同样重要，它们直接影响到员工的情感体验和工作满意度。

综上所述，技术变革对人力资源管理是一把双刃剑。它既带来了诸多积极的影响，如提高管理效率和推动创新，同时也带来了一些潜在的风险和挑战，如对员工就业的影响和对人性化管理重要性的忽视。因此，事业单位和组织在拥抱技术变革的同时，也需审慎评估其可能带来的影响，制定出科学合理的人力资源管理策略。

三、应对技术变革：人力资源管理的创新策略与实践建议

随着技术变革的加速，事业单位和组织面临着前所未有的机遇与挑战。为了在变革中保持竞争力，人力资源部门需积极调整管理策略，以适应这一变革。以下是一些具体的创新策略与实践建议。

（一）关注员工的职业发展

技术变革和知识更新的速度之快，对事业单位和组织的挑战不言而喻。在这样的背景下，员工的职业发展成了事业单位和组织必须关注的重要问题。员工的职业发展不仅关乎他们的个人成长，更影响着整个组织的稳定性和发展潜力。

首先，随着技术的不断更新换代，许多职位和工作内容都在发生着深刻的变化。这就要求员工必须不断学习新知识和技能，以适应这种变化。事业单位应当提供持续的培训和教育机会，帮助员工不断提升自己的能力，使他们能够

更好地适应新的工作环境和要求。这种投资不仅有助于员工的个人成长，更是对员工职业生涯的长期投资。

其次，关注员工的职业发展有助于增强他们对事业单位的忠诚度。当员工意识到事业单位关心他们的职业发展，并为他们提供学习和成长的机会时，他们会更愿意为事业单位的发展而努力工作。这种忠诚度不仅可以提高员工的工作效率，还能增强事业单位的凝聚力和向心力。

最后，关注员工的职业发展还有助于提高员工的满意度和幸福感。当员工感到自己在事业单位中得到了关注和重视，他们的积极性和工作热情会得到极大的激发。这种积极的工作态度不仅能够提高他们的工作效率和质量，还能为事业单位创造更多的价值。

为了更好地关注员工的职业发展，事业单位可以采取一系列措施。首先，建立健全的培训体系，为员工提供多样化的培训课程和学习资源。其次，鼓励员工参加行业内的学术交流和技术研讨会，拓宽他们的视野和知识面。再次，设立职业发展规划指导，帮助员工明确自己的职业目标和路径。最后，建立公平合理的晋升机制，让员工的职业发展与事业单位的发展紧密相连。

综上所述，关注员工的职业发展是事业单位和组织必须重视的一项任务。通过提供持续的培训和教育机会、建立健全的培训体系、鼓励员工参加行业内的学术交流和技术研讨会、设立职业发展规划指导以及建立公平合理的晋升机制等措施，事业单位和组织可以更好地关注员工的职业发展，帮助他们实现个人成长和职业目标。这不仅有助于提高员工的工作满意度和忠诚度，还能推动事业单位和组织的长期发展。

（二）人性化管理

在当今的工作环境中，技术发挥着越来越重要的作用，它为我们的工作带来了许多便利。然而，技术终究不能完全替代人的情感和人际交往。因此，人性化管理成了现代事业单位必须重视的问题。

人性化管理强调关注员工的情感需求，创造一个支持性的工作环境，让员工感受到关心和尊重。这样的管理方式不仅有助于提高员工的工作满意度，还能为事业单位带来更强的凝聚力和向心力。

首先，人性化管理需要关注员工的情感需求。员工在工作中的情绪和心态对于其工作表现和效率有着至关重要的影响。事业单位应该创造一个积极、健康的工作氛围，让员工感受到温暖和关爱。通过关注员工的情感需求，事业单位可以增强员工的归属感和忠诚度，从而提高他们的工作积极性和效率。

其次，人性化管理需要创造一个支持性的工作环境。员工在工作中需要得到足够的支持和资源，以帮助他们更好地完成工作任务。事业单位应该提供必要的培训、设备和信息，帮助员工提升自己的能力，并确保他们拥有完成工作所需的资源和工具。此外，事业单位还应该建立良好的沟通机制，鼓励员工之间的交流与合作，以促进团队凝聚力和工作效率的提升。

最后，人性化管理还需要尊重员工的个性和差异。每个人都有自己的特点和需求，事业单位应该尊重员工的个性和差异，并为他们提供适合自己的工作方式和环境。通过尊重员工的个性，事业单位可以更好地发挥员工的优势和创造力，为事业单位创造更多的价值。

综上所述，人性化管理是现代事业单位必须重视的一种管理方式。通过关注员工的情感需求、创造一个支持性的工作环境、尊重员工的个性和差异等措施，事业单位可以更好地实现人性化管理，提高员工的工作满意度和忠诚度，增强事业单位的凝聚力和向心力。这不仅有助于事业单位的长期发展，还能为员工带来更好的职业发展机会和幸福感。

（三）鼓励创新与变革

在当今快速变化的市场和技术环境下，事业单位需要不断地创新和变革以保持竞争优势。因此，鼓励创新与变革成了事业单位管理中不可或缺的一部分。为了激发员工的创新精神，事业单位需要建立一种鼓励创新和接受变革的文化。

首先，事业单位需要为员工提供足够的资源和支持，使他们敢于尝试新的方法和思路。这包括提供创新所需的资金、技术和设备，以及创造一个开放和包容的工作环境，让员工敢于提出自己的想法和建议。当员工得到足够的支持和资源时，他们更有可能敢于尝试和冒险，为事业单位带来新的突破和创新。

其次，事业单位应该重视并奖励那些勇于创新和变革的员工。奖励机制可以激发员工的创新精神，让他们感到自己的努力得到了认可和回报。这可以通过设立创新奖励、晋升机会和其他激励措施来实现。当员工看到他们的努力和创新可以为他们带来职业发展和其他利益时，他们更有可能积极参与创新和变革的过程。

再次，事业单位还需要建立一种鼓励创新和接受变革的组织结构。这种结构应该鼓励跨部门的合作和交流，打破传统的层级关系，让员工更加自由地表达自己的想法和建议。通过打破结构的障碍，事业单位可以促进知识的共享和创新的传播，从而提高整体的创新能力。

最后，事业单位应该培养员工的创新思维和变革意识。这可以通过定期举办创新培训、研讨会和其他活动来实现。通过培养员工的创新思维和变革意识，事业单位可以激发他们的创新精神，让他们更加积极地参与创新和变革的过程。

综上所述，鼓励创新与变革是事业单位保持竞争优势的关键。通过提供足够的资源和支持、重视并奖励勇于创新和变革的员工、建立鼓励创新和接受变革的组织结构以及培养员工的创新思维和变革意识等措施，事业单位可以激发员工的创新精神，推动事业单位的持续发展和进步。

（四）合理应用技术与数据

在当今的数字化时代，人工智能和大数据成了推动事业单位发展的重要力量。这些技术为事业单位提供了强大的洞察力，帮助事业单位更好地了解客户需求、优化业务流程、提高决策效率。然而，随着技术的广泛应用，隐私和安全问题也日益凸显。事业单位在应用这些技术时，必须确保数据的安全性和隐私保护，避免因滥用数据而导致的法律风险。

首先，应该建立健全的数据安全管理制度，确保数据在收集、存储、处理和利用等各个环节的安全。这包括对数据进行加密、备份和恢复、访问控制等措施，以防止数据被未经授权的人员获取或滥用。同时，事业单位应该建立完善的隐私保护政策，明确数据的收集和使用范围，确保用户的隐私权益得到保障。

其次，应该加强技术防范措施，防止数据泄露和攻击。这包括采用先进的数据加密技术、防火墙、入侵监测系统等措施，以保障数据的安全性和完整性。同时，事业单位应该定期对数据进行安全审计和漏洞扫描，及时发现和修复潜在的安全风险。

最后，应该合理利用人工智能和大数据技术，避免因滥用数据而导致的法律风险。事业单位应该遵守相关法律法规和伦理规范，确保数据的合法收集和使用。在利用数据时，事业单位应该尊重用户的隐私权和知情权，避免侵犯用户的合法权益。同时，事业单位应该加强数据治理和合规性管理，确保数据的准确性和可信度。

综上所述，合理应用技术与数据是事业单位发展的关键。事业单位应该建立健全的数据安全管理制度、加强技术防范措施、合理利用人工智能和大数据技术，以确保数据的安全性和隐私保护。同时，事业单位应该加强法律风险意识，遵守相关法律法规和伦理规范，为事业单位的可持续发展奠定坚实基础。

（五）灵活的管理策略

在当今高度变革的时代，随着远程工作和弹性工作模式的普及，事业单位需要制定更为灵活的人力资源管理策略。这些策略不仅有助于提高工作效率，还能增强员工的满意度和忠诚度。

首先，应该为员工提供多样化的工作方式和时间安排。随着远程工作模式的发展，员工不再受地理位置的限制，可以在家里或其他地方完成工作任务。这种工作方式为员工提供了更大的灵活性和自由度，有助于提高工作效率和员工的工作满意度。同时，应该考虑员工的个人需求和工作习惯，为他们提供更为灵活的工作时间安排，例如分时工作制、弹性工作时间等。这种安排可以更好地平衡员工的工作和生活，提高他们的工作效率和满意度。

其次，应该建立适应远程工作和弹性工作模式的沟通和协作机制。在远程工作中，员工之间的沟通和协作变得尤为重要。事业单位应该提供有效的沟通工具和平台，例如视频会议、即时通信软件等，以确保员工之间的顺畅沟通和高效协作。同时，组织应该建立明确的工作流程和规范，帮助员工明确自己的职责和工作任务，避免因远程工作和弹性工作带来的沟通障碍和工作模糊性。

再次，应该为员工提供培训和支持，以适应远程工作和弹性工作模式的变化。这种培训和支持可以包括技术培训、沟通技巧培训、时间管理培训等，帮助员工更好地适应新的工作模式和提高工作效率。同时，应该为员工提供必要的支持和资源，例如技术支持、工作设备、工作空间等，以确保他们能够顺利完成工作任务。

最后，事业单位应该关注员工的心理健康和工作生活平衡。远程工作和弹性工作模式可能导致员工的工作和生活界限模糊，对员工的心理健康和工作生活平衡产生影响。组织应该提供心理健康支持服务，帮助员工应对工作压力和挑战。同时，组织应该关注员工的工作生活平衡，鼓励他们积极参与工作和生活的平衡管理，提高整体的工作满意度和生活质量。

综上所述，随着远程工作和弹性工作模式的普及，事业单位和组织需要制定更为灵活的管理策略。这些策略应考虑员工的实际需求和工作习惯，提供多样化的工作方式和时间安排、建立适应远程工作和弹性工作模式的沟通和协作机制、提供培训和支持、关注员工的心理健康和工作生活平衡等措施。通过实施灵活的管理策略，事业单位可以提高工作效率和员工的满意度，增强组织的竞争力和凝聚力。

第二节 事业单位发展对人力资源的新要求与新挑战

随着科技的不断进步和全球化的深入发展，事业单位面临着前所未有的机遇和挑战。为了适应这一变革，事业单位对人力资源提出了新的要求，同时也为人力资源管理带来了新的挑战。本节将深入探讨事业单位发展对人力资源的新要求与新挑战，并提出相应的创新管理实践与案例。

一、事业单位转型：人力资源管理面临的挑战与机遇

随着国家科技战略的调整和市场需求的转变，事业单位正经历着一场深刻的转型。这场转型不仅改变了单位的业务模式和发展方向，人力资源管理也面临着新的挑战和机遇。

（一）挑战

1. 人才结构调整

传统的研发模式更注重科研人员的学术能力，而市场导向的创新模式则需要具备商业化、市场推广等方面的人才。这也意味着需要为机构培养和引进更多跨学科、有实战经验的人才。

2. 激励机制创新

传统的薪酬体系可能无法满足转型后的人才需求，需要设计更具有激励性和市场竞争力的薪酬体系。如何平衡短期与长期激励、物质与非物质激励，是转型期人力资源管理的关键问题。

3. 团队文化建设

转型过程中的组织文化和团队氛围建设尤为关键，需要确保团队成员在新的模式下能够协同合作、共同创新。培养和强化团队精神、创新氛围以及认同

感是转型期人力资源管理的重点任务。

（二）机遇

1.丰富的人才资源

转型为单位提供了吸引更广泛、更高质量的人才的机会。对于那些有着创新精神和实战经验的人才来说，这是一个展现自我、实现价值的舞台。

2.广阔的创新空间

转型意味着有更多的机会进行跨学科合作、技术转化和市场推广，为科研人员提供了更广阔的创新空间。人力资源管理部门可以更加注重创新文化的培育和技术转化的推进，与业务发展紧密结合。面对挑战与机遇，事业单位的人力资源管理需进行相应的调整和创新，以适应和推动这一转型过程。

二、国际化趋势下的人力资源管理变革：跨文化沟通与合作的新篇章

随着全球化的不断深化，事业单位的国际合作与交流逐渐增多，人力资源管理也面临着国际化的新挑战。在这一背景下，人力资源管理需要积极应对变革，以适应国际化趋势的发展。

（一）跨文化管理

随着全球化进程的不断加速，国际间的合作与交流已经成为事业单位发展的重要趋势。在这个背景下，跨文化管理成了一个不可忽视的领域。它不仅涉及不同文化间的沟通与合作，更关乎着事业单位的长远发展和国际竞争力的提升。

首先，加强员工的跨文化培训是必要的。这包括对不同国家的文化背景、风俗习惯、礼仪礼节等方面的培训，以提高员工对不同文化的敏感性和适应性。通过这样的培训，员工可以更好地理解其他文化，减少因文化差异而产生的误解和冲突，从而更好地进行跨文化沟通和合作。

其次，尊重不同文化背景是跨文化管理的核心原则。在事业单位中，员工可能来自不同的国家和地区，拥有不同的文化背景和工作方式。因此，应该尊重每个员工的文化差异，避免以自己的文化为中心来评判他人。同时，组织应该积极探索不同文化的共通点，寻找跨文化合作的契合点，以促进国际交流与合作的顺利进行。

再次，提升员工的跨文化沟通能力是关键。语言是沟通的基础，但仅仅掌握语言是不够的。员工还需要具备跨文化沟通的技巧和能力，包括如何倾听、如何表达、如何解决冲突等。通过培训和实践，组织可以帮助员工提升跨文化沟通能力，使他们能够更好地与不同文化背景的人进行交流和合作。

最后，建立跨文化团队是实现跨文化管理的有效途径。通过组建来自不同国家和地区的员工团队，组织可以充分利用不同文化背景的优势，激发团队的创造力和创新力。同时，跨文化团队也可以成为组织内部跨文化沟通与合作的桥梁和纽带，促进文化的交流与融合。

综上所述，跨文化管理是事业单位应对全球化挑战的重要手段。通过加强员工的跨文化培训、尊重不同文化背景、提升员工的跨文化沟通能力以及建立跨文化团队等措施，可以更好地适应全球化的发展趋势，提升国际交流与合作的水平，从而在激烈的竞争中立于不败之地。

(二) 国际化人才培养

在当今全球化的时代，事业单位的国际化发展趋势越发明显。为了更好地适应这一趋势，事业单位需要培养一支具有国际视野和跨文化沟通能力的人才队伍。这不仅有助于提升事业单位的国际竞争力，还能够促进开放性和创新性的发展。

首先，事业单位需要关注技术研发人员的国际化培养。随着技术的不断进步和知识的快速更新，事业单位需要紧跟国际前沿，不断创新和突破。因此，技术研发人员需要具备国际化的视野和知识结构，了解国际市场和行业趋势，掌握国际先进的技术和方法。通过参加国际学术交流、合作研究等活动，技术研发人员可以不断提升自己的国际化水平，为事业单位的科技创新提供有力支持。

其次，事业单位需要加强管理团队的国际化培养。管理团队是组织发展的关键力量，其国际化水平直接影响到组织的国际竞争力。因此，管理团队需要不断学习和掌握国际先进的管理理念和方法，提升自己的国际化管理能力。通过派遣管理团队成员到国外进行培训和学习，或者邀请国际知名专家进行内部培训，事业单位可以培养出更多具有国际化视野和跨文化管理能力的人才。

再次，项目团队的国际化培养也是必不可少的。项目团队是事业单位的重要工作单元，承担着各类科研和工程项目。项目团队成员需要具备跨文化沟通和合作的能力，能够与国际合作伙伴进行有效的沟通和协调。通过参与国际项目和合作，项目团队成员可以提升自己的国际化水平，增强跨文化合作的能力。

最后，建立开放和包容的组织文化也是国际化人才培养的重要方面。组织文化是组织发展的软实力，能够激发员工的积极性和创造力。事业单位应该营造一个开放和包容的组织文化氛围，鼓励员工积极学习和创新，接纳不同文化和思想。通过建立跨文化交流平台和鼓励员工参与国际交流活动，事业单位可以培养出更加开放和包容的组织文化。

综上所述，国际化人才培养是事业单位应对国际化趋势的重要手段。通过培养技术研发人员、管理团队和项目团队的国际化能力，以及建立开放和包容的组织文化等措施，事业单位可以不断提升自己的国际竞争力，为组织的可持续发展奠定坚实基础。

(三) 国际合作机制建设

为了更好地开展国际合作，事业单位需要建立一套稳定、高效、互利的国际合作机制。这一机制不仅有助于提高科研效率和创新能力，还能为组织的长远发展提供强大的支持。

首先，事业单位需要积极寻求与国际先进科研机构和事业单位的合作与交流。通过与这些机构和事业单位建立合作关系，事业单位可以获得更多的技术转移和研发项目的机会。同时，这种合作也有助于提高自身的技术水平和研发能力，推动科研成果的产业化进程。

在合作过程中，事业单位需要明确合作目标、任务和分工。这有助于确保合作的顺利进行，避免出现责任不明确、任务重复等问题。此外，还需要建立有效的沟通渠道和合作平台，以方便各方之间的信息交流和协作。

为了确保合作的长期稳定发展，事业单位需要建立一套完善的合作管理机制。这包括合作协议的签订、合作项目的评估与跟进、合作成果的分享与转化等方面的管理。通过这些措施，可以确保合作的持续性和有效性，实现互利共赢的目标。此外，事业单位还需要关注国际合作中的知识产权保护问题。在合作过程中，组织需要确保自身知识产权的合法性和安全性，同时也需要尊重合作伙伴的知识产权。通过签订知识产权协议、加强知识产权培训等方式，组织可以避免知识产权纠纷的发生，确保合作的顺利进行。

综上所述，建立稳定的国际合作机制是事业单位开展国际合作的重要保障。通过与国际先进科研机构和事业单位建立合作关系、明确合作目标与分工、建立合作管理机制以及加强知识产权保护等方式，组织可以更好地开展国际合作，提升自身的国际影响力和竞争力。

总之，国际化趋势下的人力资源管理变革需要注重跨文化沟通与合作，培养具有国际视野和竞争力的人才队伍，建立稳定的国际合作机制。只有这样，事业单位才能更好地适应全球化的发展，提升自身的国际地位和影响力。

三、应对事业单位发展的人力资源创新管理实践与案例

为了更好地适应和推动事业单位的发展，一系列具有创新性和实效性的人力资源管理实践和案例逐渐浮出水面。这些实践和案例不仅为相关机构提供了有力的支持，也为整个科研领域带来了新的思考和启示。

（一）人才引进与培养计划

在当今竞争激烈的人才市场中，某事业单位深知人才是发展的核心。为了应对挑战，该单位推出了多元化、系统化的人才引进与培养计划。

首先，该单位推出了海外引才计划，旨在引进一批具有国际视野和先进技术的海外人才。为了实现这一目标，单位积极与国际知名科研机构建立合作关系，通过合作交流的机会，深入挖掘和引进海外优秀人才。同时，单位还为这些海外人才提供了具有竞争力的薪酬待遇和良好的工作环境，确保他们能够安心工作，充分发挥自己的才华。

其次，除了海外引才计划，该单位还推出了青年科学家培养计划。这一计划旨在挖掘和培养本土青年人才，为他们提供丰富的科研资源和发展平台。单位通过与高校、研究机构等合作，选拔具有潜力的青年科学家，为他们提供科研项目支持、学术交流机会以及专业培训等资源。同时，单位还为青年科学家提供了职业发展规划和晋升通道，帮助他们快速成长为科研领域的骨干力量。

这些人才引进与培养计划的实施，为该事业单位注入了新的活力。海外人才的引进带来了国际化的视野和先进的技术，提升了单位的研发实力和创新能

力。而本土青年人才的挖掘和培养，则为单位提供了源源不断的人才储备和发展动力。这些人才的聚集，不仅增强了单位的综合实力，还为其在国内外市场的竞争中占据优势地位提供了有力保障。

总之，该事业单位通过多元化、系统化的人才引进与培养计划，实现了人才的优化配置和发展。这些计划的实施，不仅提升了单位的整体研发实力，也为其长期发展奠定了坚实的基础。在未来的人才竞争中，该单位将继续秉持"以人为本"的理念，不断完善人才引进与培养机制，为国家和社会的科技进步做出更大的贡献。

（二）激励机制创新

在激发员工创新热情和工作积极性方面，某事业单位进行了一系列大胆而富有成效的尝试。其中，最引人注目的就是他们推出的基于项目的奖励制度。

这一制度设计的核心理念是奖励应当紧密围绕项目的创新性、成果转化和市场效益等关键指标。这样的设计思路确保了奖励的公正性和有效性，能够真正激励员工在科研工作中追求卓越。

为了实现这一设计思路，该单位明确了奖励标准，并建立了透明的评审流程。透明的评审流程是确保奖励公平性的关键。通过公开、透明的评审，员工可以清楚地了解奖励的依据和标准，从而更加明确地了解事业单位对他们的期望和要求。这一制度的实施，产生了显著的效果。员工的创新热情和工作动力得到了极大的激发，科研成果的数量和质量都有了显著的提升。许多重大科研成果的诞生，都离不开这一制度的激励和推动。

此外，该单位还根据实际情况，不断对奖励制度进行优化和调整。他们通过收集员工的反馈和建议，了解制度执行中存在的问题和不足，及时进行调整和完善。这种持续改进的态度和方法，确保了制度的长期有效性和可持续性。

总之，该事业单位通过基于项目的奖励制度，成功激发了员工的创新热情和工作动力。这一制度的实施，不仅提升了单位的整体研发实力，也为其在国内外市场的竞争中占据优势地位提供了有力保障。在未来，该单位将继续秉持创新理念，不断完善激励机制，为国家和社会的科技进步做出更大的贡献。

（三）团队建设与文化培育

在团队建设和文化培育方面，某事业单位展现出了卓越的管理智慧。他们深知，一个团结、协作、富有创造力的团队是单位发展的关键。因此，他们投入了大量的精力和资源，开展了一系列富有成效的团队建设与文化培育活动。

首先，为了促进团队成员之间的交流与合作，单位定期组织学术交流活动。这些活动为员工提供了一个分享研究成果、探讨学术问题、交流心得体会的平台。通过交流，团队成员可以相互学习、相互启发，从而提升整个团队的学术水平和创新能力。

此外，单位还鼓励并支持团队成员参与合作研究项目。合作研究不仅有助于提升团队的整体实力，还能加强与其他科研机构或事业单位的联系与合作。通过合作研究，团队成员可以拓宽视野、积累经验，提升跨文化沟通和协作的能力。除了学术交流和合作研究，单位还定期组织团队拓展活动。这些活动形式多样，既有趣味性强的户外运动，也有团队协作的室内活动。通过参与这些活动，团队成员可以增进彼此的了解和信任，增强团队的凝聚力和向心力。

通过以上措施，该事业单位成功打造了一个富有凝聚力、创造力和协作精神的团队。这种强大的团队力量，不仅提升了单位的整体实力和竞争力，更为其未来的发展注入了源源不断的动力。在未来的发展中，该单位将继续秉持团队建设和文化培育的理念，不断优化管理机制，为国家和社会的科技进步做出更大的贡献。

这些创新的人力资源管理实践和案例不仅为其他事业单位提供了有益的借鉴和启示，也在推动我国科研事业的持续发展和进步中发挥了重要作用。

第三节 社会变迁对人力资源的新要求与新挑战

随着社会的不断发展，社会变迁对人力资源提出了新的要求和挑战。本节将深入探讨社会变迁对人力资源的影响，并提出相应的创新管理策略与建议。

一、社会价值观的演变：对人力资源管理的新挑战与带来的机遇

随着社会的不断发展与进步，人们的价值观也在不断地演变。这种价值观的演变对人力资源管理产生了深远的影响，既带来了新的挑战，也带来了前所未有的机遇。

（一）价值观演变对人力资源管理的挑战

1. 工作与生活平衡的需求。现代员工越来越重视工作与生活的平衡，他们追求在工作之外有充足的时间和精力进行自我提升、与家人朋友相处或发展个人兴趣爱好。这对传统的工作模式和人力资源管理模式提出了挑战。

2. 个人成长与发展的追求。新一代员工更加关注个人成长与职业发展。他们不再满足于单一的工作职责，而是希望在职业生涯中有更多的发展机会、学习新技能的机会和参与决策的机会。

3. 事业单位社会责任与道德标准的提升：随着社会对事业单位社会责任的要求越来越高，员工对事业单位道德标准也提出了更高的要求。他们不仅关心自己的工作条件，还关心事业单位对待员工、客户和环境的方式。

（二）价值观演变给人力资源管理带来的机遇

1. 更广泛的人才库。随着价值观的多样化，事业单位有机会吸引到更多具有不同背景和技能的员工，从而建立一个更加多样化、富有创新的人才库。

2. 增强员工忠诚度。当事业单位能够满足员工对工作与生活平衡、个人成长等方面的需求时，员工的忠诚度和工作满意度会大大提高，从而降低员工流失率。

3. 提升事业单位形象与品牌价值。积极践行社会责任、关注道德标准的事业单位更容易赢得员工的认同和社会的好评，从而提升事业单位的品牌价值和市场竞争力。

为了应对这些挑战和机遇，人力资源管理部门需要不断地调整和更新管理策略，确保与员工的价值观和事业单位的发展目标相一致。这包括提供灵活的工作安排、设计多维度的职业发展路径、强化事业单位社会责任和道德标准等方面的措施。只有这样，事业单位才能真正吸引和留住优秀的人才，实现持续的发展。

二、多元化劳动力：对人力资源管理的新挑战与机遇

随着全球化的不断深化，事业单位所面临的劳动力环境也日益多元化。员工来自不同的文化背景、年龄层次、性别和技能领域，为事业单位带来了丰富的资源和创新能力。然而，这种多元化劳动力环境也给人力资源管理带来了新的挑战和机遇。

（一）多元化劳动力对人力资源管理的挑战

1. 文化差异的管理。不同文化背景的员工在价值观、工作方式和沟通习惯上存在显著差异。如何理解和尊重这些差异，避免文化冲突，是人力资源管理面临的一大挑战。

2. 满足不同员工的需求。不同年龄、性别和技能的员工有着不同的需求和期望。事业单位需要关注这些差异，提供个性化的激励和发展机会，以满足不同员工的需求。

3. 建立包容性的事业单位文化。如何建立一个包容性强、尊重差异的事业单位文化，使来自不同背景的员工都能感受到归属感，是人力资源管理的重要任务。

（二）多元化劳动力对人力资源管理的机遇

1. 资源的多元化。多元化的劳动力意味着事业单位可以从更广泛的范围内获取资源和信息，增强事业单位的创新能力和竞争力。

2. 增强员工的归属感。当事业单位能够尊重和满足不同员工的差异需求时，员工的归属感和忠诚度会大大提高，有利于事业单位的长期发展。

3. 提升事业单位形象。一个包容性强、尊重多元文化的事业单位更容易在社会上树立正面的形象，吸引更多优秀人才的加入。

为了应对这些挑战和机遇，人力资源管理部门需要采取一系列措施。首先，要加强对多元文化的理解和尊重，避免文化冲突的发生。其次，要建立包容性的管理制度和事业单位文化，确保所有员工都能感受到归属感。最后，要加强跨文化沟通与合作能力的培养，提升整个团队的协同作战能力。只有这样，事业单位才能真正利用多元化劳动力的优势，实现持续、健康的发展。

三、应对社会变迁：人力资源的创新管理策略与建议

随着社会的快速发展和变迁，人力资源管理的环境也日益复杂。为了应对这些挑战，事业单位需要采取一系列创新的管理策略和建议。

（一）关注员工的心理和情感需求

在当今快节奏、高压力的工作环境中，员工所面临的挑战越来越多，对心理和情感支持的需求也日益增强。为了更好地关心员工、提高员工的工作满意

度和忠诚度，事业单位需要积极关注员工的心理和情感需求。

首先，建立积极向上的工作氛围是满足员工心理需求的关键。一个充满正能量、鼓励创新和合作的工作环境，能够让员工感受到事业单位的关怀和支持，激发他们的工作热情和创造力。事业单位可以通过举办团队建设活动、鼓励员工交流分享、提供发展机会等方式，营造一个积极向上的工作氛围。

其次，提供有效的员工辅导和支持计划是满足员工情感需求的重要途径。员工在工作中难免会遇到挫折和困惑，需要及时的指导和帮助。事业单位可以设立专业的心理咨询师或辅导员，为员工提供个性化的心理辅导和职业发展建议，帮助员工解决工作和生活中的问题，提升员工的情感满足感。

最后，减轻员工的工作压力也是满足其心理和情感需求的重要方面。事业单位可以通过优化工作流程、合理分配工作任务、提供必要的资源支持等方式，降低员工的工作压力。同时，鼓励员工进行适当的锻炼、休息和放松活动，帮助他们调节身心状态，更好地应对工作压力。

通过关注员工的心理和情感需求，事业单位不仅能够提高员工的工作满意度和忠诚度，还能够激发员工的创造力和潜能，为事业单位的发展注入更多活力。因此，事业单位应当重视员工的心理和情感需求，积极采取措施来满足这些需求，实现员工与事业单位的共同成长和发展。

（二）强化员工培训与发展

在当今社会，持续的学习和成长已经成为适应不断变化的环境的关键。对于事业单位而言，提供多元化的培训和发展机会是提升员工能力、增强事业单位竞争力的重要手段。因此，事业单位应该注重员工的培训与发展，为员工创造不断学习和成长的机会。

首先，事业单位可以提供内部培训。内部培训是指事业单位内部的培训师或专业人员为员工提供的培训课程。这些课程可以涵盖各种主题，如新技能、新知识和行业趋势等。通过内部培训，员工可以了解事业单位的业务和战略，提升自己在工作中的表现。

其次，事业单位还可以鼓励员工参加外部进修。外部进修包括在线课程、研讨会、工作坊等外部培训活动。这些活动通常由专业机构提供，为员工提供更广泛的学习机会和资源。通过外部进修，员工可以拓展自己的知识和技能，与行业内的专家交流学习，提升自己的专业水平。此外，事业单位还可以提供技能提升课程。这些课程通常针对特定技能或领域，如领导力发展、项目管理、沟通技巧等。通过这些课程，员工可以深入了解特定领域的知识和技能，提升自己在工作中的表现。

除了多元化的培训和发展机会，事业单位还应该建立良好的学习文化。学习文化是指事业单位鼓励员工不断学习和成长的氛围和价值观。通过鼓励员工自我发展、提供学习资源和支持、奖励学习和创新等方式，事业单位可以激发员工的学习热情和创造力，促进员工的个人和职业成长。

综上所述，强化员工培训与发展对于事业单位的长期发展至关重要。通过提供多元化的培训和发展机会，事业单位可以帮助员工不断提升自己的能力和素质，增强事业单位的竞争力和适应性。同时，建立良好的学习文化也是促进员工个人和职业成长的关键因素。因此，事业单位应该重视员工的培训与发展，将其作为一项长期的投资和战略重点。

（三）建立灵活的人力资源管理制度

在当今这个充满变化和挑战的时代，事业单位需要不断地适应市场和社会需求的变化。而为了更好地应对这些变化，事业单位需要建立灵活的人力资源管理制度。这种制度不仅有助于提高事业单位的适应性和竞争力，还能够增强员工的满意度和工作效率。

首先，弹性工作安排是灵活的人力资源管理制度的重要组成部分。随着生活节奏的加快和工作压力的增加，许多员工对于传统的工作模式提出了质疑和挑战。因此，事业单位需要提供更加灵活的工作安排，以满足员工的不同需求。例如，事业单位可以实行弹性工作时间、远程办公、分时工作制等安排，让员工根据自己的生活和工作需求进行选择。这样的安排不仅能够提高员工的工作效率和满意度，还能够为事业单位节省成本并吸引更多优秀的人才。

其次，事业单位需要建立完善的培训和发展体系。员工是事业单位重要的资源之一，而培训和发展则是提升员工能力和素质的关键。事业单位需要为员工提供多元化的培训和发展机会，如内部培训、外部进修、技能提升课程等。通过这些培训和发展机会，员工可以不断提升自己的能力和素质，增强事业单位的竞争力和适应性。

最后，事业单位还需要建立良好的绩效评估和激励机制。绩效评估是事业单位管理的重要手段之一，而激励机制则是激发员工积极性和创造力的关键。事业单位需要制定科学、公正的绩效评估标准和方法，对员工的绩效进行客观、准确的评估。同时，事业单位还需要建立完善的激励机制，如晋升机制、奖金制度等，以激发员工的积极性和创造力。

综上所述，建立灵活的人力资源管理制度是事业单位适应市场和社会需求变化的必要手段。通过采用弹性工作安排、建立完善的培训和发展体系、建立良好的绩效评估和激励机制等方式，事业单位可以增强自身的适应性和竞争力，并提高员工的满意度和工作效率。

（四）优化薪酬福利体系

合理的薪酬福利体系是吸引和留住人才的关键因素，也是事业单位提高员工满意度和忠诚度的重要手段。为了更好地激励员工，事业单位需要深入了解市场行情和员工需求，设计具有竞争力的薪酬福利方案。

事业单位可以根据市场行情和行业标准，制定合理的薪酬水平。薪酬是员工最为关注的事项之一，合理的薪酬水平可以吸引和留住优秀的人才。事业单位可以通过市场调查和比较，制定具有竞争力的薪酬策略，确保员工的薪酬水平与市场保持一致或更高。

除了基本的薪酬之外，事业单位还可以提供丰富的福利方案，以满足员工的不同需求。例如，事业单位可以设立奖金激励计划，根据员工的绩效表现和工作成果给予相应的奖金奖励，激发员工的积极性和创造力。此外，事业单位还可以提供员工持股计划，让员工持有公司的股份，参与公司的利润分配和决策，增强员工的归属感和忠诚度。

除了物质奖励之外，事业单位还可以关注员工的健康和福利。提供健康保险、定期健康检查、健身津贴等福利，可以让员工感受到事业单位的关怀和关心，提高员工的满意度和忠诚度。此外，事业单位还可以设计个性化的薪酬福利方案，以满足不同员工的特殊需求。例如，对于有子女的员工，事业单位可以提供儿童教育津贴、托儿所服务等福利；对于需要远程办公的员工，事业单位可以提供更加灵活的工作安排和相应的福利支持。

综上所述，优化薪酬福利体系是提高员工满意度和忠诚度的重要手段。事业单位应该深入了解市场行情和员工需求，设计具有竞争力的薪酬福利方案，包括合理的薪酬水平、丰富的福利措施以及个性化的薪酬福利方案。通过优化薪酬福利体系，事业单位可以更好地激励员工、吸引和留住优秀人才，为事业单位的长期发展奠定坚实基础。

（五）融入社会责任和可持续发展理念

在当今社会，事业单位的社会责任和可持续发展已经成为重要的议题。作为社会的一部分，事业单位有责任为社会做出积极的贡献。因此，在人力资源管理中，事业单位应该积极融入社会责任和可持续发展理念。

首先，事业单位可以通过开展环保主题的活动，提升员工的社会责任感。例如，组织员工参与植树造林、垃圾分类、节约用水等环保活动，让员工亲身参与环保行动，认识到自己作为事业单位公民的社会责任。这样不仅能够提升事业单位的社会形象，还能增强员工的归属感和自豪感。

其次，事业单位可以支持公益事业和社会责任项目。通过参与慈善捐赠、支教助学、关爱弱势群体等公益活动，事业单位可以为社会做出实质性的贡献。同时，事业单位可以鼓励员工参与志愿者活动，让员工在服务社会的过程中提升自己的价值观和人生观。通过支持公益事业和社会责任项目，事业单位可以增强员工的荣誉感和归属感，提高员工的士气和团队精神。

最后，事业单位可以将可持续发展理念融入人力资源管理中。可持续发展不仅关注经济的发展，还要考虑环境、社会和文化的可持续性。事业单位可以制定可持续发展的战略目标，并将其与人力资源管理的各个环节相结合。例如，在招聘环节中，事业单位可以优先考虑具有环保意识和可持续发展理念的候选人；在培训和发展环节中，事业单位可以加强对员工的可持续发展意识的培养；在绩效评估和激励机制中，事业单位可以将可持续发展目标的实现作为重要的评价指标。

综上所述，融入社会责任和可持续发展理念是事业单位在人力资源管理中应该积极探索的重要方向。通过开展环保主题的活动、支持公益事业和社会责任项目、将可持续发展理念融入人力资源管理等措施，事业单位不仅可以提升社会形象，增强员工的归属感和自豪感，还可以为社会的可持续发展做出积极的贡献。

为了更好地应对社会变迁，事业单位需要不断地创新和完善人力资源管理策略。通过关注员工需求、加强培训和发展、建立灵活的制度、优化薪酬福利体系以及融入社会责任理念，事业单位可以提升人力资源管理的效果，为事业单位的可持续发展提供有力支持。

第十三章 人力资源数据分析与应用

第一节 人力资源数据的收集与整理

在人力资源管理中，数据的收集与整理是基础且关键的环节。为了确保后续分析和决策的准确性，首先必须对数据进行有效的收集和整理。本节将详细介绍人力资源数据的来源、采集方式、数据清洗与整理，以及数据库的建立与维护。

一、数据来源与采集方式：人力资源管理的基石

在人力资源管理中，数据的来源与采集方式至关重要，因为它们是制定有效策略和决策的基础。数据的质量和准确性直接影响到人力资源的利用效果。以下是对数据来源和采集方式的详细分析。

（一）数据来源

在人力资源管理中，数据来源是制定有效策略的重要依据。准确、全面的数据能够帮助事业单位更好地了解员工需求、优化管理流程、提高决策质量。数据来源主要分为内部数据和外部数据两大类，每种数据都有其特定的价值和作用。

内部数据是人力资源管理中最直接和常用的数据源。它主要包括员工的基本信息、绩效评估数据和考勤记录等。员工的基本信息如入职日期、职位、教育背景等，可以为事业单位提供员工的背景和能力概览。绩效评估数据如年度评价、晋升记录等，可以反映员工的工作表现和成长轨迹。考勤记录、福利计划参与度等数据，则可以用于评估员工的出勤情况和工作投入度。

除了内部数据外，外部数据也是人力资源管理中不可或缺的一部分。这些数据通常来自市场研究、行业报告、经济报告、竞争对手分析等。了解市场趋势、行业动态和竞争对手的战略，对于事业单位制定人力资源策略具有重要价值。例如，通过了解市场上的薪酬水平，可以制定更有竞争力的薪酬策略；通过了解行业的人才需求，事业单位可以更精准地进行人才招聘和培训。

除了内部和外部数据外，员工调查数据也是人力资源管理中重要的数据来源。通过定期的员工满意度调查，可以获得员工对工作环境、领导力、福利待遇等方面的反馈。这种反馈是了解员工需求和期望的重要手段，也是事业单位改进管理、提高员工满意度的重要依据。

综上所述，内部数据、外部数据和员工调查数据是人力资源管理中的三大主要数据来源。通过综合运用这些数据，事业单位可以更全面地了解员工需求和市场动态，制定出更科学、合理的人力资源策略，为事业单位的长期发展奠定坚实基础。

（二）采集方式

在收集和处理数据的过程中，选择合适的采集方式至关重要。这不仅关乎数据的准确性和完整性，还直接影响到后续的数据分析、策略制定和决策执行。以下是几种常见的采集方式及其特点。

1. 手动输入：这种方式相对传统，主要依靠人工操作来输入数据。适用于小规模数据集或特定信息的采集。优点是灵活性较高，但缺点也很明显，如易出错、效率较低，且对数据录入人员的专业素养和责任心要求较高。

2. 电子表格导入：当面临大量数据需要处理时，电子表格（如Excel）成为了一个实用的工具。它可以用于数据的整理、初步分析和计算。电子表格的优点在于其易用性和普及性，几乎每个员工都能快速上手。然而，对于复杂的数据处理和大规模的数据整合，电子表格可能显得力不从心。

3. 数据库对接：对于需要实时更新数据的情况，建立数据库并进行对接是更为高效的方式。数据库软件如MySQL、Oracle等可以确保数据的完整性和准确性，并提供强大的查询、分析和报表功能。数据库系统具有出色的数据存储和管理能力，能够应对大量数据的存储和检索需求。此外，通过数据库管理系统（DBMS）提供的工具和接口，可以轻松实现数据的导入、导出和共享，提高数据处理的效率和准确性。

综上所述，不同的采集方式各有优缺点，适用于不同规模和需求的数据处理场景。在选择采集方式时，应综合考虑数据量、处理要求、成本预算等因素，选择最适合的方法来确保数据的准确性和完整性。

（三）数据质量与规范

在人力资源管理中，数据的质量和规范性是至关重要的。为了确保数据的准确性和完整性，事业单位需要制定严格的数据采集流程和规范，以确保数据的可靠性和一致性。

首先，事业单位应该建立一套完整的数据采集流程，明确各个部门和人员的职责和操作规范。数据采集的流程应该清晰、规范，并具有一定的灵活性，以便应对可能的变化和需求。同时，事业单位应该确保数据采集的各个环节都有相应的审核和验证机制，以确保数据的准确性和完整性。

其次，事业单位应该制定相应的数据规范，明确数据的格式、标准、精度等要求。这有助于确保数据的统一性和可比性，方便后续的数据处理和分析。对于不同来源的数据，事业单位应该进行必要的清洗、整合和转换，以消除数据中的异常值、缺失值和冗余信息。

最后，对于敏感信息，如员工薪酬、健康状况等，事业单位应该采取额外的保密措施。这包括对数据进行加密、限制数据访问权限、定期更换密码等措施，以确保数据的保密性和安全性。同时，事业单位应该建立完善的数据管理制度，明确数据的存储、备份和销毁等操作规范，以防止数据泄露和丢失。

综上所述，为了确保数据的准确性和完整性，事业单位需要制定严格的数据采集流程和规范，并采取相应的保密措施。这有助于提高人力资源管理工作的效率和质量，为事业单位的发展提供有力支持。

二、数据清洗与整理：提升数据质量的必要步骤

在人力资源管理中，数据清洗与整理是确保数据质量的关键环节。经过数据采集，我们获得了大量的原始数据，但这些数据可能存在重复、错误或格式不一致等问题。因此，为了确保数据的准确性和可用性，需要进行以下数据清洗和整理工作。

（一）数据清洗

在处理和分析数据之前，数据清洗是一个必不可少的步骤。数据清洗的目的是确保数据的准确性和一致性，为后续的数据分析提供可靠的基础。以下是数据清洗中的几个关键步骤。

1. 去重处理。在数据集中，可能会存在重复或相似的记录。这些冗余数据不仅会增加数据处理的时间和成本，还可能对分析结果造成干扰。通过去重处理，可以去除这些冗余数据，确保数据的一致性。在去重过程中，可以采用各种算法和技术，如基于规则的方法、聚类算法等，根据实际情况选择合适的方法来识别和去除重复数据。

2. 纠错与异常值处理。在数据采集过程中，由于各种原因（如人为错误、设备故障等），可能会存在错误或异常值。这些错误和异常值如果不进行处理，会直接影响数据分析的准确性和可靠性。因此，对这些数据进行纠正或删除是必要的步骤。对于异常值的处理，可以采用统计学方法进行识别和判断，如基于标准差的判断、基于分布的判断等。对于错误值，可以通过与原始数据源进行核对、采用一定的规则进行修正等方法进行处理。

3. 分类与标签化。在数据分析中，经常需要对数据进行分类和标签化。分类是将数据按照一定的规则和标准进行划分的过程，有助于将数据的特征进行归类和整理。标签化则是将分类的结果进行标识和标记的过程，通常采用简短的文字或数字进行表示。通过分类与标签化，可以更好地理解和组织数据，为后续的数据分析提供便利。在分类与标签化的过程中，可以采用机器学习、聚类分析等技术来辅助进行数据的自动分类和标记。

综上所述，数据清洗是数据分析的重要前置步骤，其目的是确保数据的准确性和一致性。通过去重处理、纠错与异常值处理以及分类与标签化等关键步骤，可以有效地清洗数据，为后续的数据分析提供可靠的基础。

（二）数据整理

在完成数据清洗后，下一步是进行数据整理。这一步骤旨在将数据组织成方便分析和解释的形式。以下是数据整理过程中涉及的关键方面。

1. 可读性与可视化。数据整理的首要目标是使其易于阅读和理解。为了达到这一目标，可以使用各种表格、图表和其他可视化工具来呈现数据。例如，条形图、饼图和折线图等可以帮助直观地展示数据的分布、趋势和关系。通过

这种方式，数据使用者可以更快地理解数据背后的故事，从而更好地指导决策。

2. 筛选与排序。在数据分析之前，根据特定的问题或目标，可能需要对数据进行筛选和排序。筛选过程可以去除不相关或异常的数据，只保留符合特定条件的数据点。排序则可以根据某一列或多列的值将数据从小到大或从大到小进行排列，以便更好地观察数据的分布和变化。

3. 数据转换与计算。在某些情况下，为了满足特定的分析需求，可能需要对原始数据进行转换或计算。例如，将年龄从实际数值转换为年龄段，或将多个相关指标合并为一个综合指标。这些转换和计算可以增强数据的可解释性，并帮助更准确地回答关键问题。

准确、一致的数据是制定有效的人力资源策略和决策的基础。如果数据质量不高，可能会导致错误的结论和决策。因此，投入时间和资源进行数据清洗与整理是至关重要的。这一过程不仅确保了数据的准确性和可靠性，还为后续的数据分析奠定了基础，从而更好地支持人力资源管理和决策制定。

三、数据库的建立与维护：人力资源数据管理的核心环节

随着人力资源数据量的增长，事业单位需要一个高效、稳定的数据库来存储、管理和分析这些数据。数据库的建立与维护不仅是数据存储的基础，更是确保数据质量和安全性的关键。以下是关于数据库建立与维护的核心要点。

（一）数据库的建立

在人力资源管理中，数据库的建立是一个关键环节，它为数据的存储、查询和分析提供了强大的支持。以下是关于数据库建立过程中的一些关键方面。

1. 规模与结构设计。在建立数据库之初，事业单位需要认真考虑数据的规模和多样性。随着事业单位的发展和数据的累积，数据规模可能会不断增长。因此，合理设计数据库的结构至关重要。这包括选择合适的数据表、字段和索引，以便高效地存储和查询数据。同时，要考虑数据的完整性和一致性，确保数据的准确性和可靠性。

2. 安全性考虑。数据库的安全性是至关重要的，必须采取一系列措施来确保数据的安全。首先，要进行用户权限管理，对不同用户设定不同的访问和操作权限，防止未经授权的用户访问或修改数据。其次，要采用数据加密技术，对敏感数据进行加密存储，确保即使数据被窃取也无法轻易被解密。此外，要防范 SQL 注入等攻击手段，确保数据不被恶意篡改或窃取。

3. 扩展性规划。随着事业单位的发展和数据增加，数据库可能需要不断扩展以适应更大的数据需求。因此，在建立数据库时，要进行扩展性规划，考虑未来的数据增长和变化。这可能涉及硬件的升级、数据库性能的优化等方面。通过合理的扩展性规划，可以确保数据库能够支持事业单位的长期发展需求。

4. 选择合适的数据库管理系统。选择一个合适的数据库管理系统是建立数据库的重要一步。根据事业单位的实际需求，如数据的类型、规模、安全性、可用性和易用性等要求，选择一个稳定、安全、易用且可维护的数据库管理系

统。常见的数据库管理系统包括 MySQL、Oracle、SQL Server 等，它们具有不同的特点和适用场景。在选择时，要综合考虑事业单位的实际需求和预算，选择最适合的数据库管理系统。

综上所述，数据库的建立是人力资源管理中的重要环节。通过合理设计数据库的结构、确保数据的安全性、进行扩展性规划和选择合适的数据库管理系统，可以建立一个高效、可靠、安全的人力资源管理数据库，为事业单位的决策和发展提供有力支持。

（二）数据库的维护

在人力资源管理中，数据库的维护是一个持续不断的过程，它确保了数据库的稳定、高效运行，并保障了数据的准确性和完整性。以下是关于数据库维护过程中的一些关键方面。

1.数据备份与恢复。为了防止数据丢失或意外损坏，事业单位需要制定完善的备份策略。备份应包括定期完整备份、差异备份和增量备份，确保数据的完整性和可恢复性。同时，事业单位也需要具备在发生数据丢失时快速恢复的能力，通过备份快速还原数据，减少数据丢失带来的影响。

2.安全保障。数据库的安全性至关重要，必须采取一系列措施来确保数据的安全。首先，要定期检查数据库的安全性，及时发现和修复安全漏洞。其次，要更新安全补丁和升级数据库管理系统，以应对新的安全威胁。此外，对用户权限进行定期审查，确保只有授权人员能够访问数据库，防止未经授权的访问和数据泄露。

3.性能监控与优化。为了提高数据库的性能，事业单位需要进行定期监控和优化。监控可以帮助事业单位了解数据库的运行状况和性能瓶颈，通过分析查询日志、监控系统资源等手段，发现性能问题并进行优化。优化可以通过调整索引、优化查询语句、减少数据库负载等方式提高数据查询效率，确保数据库的高效运行。

4.日常维护。日常维护是保持数据库稳定运行的重要环节。这包括常规的检查、清理旧数据、更新统计信息、调整存储参数等任务。通过日常维护，可以确保数据库的健康运行，预防潜在的问题和性能下降。同时，定期的维护和检查也有助于及时发现并解决潜在的问题，提高数据库的可靠性和稳定性。

一个稳定、高效的数据库是确保人力资源数据准确性和完整性的基础。它能够为事业单位的决策提供有力的数据支持，帮助事业单位更好地了解员工情况、优化人力资源配置和提高绩效。而缺乏有效的维护可能会导致数据丢失、性能下降或安全问题，从而影响事业单位的正常运营。因此，事业单位需要重视数据库的维护工作，并投入足够的资源进行持续的维护和优化。

综上所述，数据库的建立与维护在人力资源数据管理中起着核心作用。通过选择合适的数据库管理系统、制定合理的备份和安全策略，以及定期的性能监控和日常维护，事业单位可以确保人力资源数据的准确性和完整性，为长远发展提供坚实的数据基础。

第二节 人力资源数据分析的方法与工具

在人力资源管理中,数据分析是实现科学决策和持续改进的关键环节。为了更好地挖掘数据价值,提高管理效率,事业单位需要掌握正确的人力资源数据分析方法与工具。本节将详细介绍统计分析方法、数据可视化技术和数据分析工具在人力资源管理中的应用。

一、统计分析方法:揭示数据内在规律与关联性的关键工具

统计分析是数据处理和分析的核心环节,它通过一系列的方法和技术,对收集到的数据进行整理、描述和深入分析,以揭示数据内在的规律和关联性。在人力资源管理领域,统计分析扮演着至关重要的角色,为事业单位提供了数据驱动的决策依据。

(一)描述性统计分析

描述性统计分析在人力资源管理中发挥着重要的作用,它提供了对数据的基本认识和了解,并为进一步的统计分析提供了基础。以下是描述性统计分析在人力资源管理中的一些具体应用。

1. 员工基本信息分析。描述性统计分析可以用于分析员工的各种基本信息,如年龄、性别、学历、工作经验等。通过计算这些信息的均值、中位数、众数等统计量,可以了解员工的基本结构、分布和特点。例如,通过分析员工的年龄分布,可以了解公司员工的年轻化或老化程度;通过分析员工的学历和工作经验,可以了解公司的专业人才储备和人才层次。这些信息有助于事业单位更好地了解员工队伍的现状,为人力资源决策提供依据。

2. 绩效评估结果描述。描述性统计分析在绩效评估中也有着广泛的应用。通过对员工的绩效评估结果进行统计分析,可以了解员工的整体绩效水平以及绩效分布情况。例如,通过计算绩效评估的均值和标准差,可以了解绩效的集中趋势和离散程度;通过绘制绩效分布图,可以直观地了解绩效的分布情况。这些信息有助于事业单位了解员工绩效的整体状况,发现优秀员工和需要改进的员工,为绩效管理和人才发展提供指导。

3. 人力资源数据的初步探索。在进行更深入的统计分析之前,对人力资源数据进行初步的描述和整理是必要的。描述性统计分析可以帮助我们了解数据的分布、异常值、缺失值等情况,为后续的数据处理和深入分析提供基础。例如,通过检查年龄、工龄等连续变量的分布情况,可以发现是否存在异常值或离群点;通过检查性别、学历等分类变量的频数分布,可以发现是否存在缺失值或异常分类。这些初步的探索有助于确保数据的完整性和准确性,提高统计分析的可靠性。

综上所述,对员工基本信息、绩效评估结果以及人力资源数据进行初步的描述和整理,可以更好地了解员工队伍现状和特点,为人力资源管理和决策提供有力的支持。

(二) 推断性统计分析

推断性统计分析在人力资源管理中发挥着重要的作用，它利用样本数据来推断和预测总体的特征与规律，为事业单位的人力资源决策提供科学依据。以下是推断性统计分析在人力资源管理中的一些具体应用。

1. 员工绩效预测。通过推断性统计分析，事业单位可以利用员工的历史绩效数据来预测其未来的表现。例如，通过回归分析，可以建立员工绩效与相关因素之间的数学模型，从而预测员工在未来一段时间内的绩效变化。这种预测可以帮助事业单位提前发现潜在的高绩效员工和低绩效员工，制定相应的培训计划和激励措施，提高整体绩效水平。

2. 员工离职原因分析。推断性统计分析还可以用于探究员工离职的主要因素和影响。例如，利用方差分析或卡方检验等方法，可以分析不同因素对员工离职率的贡献程度，从而发现导致员工离职的关键因素。这些信息有助于事业单位了解员工的需求和期望，改进员工福利和工作环境，降低员工离职率，保持人才队伍的稳定。

3. 市场趋势预测。在人力资源管理中，了解市场趋势和市场变化对于制定科学的人力资源策略至关重要。通过推断性统计分析，事业单位可以利用已知的市场数据和市场调查结果，预测未来的市场趋势和变化。例如，通过时间序列分析或趋势分析等方法，可以预测未来的人才需求、薪酬水平、招聘难度等指标的变化趋势。这些信息有助于事业单位提前做好人力资源规划和调整，适应市场变化并保持竞争优势。

综上所述，推断性统计分析在人力资源管理中具有广泛的应用价值。通过描述性统计和推断性统计的结合应用，事业单位可以更加深入地了解人力资源数据的内在规律和关联性，为制定科学的人力资源策略提供数据支持。这有助于事业单位做出更明智的决策，优化人力资源配置，提高绩效和市场竞争力。

二、数据可视化技术：直观呈现与深度洞察的桥梁

数据可视化是将数据以图形或图表的形式呈现出来，使得数据更加直观、易于理解的技术。在人力资源管理中，数据可视化技术发挥着至关重要的作用，它不仅提高了数据的可读性，还为进一步分析数据提供了有力的工具。

(一) 数据可视化的优势

数据可视化是一种将数据以图形或图表的形式呈现出来的技术，它能够让人们更加直观地理解和分析数据。在人力资源管理中，数据可视化也具有很大的优势，主要体现在以下几个方面。

1. 直观性。人类对图形的感知能力远远超过对数字和文字的感知。通过数据可视化技术，将人力资源数据以图表、图像等形式呈现出来，可以让人更加直观地理解数据的分布、趋势和关联。例如，通过柱状图或折线图，可以直观地看出员工的年龄分布、性别比例、绩效评估结果等数据，而不需要进行复杂的数学计算或阅读大量的表格。这种直观性使得数据分析更加容易理解和接受，提高了工作效率和决策的准确性。

2.比较性。数据可视化技术可以将不同的数据点以图形的方式呈现出来，从而使得不同的数据点之间可以很容易地进行比较。例如，通过将不同部门的员工绩效评估结果以柱状图或折线图的形式呈现出来，可以很直观地看出各部门之间的绩效差异，有助于发现异常值和模式。这种比较性使得数据分析更加深入和细致，有助于发现隐藏在数据中的问题和机会，为人力资源管理和决策提供更加有力的支持。

3.深入洞察。数据可视化技术可以揭示隐藏在大量数据中的模式和趋势，提供深入的洞察。通过将人力资源数据以图表、图像等形式呈现出来，可以发现数据之间的关联和规律，从而为制定更加科学的人力资源策略提供依据。例如，通过分析员工的年龄、工龄、绩效等数据，可以发现员工队伍的年龄结构、绩效分布和人才流动等方面的特点和规律，有助于事业单位更好地了解员工的需求和期望，制定更加科学的人力资源管理和激励措施。

综上所述，数据可视化在人力资源管理中具有很大的优势。通过数据可视化技术，可以更加直观地理解数据、比较不同数据点之间的差异、揭示隐藏在大量数据中的模式和趋势，为制定科学的人力资源策略提供有力支持。

（二）常见的图表类型与用途

在人力资源管理中，数据可视化是一种非常有效的工具，能够帮助我们更好地理解和分析数据。常见的图表类型与用途包括以下几种。

1.柱状图。柱状图是一种用于展示不同类别之间比较的图表类型。在人力资源管理中，柱状图可以用于展示不同部门员工数量的对比、不同职位员工人数的对比等。通过柱状图，我们可以直观地看出不同类别之间的差异，从而更好地了解员工队伍的结构和分布情况。

2.折线图。折线图是一种用于表示随时间变化趋势的图表类型。在人力资源管理中，折线图可以用于展示员工年度绩效变化、员工薪酬增长趋势等。通过折线图，我们可以清晰地看出数据随时间的变化情况，了解员工绩效和薪酬的动态趋势，为事业单位制定更加科学的人力资源策略提供依据。

3.饼图。饼图是一种用于表示各部分在整体中的比例的图表类型。在人力资源管理中，饼图可以用于展示员工性别分布、员工年龄结构等。通过饼图，我们可以直观地看出各部分在整体中的比例情况，了解员工队伍的构成特点，为事业单位制定更加合理的人力资源政策和计划提供数据支持。

4.散点图。散点图是一种用于展示两个变量之间关系的图表类型。在人力资源管理中，散点图可以用于展示员工年龄与工作效率的关系、员工学历与职业发展路径的关系等。通过散点图，我们可以直观地看出两个变量之间的关系，了解员工的个人特征和职业发展状况，为事业单位制定更加有针对性的人力资源策略提供依据。

5.仪表板。仪表板是一种综合性的数据可视化工具，它可以整合多个图表和信息，为决策者提供一个全面的视图。在人力资源管理中，仪表板可以用于展示员工绩效评估结果、员工招聘和离职情况等。通过仪表板，决策者可以快速了解人力资源数据的整体情况和关键指标,从而更好地制定决策和规划。

综上所述,数据可视化在人力资源管理中具有非常重要的作用。通过选择合适的图表类型和用途,事业单位可以更好地理解和分析人力资源数据,为制定科学的人力资源策略提供有力支持。

(三)数据可视化的应用场景

数据可视化在人力资源管理中具有广泛的应用场景,它可以帮助人力资源管理者更好地理解和分析数据,提高决策的准确性和效率。以下是数据可视化在人力资源管理中的一些应用场景。

1.员工数据分析。通过数据可视化技术,可以分析员工的数量、年龄分布、绩效评估等数据,以了解员工队伍的整体状况。例如,通过柱状图或折线图,可以展示不同部门或职位的员工数量和比例,了解员工队伍的结构和分布情况;通过散点图或折线图,可以展示员工的绩效评估结果,了解员工的整体绩效水平和分布情况。这种分析可以帮助事业单位更好地了解员工队伍的特点和需求,制定更加科学的人力资源策略。

2.招聘分析。数据可视化技术也可以用于招聘分析,以优化招聘策略和提高招聘效果。例如,通过分析不同招聘渠道的有效性和应聘者的质量,可以确定哪些渠道更有利于招聘到优秀的人才;通过饼图或柱状图展示不同职位的招聘完成情况和成功率,可以了解招聘工作的整体情况和问题所在。这种分析可以帮助事业单位更好地制定招聘计划和策略,提高招聘效果和效率。

3.培训与发展。数据可视化技术还可以用于分析员工的培训需求和参与度,以制订针对性的培训计划。例如,通过分析员工的绩效评估结果和职业发展需求,可以确定哪些员工需要接受培训和发展的机会;通过饼图或柱状图展示不同培训课程的参与情况和反馈评价,可以了解培训的效果和员工的满意度。这种分析可以帮助事业单位更好地制定培训计划和职业发展路径,提高员工的技能和能力。

4.人才保留与离职预警。数据可视化技术还可以用于人才保留和离职预警,通过分析员工满意度、离职率等指标,预测可能的离职风险并采取措施。例如,通过分析员工的满意度调查结果和离职率,可以了解员工对事业单位的满意度和忠诚度;通过折线图或柱状图展示不同部门的离职率和原因,可以发现潜在的问题和风险。这种分析可以帮助事业单位提前发现员工离职的迹象和风险,采取有效的措施进行干预和挽留。

5.人力资源预算与规划。数据可视化技术也可以用于人力资源预算与规划,通过数据可视化展示人力资源预算的执行情况、需求预测等,以制定合理的人力资源规划。例如,通过柱状图或折线图展示人力资源预算的执行情况,可以了解预算的实际使用情况和偏差;通过散点图或折线图展示人力资源需求预测与业务发展的关系,可以预测未来的人力资源需求和规划。这种分析可以帮助事业单位更好地制定人力资源预算和规划,确保人力资源策略与业务发展相匹配。

综上所述，数据可视化在人力资源管理中具有广泛的应用场景。通过选择合适的图表类型、合理地设计和解释图表，人力资源管理者可以更好地理解数据、做出更准确的决策，从而提高人力资源管理的效果和效率。

三、数据分析工具：提升人力资源数据分析效率的利器

为了高效地进行人力资源数据分析，选择一款合适的数据分析工具至关重要。在市场上，有多种数据分析工具可供选择，每款工具都有其独特的功能和优势。下面我们将详细介绍三种常用的数据分析工具及其在人力资源管理中的应用。

（一）Excel

Excel是微软公司开发的一款电子表格软件，也是其办公套件中的一个重要组件。它被广泛应用于数据处理、分析和可视化等方面，为用户提供了强大的工具和函数库，使数据处理变得更加高效和简便。在人力资源管理领域，Excel也有着广泛的应用。

首先，Excel能够方便地处理和整理员工数据。在人力资源管理中，数据的质量至关重要，需要确保其准确性和完整性。Excel提供了各种数据清洗和整理工具，如筛选、排序、查找和替换等，可以帮助用户快速处理和整理员工数据，去除错误或重复的信息，确保数据的准确性和一致性。

其次，Excel可以进行描述性统计分析。描述性统计是数据分析的基础，用于了解数据的分布、集中趋势、离散程度等特征。Excel内置了许多统计函数，如求和、平均值、中位数、方差等，可以帮助用户快速计算描述性统计指标。通过这些指标，人力资源管理者可以更好地了解员工队伍的整体状况和分布特点，为制定更加科学的人力资源策略提供依据。

最后，Excel还提供了丰富的数据可视化工具。通过创建各种图表，如柱状图、折线图、饼图等，可以将数据以直观的方式呈现出来，帮助用户更好地理解数据和发现其中的规律。在人力资源管理中，这些图表可以用于展示员工数据、绩效评估结果、招聘情况等，帮助决策者更好地了解人力资源状况，做出更加科学和准确的决策。总之，Excel作为一款强大的电子表格软件，在人力资源管理中被广泛应用。通过使用Excel，人力资源管理者可以更加高效地处理数据、进行描述性统计分析以及可视化呈现数据，从而更好地理解员工队伍的状况和需求，制定更加科学的人力资源策略。

（二）SPSS

SPSS（Statistical Package for the Social Sciences）是一款专门针对社会科学领域的统计分析软件包。它提供了广泛的统计分析方法和数据可视化工具，能够帮助事业单位深入分析员工数据，为人力资源管理提供科学依据。

首先，SPSS在调查数据分析方面具有重要作用。在人力资源管理中，调查数据是获取员工真实需求和期望的重要途径。通过SPSS，可以对员工满意度调查、绩效评估等数据进行深入分析，了解员工的真实想法和感受。通过描

述性统计和高级统计分析方法，可以揭示数据中的模式和趋势，为事业单位制定更加科学的人力资源策略提供依据。

其次，SPSS 可以用于离职率分析。员工离职是人力资源管理中常见的问题，也是事业单位需要重点关注的问题之一。通过 SPSS，可以运用统计方法分析员工离职的原因和趋势，了解员工离职的规律和潜在问题。这种分析可以帮助事业单位提前发现员工离职的迹象和风险，采取有效的措施进行干预和挽留，降低员工离职率，提高员工稳定性。

最后，SPSS 还可以用于关联性分析。在人力资源管理中，了解员工个人特征与绩效、满意度等之间的关联性对于制定针对性的措施至关重要。通过 SPSS 的关联性分析功能，可以探究员工个人特征与绩效、满意度等之间的关联性，发现影响员工绩效和满意度的关键因素。这种分析可以帮助事业单位制定更加有针对性的人力资源策略，提高员工的绩效和满意度。

总之，SPSS 作为一款专门针对社会科学领域的统计分析软件包，在人力资源管理中有着广泛的应用。通过使用 SPSS，人力资源管理者可以更加深入地分析员工数据，了解员工的真实需求和期望，制定更加科学的人力资源策略。同时，SPSS 的统计分析结果还可以为事业单位制定针对性的措施提供依据，提高员工绩效和满意度。

（三）Tableau

Tableau 是一款高效的可视化数据分析工具，它为用户提供了快速创建各种图表和仪表板的功能，使数据呈现更加直观。Tableau 的强大功能使其在数据处理和可视化方面具有出色的性能，从而提高了数据分析和洞察的效率。在人力资源管理中，Tableau 也有着广泛的应用。

首先，Tableau 可以帮助用户实时监控员工数据的变化和趋势。通过创建仪表板，Tableau 可以将各种员工数据整合到一个视图中，并实时更新数据。这样，人力资源管理者可以随时了解员工数据的最新情况，及时发现异常或问题，并采取相应的措施。这种实时数据监控有助于提高人力资源管理的响应速度和准确性。

其次，Tableau 可以进行多维度数据分析。在人力资源管理中，员工数据通常是多维度的，涉及不同的方面和指标。Tableau 提供了丰富的数据可视化工具，可以从多个角度对员工数据进行深入分析。通过筛选、过滤、分组等功能，用户可以探究数据之间的关联性和规律，发现潜在的问题和机会。这种多维度数据分析有助于提高人力资源管理的决策质量和效果。

最后，Tableau 还具有快速生成各种报表和图表的功能。在人力资源管理中，报表和图表是常见的数据呈现形式，用于向决策者提供清晰、直观的数据支持。Tableau 提供了多种预设的报表和图表类型，用户可以根据需要选择合适的类型进行创建。通过简单的拖放操作，用户可以快速生成各种报表和图表，提高了数据可视化的效率和效果。

综上所述，Tableau 作为一款强大的可视化数据分析工具，在人力资源管理中有着广泛的应用。通过使用Tableau，人力资源管理者可以实时监控员工数据的变化和趋势、进行多维度数据分析以及快速生成各种报表和图表。这些功能使得数据分析和洞察更加高效、准确和直观，有助于提高人力资源管理的决策质量和效果。选择合适的工具能够大大提高人力资源数据分析的效率和准确性。不同的工具在数据处理、统计分析、可视化呈现等方面具有各自的优势。掌握这些工具的使用方法，结合实际需求选择最合适的工具，将有助于事业单位更好地了解员工情况、优化人力资源配置和提高绩效。

第三节 人力资源数据的应用与价值

随着大数据时代的来临，人力资源数据在事业单位管理中的地位日益凸显。通过对人力资源数据的合理应用，事业单位可以更好地了解员工需求、优化人力资源配置和提高组织绩效。本节将详细介绍人力资源数据在人才招聘与选拔、员工培训与发展、绩效管理和薪酬福利等方面的应用与价值。

一、人才候选人应聘者统查与选拔：数据分析助力精准匹配与高效招聘

在当今竞争激烈的人才市场中，如何有效地选拔高素质人才成了事业单位持续发展的关键。而数据分析在人才招聘与选拔过程中的作用日益凸显，它能够帮助事业单位更精准地识别和吸引优秀人才，提高招聘效率和准确性。

（一）数据驱动的人才评估

在招聘流程中，数据驱动的人才评估已经成了一种趋势。数据分析不再仅仅局限于对数字的简单统计，而是逐渐深入对应聘者全方位能力的细致评估中。这种评估方式充分利用了现代数据分析工具和技术，旨在更准确地识别出最适合招聘条件的人。

在数据驱动的人才评估中，应聘者的简历成了重要的数据来源之一。简历中呈现的工作经历、教育背景、项目经验等信息，都是评估候选人能力和经验的重要依据。通过仔细分析这些信息，招聘人员可以对候选人的专业技能、工作成果、职业发展路径等方面有一个初步的了解。

除了简历分析，面试过程也是数据驱动的人才评估中不可或缺的一环。在面试过程中，应聘者会展示自己的技能、沟通能力、团队协作能力等。招聘人员需要通过观察、提问、测试等方式，收集应聘者在面试过程中的各种数据，如回答问题的准确性、思考问题的逻辑性、应对压力的能力等。

在收集到足够的数据后，数据分析工具就派上了用场。利用这些工具，招聘人员可以对收集到的数据进行深入分析。比如，可以通过对比不同候选人的工作经历和项目经验，找出他们在技能和经验方面的优势和不足；可以通过分析候选人在面试过程中的表现，评估他们的沟通能力和团队协作能力。

通过这种数据驱动的人才评估方式，招聘人员可以更准确地评估候选人的技能、经验、性格等方面是否与招聘岗位的要求相匹配。这不仅可以提高招聘的效率和准确性，还可以降低因人选不当而带来的风险和成本。因此，数据驱动的人才评估已经成了现代招聘流程中不可或缺的一环。

(二) 社交媒体分析

社交媒体分析已经成为现代人才评估中的重要一环。随着社交媒体的普及，越来越多的人在社交平台上展示自己的生活、工作和个人兴趣。因此，通过分析候选人在社交媒体上的行为数据，可以更全面地了解其性格特征、价值观、工作态度等方面的信息，为事业单位提供更全面的候选人画像。

社交媒体分析可以通过多种方式进行。首先，招聘人员可以通过社交媒体平台直接搜索候选人的账号，查看其公开发布的状态、照片、视频等信息。这些信息可以帮助招聘人员初步了解候选人的兴趣爱好、生活方式和社交圈子。

其次，招聘人员可以利用专业的社交媒体分析工具进行更深入的数据挖掘。这些工具可以收集和分析候选人在社交媒体上的互动数据，如点赞、评论、转发等，以及发布内容的主题、频率和时间等信息。通过对这些数据的分析，招聘人员可以进一步了解候选人的性格特征、价值观和工作态度等方面的信息。

例如，如果候选人在社交媒体上经常分享积极向上的内容，积极参与公益活动，或者经常与同行交流专业知识和经验，这些都可能反映出候选人积极向上的工作态度和团队合作能力。相反，如果候选人在社交媒体上经常发表负面言论或参与争议话题，这可能反映出其缺乏理性思考或沟通能力。需要注意的是，社交媒体分析只是人才评估的一种辅助手段。招聘人员需要结合其他数据和信息进行综合评估，如面试表现、工作经历和专业技能等。同时，社交媒体上的信息可能存在一定的主观性和误导性，需要谨慎分析和解读。

综上所述，社交媒体分析为人才评估提供了新的数据来源和分析方法。通过分析候选人在社交媒体上的行为数据，招聘人员可以更全面地了解其性格特征、价值观和工作态度等方面的信息，为事业单位提供更准确的候选人画像。但需要注意的是，社交媒体分析只是一种辅助手段，需要结合其他数据和信息进行综合评估。

(三) 群体特征洞察

数据分析在人力资源管理中有着广泛的应用，它能够帮助事业单位更好地了解员工队伍的整体状况和需求。其中，群体特征洞察是数据分析的一个重要应用场景。通过群体特征洞察，事业单位可以对大量候选人的数据进行深入分析，发现其中的共同特征和趋势，从而提炼出某一岗位或某一时期的人才需求特点。群体特征洞察的过程包括数据收集、分析和解读三个阶段。首先，事业单位需要收集大量候选人的相关数据，包括简历信息、面试表现、技能测试结果等。这些数据可以来自事业单位内部数据库、招聘网站、社交媒体等多个渠道。

其次，事业单位需要对收集到的数据进行深入分析。通过运用统计分析、数据挖掘等技术，事业单位可以发现候选人群体中的共同特征和趋势。例如，通过对过往成功候选人的技能要求、工作经验等方面的分析，事业单位可以提炼出某一岗位的共性特征和人才需求特点。

最后，事业单位需要对分析结果进行解读和应用。根据群体特征洞察的结果，事业单位可以制定更有针对性的招聘策略和措施。例如，针对某一岗位，事业单位可以根据提炼出的共性特征和人才需求特点，在招聘广告中明确列出具体要求，提高招聘的针对性和成功率。同时，事业单位还可以根据群体特征洞察的结果调整内部的人才培养和发展计划，更好地满足员工个人和事业单位发展的需要。

需要注意的是，群体特征洞察的结果只是一种参考，不能完全代表某一岗位或某一时期的人才需求特点。在实际招聘过程中，事业单位还需要结合实际情况和具体需求进行综合评估和决策。同时，群体特征洞察的结果也需要不断更新和调整，以适应人才市场的变化发展的需求。

综上所述，数据分析能够帮助事业单位发现候选人群体中的共同特征和趋势，提炼出某一岗位或某一时期的人才需求特点。通过群体特征洞察的应用，事业单位可以制定更有针对性的招聘策略和措施，提高招聘的效率和成功率，为组织的长期发展奠定坚实的人才基础。

（四）提高招聘效率

数据分析在提高招聘效率方面发挥着至关重要的作用。通过数据分析，事业单位可以更快速、准确地筛选出与岗位匹配度较高的候选人，减少无效面试和筛选时间，进而提高招聘效率。

首先，数据分析可以帮助事业单位快速筛选出符合岗位要求的候选人。传统的招聘方式往往依赖于HR或招聘经理的个人经验和判断，难以全面、客观地评估候选人的能力和潜力。而通过数据分析，事业单位可以利用简历筛选、技能测试、性格评估等多种方式，对候选人的相关数据进行综合分析，快速筛选出符合岗位要求的候选人。这样不仅可以减少无效面试和筛选时间，还可以提高招聘的准确性和效率。

其次，数据分析可以帮助事业单位预测招聘市场的趋势。通过分析历史数据和市场动态，事业单位可以预测未来的人才需求和招聘市场的变化趋势。这样，事业单位可以提前做好人才储备，制定有针对性的招聘计划和策略，更好地应对市场变化。例如，如果事业单位预测某一行业或领域的人才需求将会增加，可以通过数据分析提前发现并吸引潜在的候选人，提高招聘的响应速度和成功率。

最后，数据分析还可以帮助事业单位优化招聘流程和策略。通过分析招聘数据和流程，事业单位可以发现招聘过程中的瓶颈和问题，进而优化招聘流程和策略。例如，通过分析面试反馈和结果，事业单位可以改进面试题目和评估标准，提高面试的针对性和有效性。通过分析招聘渠道和成本，事业单位可以优化招聘预算和资源分配，降低招聘成本。

综上所述，数据分析在提高招聘效率方面起着重要的作用。通过快速筛选出与岗位匹配度较高的候选人、预测招聘市场的趋势、优化招聘流程和策略等方式，事业单位可以显著提高招聘效率，降低招聘成本，为长期发展提供有力的人才保障。在人才招聘与选拔过程中，数据分析为事业单位提供了一套量化的方法来评估候选人的能力和潜力。通过深度挖掘和分析候选人的多维度数据，事业单位能够更精准地识别和吸引优秀人才，提高招聘效率和准确性。而基于数据分析的招聘策略，将帮助事业单位在激烈的人才市场竞争中取得优势。

二、员工培训与发展：数据分析驱动的个性化培训与职业成长

在人力资源管理中，员工培训与发展是提高绩效和员工个人能力的重要环节。通过数据分析，事业单位可以更深入地了解员工的培训需求、职业发展目标以及绩效表现，从而制定更加个性化的培训计划和职业发展路径。

（一）员工绩效评估分析

员工绩效评估分析是人力资源管理中不可或缺的一环，它对于员工的个人发展和组织目标的实现都具有重要意义。通过对员工的绩效数据进行深入分析，事业单位可以更全面地了解员工在工作中表现出的优势和不足，为制定针对性的培训计划和职业发展路径提供重要参考。

首先，绩效评估数据可以帮助事业单位了解员工在工作中表现出的优势和不足。通过对员工的绩效数据进行综合分析，事业单位可以发现员工在哪些方面表现出色，哪些方面存在不足。这些信息对于制定个性化的培训计划和职业发展路径具有重要的指导意义。例如，如果某个员工在团队合作方面表现优秀，事业单位可以重点培养其领导能力，为其提供更多的团队合作和领导机会；如果某个员工在沟通能力方面存在不足，事业单位可以为其提供沟通技巧方面的培训，帮助其提升沟通能力。

其次，将员工绩效数据与行业标准、组织目标进行对比，可以进一步明确员工的绩效改进方向。通过对比员工绩效数据与行业标准，事业单位可以了解员工的绩效水平在行业中的位置，从而制定更具针对性的培训计划和职业发展路径。同时，将员工的绩效数据与组织目标进行对比，可以发现员工在实现组织目标方面的贡献和不足，从而明确员工的绩效改进方向。例如，如果某个部门的整体绩效较低，事业单位可以通过分析员工的绩效数据，找出该部门存在的瓶颈和问题，并制定相应的改进措施。

最后，员工绩效评估分析还可以为事业单位的人才选拔和晋升提供重要参考。通过对员工的绩效数据进行长期跟踪和分析，事业单位可以全面了解员工的职业发展轨迹和个人潜力，为选拔和晋升提供重要的参考依据。例如，如果某个员工在多个岗位上都表现出色，且具备较高的发展潜力，事业单位可以考虑为其提供更多的晋升机会和挑战性任务，促使其更好地发挥个人才能。

综上所述，员工绩效评估分析是人力资源管理中的重要环节。通过对员工的绩效数据进行深入分析，与行业标准、组织目标进行对比以及长期跟踪等手段，事业单位可以全面了解员工的优势和不足，明确员工的绩效改进方向，为制定针对性的培训计划和职业发展路径提供重要参考。通过不断提高员工的绩

效水平，事业单位可以更好地实现事业单位目标并保持竞争优势。

（二）员工培训记录分析

员工培训记录分析是评估员工技能发展状况的重要手段，它对于提高员工的能力和提升整体绩效具有重要意义。通过对员工的培训参与情况、学习成果以及反馈意见进行深入分析，事业单位可以全面了解培训的有效性和潜在的改进空间，为制定更加个性化的培训计划提供重要依据。

首先，分析员工的培训参与情况可以了解员工对培训的重视程度和参与度。通过统计员工参加培训的次数、时长、类型等数据，可以评估员工对培训的投入程度和兴趣点，从而为制定更加有针对性的培训计划提供依据。例如，如果发现某个部门的大部分员工都很少参加培训，事业单位可以考虑针对该部门制订更加符合其需求的培训计划，提高员工的参与度和技能水平。

其次，分析员工的学习成果是评估培训有效性的关键环节。通过测试员工在培训前后的知识、技能和态度等方面的变化，可以了解培训的实际效果，并找出培训中的不足之处。例如，如果发现某个培训课程后的测试结果显示大部分员工都掌握了所学内容，事业单位可以认为该培训课程的效果较好；反之，如果大部分员工都没有掌握所学内容，事业单位可以考虑改进该培训课程的设计或寻找更合适的教学方式。

再次，分析员工的反馈意见可以了解员工对培训的满意度和改进建议。通过收集员工的反馈意见并进行分析，事业单位可以发现员工对培训的期望和需求，以及在培训过程中的问题和不便之处。例如，如果发现大部分员工认为某位讲师的授课风格不适合自己，事业单位可以及时调整讲师的人选或授课方式，提高员工的满意度和参与度。

最后，结合员工的绩效评估数据，可以更精确地确定员工的培训需求。员工的绩效评估数据可以反映员工在工作中表现出的优势和不足，结合员工的培训记录数据，事业单位可以更加全面地了解员工的技能发展状况和潜在需求。例如，如果某个员工的绩效评估数据显示其在沟通协调方面存在不足，而其培训记录显示曾参加过相关的沟通技巧培训，事业单位可以进一步了解其培训效果和实际运用情况，为其提供更加个性化的辅导和支持。

综上所述，员工培训记录分析是评估员工技能发展状况的重要手段。通过分析员工的培训参与情况、学习成果以及反馈意见，结合绩效评估数据，可以全面了解员工的培训需求和潜在改进空间，为制订更加个性化的培训计划提供重要依据。通过不断优化培训计划和增强培训效果，可以提高员工的技能水平和整体绩效，增强组织的竞争力和可持续发展能力。

（三）职业发展目标分析

职业发展目标分析是人力资源管理中的重要环节，它对于激励员工持续发展、提高员工满意度和留任率具有重要意义。通过与员工进行沟通，了解其职业发展目标，事业单位可以为其提供更具针对性的培训和发展机会，帮助员工实现职业目标。

首先，了解员工的职业发展目标可以更好地激励员工。当员工明确自己的职业发展目标时，他们会有更强的动力去实现这些目标。事业单位可以通过与员工进行一对一的沟通，了解员工的职业期望和发展目标，为其提供相应的培训和发展机会，帮助员工提升技能和能力，实现职业目标。例如，如果某个员工希望在未来几年内成为部门经理，事业单位可以为其提供相关的领导力和管理培训，并为其提供更多的项目和团队管理机会，帮助其积累经验和提升能力。

其次，结合员工的绩效评估和培训需求分析结果，可以为员工制定个性化的职业发展路径。员工的绩效评估数据可以反映其在工作中的表现和优势，而培训需求分析结果可以揭示员工需要提升的技能和能力。通过将这两方面的数据与员工的职业发展目标相结合，事业单位可以制定出更具针对性的培训计划和职业发展路径。例如，如果某个员工的绩效评估数据显示其具备出色的沟通能力，但缺乏团队管理经验，事业单位可以为其提供相关的领导力和团队管理培训，并为其安排更多的团队管理实践机会，帮助其提升团队管理能力。

最后，关注员工的职业发展目标还可以帮助事业单位更好地留住人才。当员工在事业单位中看到自己的职业发展前景和成长机会时，他们更愿意留在事业单位并为事业单位的发展贡献力量。通过与员工沟通并为其提供更具针对性的培训和发展机会，事业单位可以增强员工对事业单位的认同感和归属感，提高员工的留任率。

综上所述，职业发展目标分析是人力资源管理中的重要环节。通过与员工进行沟通，了解其职业发展目标，结合绩效评估和培训需求分析结果，事业单位可以为员工提供更具针对性的培训和发展机会，帮助员工实现职业目标。这不仅可以激励员工持续发展、提高员工满意度和留任率，还可以为事业单位的长期发展提供有力的人才保障。

（四）培训计划优化

基于数据分析结果，事业单位可以对现有培训计划进行全面优化，提高培训的有效性和针对性。以下是一些具体的优化措施。

首先，增加针对员工实际需求的培训内容。通过对员工的绩效评估、培训需求分析以及职业发展目标分析结果进行综合分析，事业单位可以更加准确地了解员工在技能、知识和态度等方面的实际需求。基于这些需求，事业单位可以制订更加有针对性的培训计划，增加相应的培训课程和内容，提高培训的有效性。例如，如果发现某个部门的大部分员工在项目管理方面存在不足，事业单位可以针对该部门制订专门的项目管理培训计划，帮助员工提高项目管理和执行的能力。

其次，提高培训的互动性和参与度。数据分析结果可以揭示员工对培训的参与程度和满意度，事业单位可以根据这些反馈意见调整培训方式和方法，提高员工的参与度和互动性。例如，引入更多的案例分析、角色扮演、小组讨论等互动性强的培训方式，激发员工的学习兴趣和主动性，增强培训效果。

再次，制订个性化的培训计划。结合员工的绩效评估数据、职业发展目标以及个人发展计划等信息，事业单位可以为员工制订个性化的培训计划，满足员工的个性化需求和发展目标。例如，针对某个希望在未来几年成为部门经理的员工，事业单位可以为其提供领导力、团队管理以及战略规划等方面的培训，帮助其提升相关能力和素质。

最后，持续评估和改进培训计划。通过对培训数据进行长期跟踪和分析，事业单位可以评估培训项目的效果和影响，及时发现并改进存在的问题和不足之处。同时，结合员工在实际工作中的表现和反馈意见，事业单位可以不断优化和改进培训计划，提高培训的科学性和有效性。

综上所述，基于数据分析结果，事业单位可以对现有培训计划进行全面优化，增加针对员工实际需求的培训内容，提高培训的有效性和针对性。通过提高培训的互动性和参与度、制订个性化的培训计划以及持续评估和改进培训计划等措施，事业单位可以提高员工的技能水平和综合素质，增强竞争力和可持续发展能力。

数据分析在员工培训与发展过程中发挥着关键作用。通过深入分析员工的绩效评估数据、培训记录和职业发展目标等信息，事业单位可以制定更加个性化的培训计划和职业发展路径，提高员工的技能和潜力。同时，优化培训计划并评估其效果，将为事业单位创造更大的价值。

三、绩效管理：数据分析驱动的公正评估与员工激励

绩效管理是人力资源管理中的核心环节，它不仅关乎员工的个人发展，更直接影响到整体的运行效率和战略目标的实现。在大数据时代，数据分析在绩效管理中的作用日益凸显，为事业单位提供了更为科学、公正的评估依据。

（一）绩效指标的设定与评估

绩效指标的设定与评估是人力资源管理中的核心环节，它对于衡量员工的工作表现和业绩，以及制定针对性的奖励和激励政策具有重要的参考意义。通过深入分析员工的绩效数据，事业单位可以更全面地了解员工的工作表现和业绩情况，为绩效评估提供客观、公正的依据。

首先，设定合理的绩效指标是进行绩效评估的基础。事业单位应该根据员工的岗位职责和工作目标，制定具体的绩效指标，如销售额、生产效率、客户满意度等。这些指标应该具有可衡量性、可达成性和挑战性，以便对员工的工作表现进行准确评估。在设定绩效指标时，事业单位还需要充分考虑员工的个人发展目标和职业发展规划，以确保绩效指标与员工的个人发展紧密相关。

其次，收集和分析绩效数据是进行绩效评估的关键。事业单位应该定期收集员工的绩效数据，并对其进行深入分析。通过对比员工的绩效数据与设定的绩效指标，事业单位可以评估员工的工作质量和效率，以及在完成工作任务过程中的表现。同时，事业单位还应该对员工的绩效数据进行长期跟踪和分析，以便更全面地了解员工的绩效发展趋势和潜在问题。

在评估员工绩效时，事业单位应该遵循客观、公正的原则。除了对比员工

的绩效数据与设定的绩效指标外，事业单位还可以将员工的绩效数据与行业标准和目标进行对比，以便更全面地了解员工的绩效水平。同时，事业单位应该充分考虑员工的个人能力和发展潜力，为员工提供针对性的反馈和指导，帮助员工提升个人能力和工作表现。

最后，制定相应的奖励和激励政策是提升员工绩效的重要手段。事业单位应该根据员工的绩效评估结果，制定相应的奖励和激励政策，如晋升、加薪、奖金等。这些政策应该具有针对性和公平性，以便更好地激励员工提升个人能力和工作表现。同时，事业单位还应该为员工提供培训和发展机会，帮助员工提升专业技能和综合素质，促进员工的个人发展和职业成长。

综上所述，绩效指标的设定与评估是人力资源管理中的重要环节。通过对员工的绩效数据进行深入分析、设定合理的绩效指标、收集和分析绩效数据、制定相应的奖励和激励政策等措施，事业单位可以更好地了解员工的工作表现和业绩情况，提升员工的个人能力和工作表现，促进事业单位的可持续发展。

（二）员工优势与不足的识别

数据分析在人力资源管理中扮演着重要的角色，尤其是在识别员工的优势和不足方面。通过对员工的绩效数据以及其他相关数据进行深入的多维度分析，事业单位可以更加清晰地了解员工的个人特点和潜在能力，从而为员工提供更具针对性的反馈和改进建议，促进其个人成长和职业发展。

首先，数据分析可以帮助事业单位发现员工的优势。通过对员工的绩效数据进行深入分析，事业单位可以识别出员工在哪些方面表现出色，具备哪些独特的技能和优势。例如，某些员工可能在销售业绩方面表现突出，具备良好的沟通能力和客户服务意识；而另一些员工则可能在生产效率方面表现出色，具备高超的技能和专业知识。通过发现员工的优势，事业单位可以更好地利用员工的个人特长，发挥其最大潜力，提高整体工作绩效。

其次，数据分析可以帮助事业单位发现员工的不足之处。通过分析员工的绩效数据和其他相关数据，事业单位可以发现员工在哪些方面存在不足，需要改进和提高。例如，某些员工可能在团队合作方面存在问题，需要提高沟通协作能力；而另一些员工则可能在创新能力方面存在不足，需要拓展思维方式和提高创新能力。通过发现员工的不足，事业单位可以为其提供更具针对性的反馈和改进建议，帮助员工克服困难，提高个人能力和工作表现。

最后，数据分析还可以帮助事业单位识别员工的发展潜力。通过分析员工的绩效数据和其他相关数据，事业单位可以发现员工的发展潜力和未来的职业发展方向。例如，某些年轻员工虽然目前绩效表现平平，但其极具学习能力和发展潜力，通过进一步的培养和锻炼，有望在未来取得更好的成绩。通过识别员工的发展潜力，事业单位可以为员工制定更具针对性的个人发展计划和职业规划，促进其个人成长和职业发展。

综上所述，数据分析在识别员工的优势和不足方面具有重要作用。通过对员工的绩效数据和其他相关数据进行深入的多维度分析，事业单位可以更加清晰地了解员工的个人特点和潜在能力，从而为其提供更具针对性的反馈和改进建议，促进其个人成长和职业发展。这种基于数据分析的员工优势与不足的识别方法有助于提高事业单位的整体工作绩效和员工满意度，为事业单位的可持续发展奠定坚实基础。

（三）激励措施的制定

基于数据分析的绩效评估结果，事业单位可以制定更加合理、有针对性的激励措施，提高员工的工作积极性和满意度。以下是一些具体的措施。

首先，制定个性化的奖励方案。通过对员工的绩效数据进行分析，事业单位可以了解员工的需求和期望，从而制定更加个性化的奖励方案。例如，对于高绩效的员工，可以提供晋升机会、奖金激励、培训发展等奖励措施；而对于表现稍差的员工，可以提供辅导支持、技能培训、绩效改进计划等帮助措施。这种个性化的奖励方案可以更好地满足员工的需求，提高其工作积极性和满意度。

其次，提前采取激励措施。通过分析绩效数据的变化趋势，事业单位可以预测员工未来的工作表现，提前采取激励措施。例如，对于绩效持续优秀的员工，事业单位可以提前与其沟通，肯定其工作表现，并鼓励其继续保持；对于绩效有所下滑的员工，事业单位可以提前了解情况，提供辅导和培训，帮助其提升工作表现。这种提前采取的激励措施可以更好地提高员工的工作积极性和满意度。

最后，注重激励的持续性和多样性。激励措施的制定应该注重持续性和多样性，避免员工因单一的激励方式而产生疲劳感。例如，事业单位可以定期评估员工的绩效表现，并根据评估结果调整激励措施；同时，事业单位也可以引入多种激励方式，如奖金、礼品、旅游等，以满足不同员工的需求和喜好。这种持续性和多样性的激励措施可以更好地提高员工的工作积极性和满意度。

综上所述，基于数据分析的绩效评估结果，事业单位可以制定更加合理、有针对性的激励措施。通过制定个性化的奖励方案、提前采取激励措施、注重激励的持续性和多样性等措施，事业单位可以提高员工的工作积极性和满意度，为事业单位的可持续发展奠定坚实基础。

（四）数据可视化与趋势预测

通过数据可视化技术，事业单位可以将绩效数据以直观、易懂的方式呈现出来，帮助管理者更好地理解和分析数据。数据可视化技术可以将大量的绩效数据转化为图表、仪表板等形式，使得数据的比较和分析更加方便快捷。

通过数据可视化，管理者可以更加清晰地看到绩效数据的分布、变化和趋势。他们可以快速地识别出数据中的异常值、峰值和谷值，以及不同部门、团队或个人的绩效对比情况。这种可视化方式使得管理者能够更好地把握整个事业单位的绩效状况，及时发现潜在的问题和机会。

此外，数据可视化技术还可以帮助事业单位进行趋势预测。通过对历史绩效数据的分析，事业单位可以预测未来的发展趋势和变化方向。这种预测可以帮助事业单位提前制定应对策略，例如调整业务计划、优化资源配置或制定新的营销策略等。通过实时监控绩效数据的变化，事业单位可以及时发现潜在问题并采取相应的解决措施，确保稳定发展。

数据可视化技术还有助于提高事业单位的决策效率和准确性。当管理者能够直观地看到绩效数据和趋势时，他们可以更加快速地做出决策，并且基于数据的决策比基于经验的决策更加准确和可靠。数据可视化还可以促进事业单位内部的信息共享和沟通，使得不同部门之间的协作更加顺畅，提高事业单位的整体运营效率。

综上所述，数据可视化技术对于事业单位绩效管理具有重要的意义。通过数据可视化，事业单位可以更好地理解绩效数据、进行趋势预测、提高决策效率和准确性，从而更好地实现事业单位的战略目标和发展规划。随着数据可视化技术的不断发展和完善，相信其在事业单位绩效管理中的应用将越来越广泛和深入。

数据分析在绩效管理中发挥着至关重要的作用。通过对绩效指标数据的分析、员工优势与不足的识别以及激励措施的制定，事业单位可以更好地了解员工的工作表现和业绩情况，为绩效评估和激励提供客观、公正的依据。同时，数据可视化技术使得绩效数据的呈现更加直观、易懂，方便管理者进行决策分析。在未来的绩效管理中，事业单位应更加注重数据分析的应用，以实现更为科学、精准的管理，推动事业单位的持续发展。

四、薪酬福利：数据分析驱动的竞争力提升与制度优化

薪酬福利作为人力资源管理的重要组成部分，对于吸引和留住优秀人才具有举足轻重的地位。在大数据时代，数据分析在薪酬福利管理中的作用越发突出，为事业单位提供了更为科学、精准的管理工具。

（一）市场薪酬水平分析

了解市场薪酬水平对于事业单位制定具有竞争力的薪酬策略至关重要。薪酬水平不仅关乎员工的切身利益，还是事业单位吸引和留住人才的关键因素。随着人才市场竞争的加剧，薪酬策略的制定变得更加复杂和重要。通过对市场薪酬数据的深入分析，事业单位可以更好地了解市场趋势，从而制定出更具竞争力的薪酬策略。

首先，收集市场薪酬数据是基础工作。事业单位可以通过多种渠道获取市场薪酬数据，如招聘网站、行业报告、专业机构等。在收集数据时，事业单位应确保数据的准确性和时效性，以便进行有效的分析。

其次，对市场薪酬数据进行深入分析是关键。事业单位需要对收集到的数据进行整理、分类和对比，以发现市场薪酬的分布情况和变化趋势。例如，事业单位可以分析不同岗位的薪酬水平、薪酬增长率的平均值和最高值等，以便更好地了解市场薪酬水平。此外，事业单位还需要关注市场薪酬的增长趋势。随着经济的发展和市场的变化，市场薪酬水平也在不断变化。事业单位应定期对市场薪酬数据进行更新和分析，以便及时调整自身的薪酬策略。

最后，制定具有竞争力的薪酬策略是目标。基于对市场薪酬数据的分析，事业单位可以制定出更具竞争力的薪酬策略。例如，事业单位可以根据市场薪酬水平调整自身的薪酬水平，提高某些关键岗位的薪酬待遇，或者制定更加灵活的薪酬制度等。这些策略可以帮助事业单位在市场中保持竞争力，吸引和留住优秀的人才。

综上所述，了解市场薪酬水平对于事业单位制定具有竞争力的薪酬策略至关重要。通过对市场薪酬数据的深入分析，事业单位可以更好地了解市场趋势，制定出更具竞争力的薪酬策略，从而在人才市场中保持竞争力。

（二）员工绩效与薪酬关系分析

绩效评估结果与薪酬之间的关系是人力资源管理中一个重要的话题。员工的绩效表现与薪酬水平之间存在密切的关联性，这种关联性对于制定公平、合理的薪酬体系具有重要的意义。

首先，绩效评估结果是员工晋升和奖励的重要依据。事业单位通常会根据员工的绩效评估结果来决定是否晋升员工、给予员工奖金或其他形式的奖励。通过这种奖励机制，事业单位可以激励员工提高工作表现，实现更好的业绩。

其次，绩效评估结果也是制定薪酬策略的重要参考。事业单位可以根据员工的绩效评估结果来制定薪酬体系，使员工的薪酬水平与绩效表现相匹配。例如，对于高绩效的员工，事业单位可以给予更高的薪酬待遇，以激励其继续保持优秀的工作表现；而对于绩效稍差的员工，事业单位可以通过调整薪酬水平来鼓励其提升工作质量。此外，分析员工绩效评估数据与薪酬数据的关系可以帮助事业单位了解员工的绩效表现与薪酬水平之间的关联性。这种关联性分析可以帮助事业单位制定更加公平、合理的薪酬体系。例如，通过分析数据，事业单位可以发现某些岗位的薪酬水平与绩效表现之间的相关性更高，因此在制定薪酬策略时应更加关注这些岗位的绩效表现。

综上所述，员工绩效与薪酬关系分析对于制定公平、合理的薪酬体系具有重要的意义。通过了解员工的绩效表现与薪酬水平之间的关联性，事业单位可以制定出更加符合实际情况的薪酬策略，从而更好地激励员工提高工作表现，实现事业单位的战略目标。

（三）个性化福利方案设计

除了薪酬水平，福利方案也是吸引人才的重要因素之一。福利方案的好坏直接影响到员工的工作满意度和忠诚度，因此，制定符合员工需求的福利方案至关重要。通过对员工福利需求数据的分析，事业单位可以更好地了解员工对福利的需求偏好和期望，从而制定更具个性化的福利方案。

首先，收集员工福利需求数据是基础工作。事业单位可以通过问卷调查、访谈、在线反馈等方式收集员工对福利的需求和建议。在收集数据时，事业单位应确保数据的全面性和准确性，以便进行有效的分析。

其次，对员工福利需求数据进行深入分析是关键。事业单位需要对收集到的数据进行整理、分类和对比，以发现员工对福利的需求偏好和期望。例如，事业单位可以分析不同年龄、性别、家庭状况的员工对福利的需求差异，以便更好地了解员工的个性化需求。

最后，制定个性化的福利方案是目标。基于对员工福利需求数据的分析，事业单位可以制定更具个性化的福利方案。例如，事业单位可以根据员工的年龄、性别、家庭状况等因素提供定制化的健康保险、家庭福利、教育培训等福利项目。这些福利方案可以更好地满足员工的个性化需求，提高员工的工作满意度和忠诚度。事业单位还可以通过福利方案的调整来激励员工提高工作表现。例如，事业单位可以将福利与绩效评估结果挂钩，对于高绩效的员工提供更好的福利待遇，以激励其继续保持优秀的工作表现。

综上所述，通过对员工福利需求数据的分析，事业单位可以制定更具个性化的福利方案，更好地满足员工的个性化需求。这将有助于提高员工的工作满意度和忠诚度，从而为事业单位的发展提供有力的人才保障。

（四）薪酬福利制度优化

通过数据分析，事业单位可以深入了解员工的绩效表现、福利需求以及市场薪酬水平等信息。这些数据不仅有助于事业单位制定更具竞争力的薪酬策略和个性化的福利方案，还可以为事业单位优化薪酬福利制度提供重要依据。

首先，数据分析可以帮助事业单位发现现有薪酬福利制度中存在的问题和不足。例如，通过对员工绩效评估数据和薪酬数据的对比分析，事业单位可以发现是否存在薪酬与绩效不匹配的情况；通过对员工福利需求数据的分析，事业单位可以了解员工对福利的需求偏好和期望，从而发现福利制度中是否存在不公平或不合理的地方。

其次，基于数据分析结果，事业单位可以对薪酬福利制度进行优化改进。针对数据分析中发现的问题和不足之处，事业单位可以采取相应的措施进行改进。例如，调整薪酬结构，使其更加合理；优化福利政策，提高制度的公平性和激励效果；制定更加个性化的福利方案，更好地满足员工的个性化需求。

最后，薪酬福利制度的优化改进可以提高事业单位的竞争力。一个公平、合理且具有激励效果的薪酬福利制度不仅可以吸引和留住优秀的人才，还可以激发员工的工作积极性和创造力。这将有助于事业单位在激烈的市场竞争中保持领先地位。

综上所述，通过数据分析，事业单位可以发现薪酬福利制度中存在的问题和不足，并采取相应的措施进行优化改进。这将有助于提高事业单位的竞争力，实现可持续发展。

第十四章 人力资源信息系统与管理

第一节 人力资源信息系统的功能与架构

人力资源信息系统是现代事业单位人力资源管理中不可或缺的工具。它利用信息技术实现对人力资源信息的集中管理,从而提高管理效率,支持决策,并提升员工的工作体验。本节将详细介绍人力资源信息系统的功能、架构和模块化设计。

一、人力资源信息系统的核心功能

随着事业单位规模的扩大和人力资源管理需求的增长,人力资源信息系统在运营中的地位日益凸显。一个完善的人力资源信息系统不仅简化了烦琐的管理工作,还为事业单位提供了强大的数据支持,助力决策层做出更为明智的决策。以下是人力资源信息系统的核心功能。

（一）数据管理

数据管理在人力资源管理中扮演着至关重要的角色。对于事业单位而言,员工数据是其人力资源的重要组成部分,这些数据包括了员工的基本信息、教育背景、工作经历、绩效评估以及培训记录等。因此,如何有效地管理和利用这些数据成了事业单位面临的重要问题。

人力资源信息系统正是在这样的背景下应运而生,它为事业单位提供了一个集中、统一的数据存储和管理平台。通过这一系统,事业单位可以轻松地完成数据的录入、更新、审核和检索,确保数据的准确性、一致性和完整性。

首先,人力资源信息系统可以对员工数据进行集中存储和管理,避免了数据分散在不同部门或员工个人手中导致的信息不一致和数据冗余。同时,系统还能够对数据进行分类、标签化,方便用户根据不同需求进行筛选和查询。这大大提高了数据的管理效率和利用率。

其次,人力资源信息系统还具有强大的数据审核功能。通过系统内置的校验规则和审核流程,事业单位可以确保数据的准确性和完整性,避免了人为错误或舞弊行为的发生。此外,系统还能够对数据进行定期的备份和归档,确保数据的安全性和可靠性。

最后,人力资源信息系统还支持数据的分析和挖掘。通过对员工数据的全面分析,事业单位可以更加深入了解员工的绩效表现、培训需求以及人才流动趋势等信息。这些信息为事业单位制定更加科学的人力资源管理策略提供了重要的依据。

综上所述，人力资源信息系统在数据管理方面具有显著的优势。通过集中、统一地存储和管理员工数据，系统为事业单位提供了一个高效、准确、安全的数据管理平台，为事业单位的可持续发展奠定了坚实的基础。

（二）报表生成

人力资源信息系统不仅是一个数据存储平台，更是一个强大的数据分析工具。它可以根据用户的需求，快速生成各类报表，为事业单位的人力资源决策提供有力的数据支持。

这些报表的种类繁多，包括员工花名册、部门人员构成、年龄分布、绩效评估统计等。通过这些报表，事业单位可以全面了解员工结构、人力资源状况和趋势分析。例如，员工花名册报表可以详细列出每位员工的基本信息，如姓名、性别、年龄、入职时间等，方便事业单位对员工进行全面了解和跟踪。部门人员构成报表则可以展示各部门的人员数量、比例和分布情况，帮助事业单位了解各部门的人员结构，优化人员配置。

年龄分布报表可以帮助事业单位了解员工的年龄结构，分析员工的年龄层次和比例，为事业单位制定更加科学的人力资源管理策略提供依据。绩效评估统计报表则可以展示员工的绩效评估结果，包括评估等级、得分和评价内容等，帮助事业单位全面了解员工的绩效表现和提升方向。除了以上报表，人力资源信息系统还可以根据事业单位的需求定制个性化的报表。事业单位可以根据自身的管理需求和工作流程，轻松定制自己的报表，满足不同部门或岗位的需求。这不仅可以提高工作效率，还可以确保数据的准确性和一致性。

总之，人力资源信息系统通过报表生成功能，为事业单位提供了全面、准确的人力资源数据支持。通过这些报表，事业单位可以更好地了解员工结构、人力资源状况和趋势分析，为制定更加科学、合理的人力资源管理策略提供有力依据。

（三）流程管理

人力资源信息系统不仅在数据管理和报表生成方面表现出色，其流程管理能力同样强大。通过系统，事业单位可以实现招聘、入职、离职等流程的自动化管理，大大提高工作效率和流程的透明度。

首先，招聘流程是人力资源管理的核心环节之一。人力资源信息系统通过在线平台，实现了简历筛选、面试安排、录用通知等流程的自动化管理。事业单位可以根据自身需求，设置筛选条件和面试安排流程，系统会自动筛选符合条件的简历并生成面试安排表。同时，系统还能够通过邮件、短信等方式自动发送面试通知和录用通知，确保信息的及时传递。

其次，入职流程也是人力资源信息系统管理的重点之一。通过系统，新员工信息可以快速录入并存储在系统中，避免了手工录入导致的错误和遗漏。同时，系统还能够自动生成入职手续清单，帮助新员工快速了解入职流程和所需材料。此外，系统还能够跟踪记录员工的培训需求和职业发展规划，为事业单位制定更加科学的人力资源管理策略提供依据。

最后，离职流程的管理同样重要。人力资源信息系统可以跟踪记录员工的离职申请、面谈、手续办理等流程，确保离职流程的规范性和完整性。同时，系统还能够对离职员工数据进行分类管理和分析，为事业单位制定更加科学的人力资源管理策略提供依据。

综上所述，人力资源信息系统在流程管理方面具有显著的优势。通过实现招聘、入职、离职等流程的自动化管理，系统为事业单位提供了一个高效、规范、透明的人力资源管理平台，为事业单位的可持续发展奠定了坚实的基础。

（四）员工自助

人力资源信息系统不仅为管理者提供了一系列强大的功能，还为员工提供了一个自助服务平台。通过这个平台，员工可以更加方便地获取自己的个人档案、工资明细、考勤记录、培训课程等信息，还可以在线申请休假、报销、调动等事务。

首先，员工自助服务平台为员工提供了极大的便利性。员工不再需要亲自前往人力资源部门查询自己的档案或工资明细，也不需要填写烦琐的申请表格。通过系统，员工可以随时随地查询自己的相关信息，并在线提交各种申请。这大大减少了员工的等待时间和往返路程，提高了工作效率和员工的满意度。

其次，员工自助服务平台还有助于提高事业单位的透明度和公正性。通过系统，所有员工都可以查询到相同的政策和规定，避免了因信息不对称而产生的不满和纠纷。同时，系统还能够记录员工的申请和反馈，确保处理过程的公正和透明。这有助于增强员工对事业单位的信任和忠诚度。

最后，员工自助服务平台还能为事业单位提供更加深入的员工需求和反馈。通过系统，事业单位可以收集到员工的意见和建议，了解员工的需求和关注点。这为事业单位及时调整管理策略、改进服务和提升员工的工作体验提供了有力的依据。

综上所述，人力资源信息系统中的员工自助服务平台为员工和事业单位带来了诸多好处。它不仅为员工提供了便捷的服务，还提高了事业单位的透明度和公正性。通过系统，事业单位可以更好地了解员工的需求和反馈，及时调整管理策略，提升员工的工作体验和忠诚度。

（五）绩效管理

人力资源信息系统不仅是一个数据存储和管理的工具，它还集成了绩效管理模块，为事业单位提供了一套全面、高效的绩效管理解决方案。通过该模块，事业单位可以轻松完成绩效目标的设定、考核标准的制定、绩效评估的执行以及结果分析的全过程。

首先，绩效目标的设定是绩效管理的关键环节。人力资源信息系统支持事业单位根据自身战略和业务需求，设定合理的绩效目标。事业单位可以根据部门、职位和员工的层级，分别设定不同的绩效目标，确保目标的针对性和可衡量性。

其次，制定考核标准是绩效管理的核心工作之一。系统支持事业单位根据绩效目标的实际需求，制定详细的考核标准和评分规则。这些标准可以包括工作质量、工作效率、团队合作等多个方面，确保考核的全面性和客观性。在完成绩效目标和考核标准的设定后，事业单位可以通过系统进行绩效评估的执行工作。系统支持在线填写评估表格、打分和提交等操作，确保评估过程的便捷性和高效性。同时，系统还支持评估结果的复核和审核，确保评估的准确性和公正性。

最后，绩效结果的分析是绩效管理的关键环节之一。通过系统对绩效数据的深入分析，事业单位可以了解员工的绩效表现和优劣势，为员工的职业发展和培训提供依据。同时，系统还能够为事业单位提供改进建议和优化方向，帮助事业单位提升整体绩效水平。

综上所述，人力资源信息系统中的绩效管理模块为事业单位提供了一套全面、高效的绩效管理解决方案。通过该模块，事业单位可以轻松完成绩效目标的设定、考核标准的制定、绩效评估的执行以及结果分析的全过程。这不仅提高了绩效管理的效率和公正性，还为事业单位提升整体绩效水平提供了有力支持。

（六）培训与发展

人力资源信息系统不仅在数据管理、报表生成、流程管理、员工自助和绩效管理方面表现出色，其培训与发展功能同样强大。通过系统，事业单位可以更加高效地制订培训计划、整合培训资源、跟踪培训过程以及评估培训效果，为员工的发展和事业单位的进步提供有力支持。

首先，制订培训计划是提升员工能力和事业单位竞争力的重要环节。人力资源信息系统支持事业单位根据业务发展需求、员工职业规划以及市场动态，制定针对性的培训计划和课程。通过系统，事业单位可以轻松安排培训时间、地点和参与人员，确保培训计划的合理性和可行性。

其次，整合培训资源是增强培训效果的关键。系统支持事业单位整合内外部培训资源，包括课程资料、讲师信息、培训设施等，形成一个全面的培训资源库。这样不仅可以降低培训成本，还可以提高资源的使用效率和培训质量。在培训过程中，系统可以跟踪记录员工的参与情况、学习进度和反馈意见，为事业单位及时调整培训内容和方式提供依据。同时，系统还可以通过在线测试、问卷调查等方式评估员工的掌握程度和培训效果，为后续的培训计划提供改进方向。

最后，评估培训效果是检验培训计划实施成果的重要环节。通过系统对培训数据的深入分析，事业单位可以了解培训计划的实际效果，如员工的技能提升、工作绩效改善等方面的情况。同时，系统还可以为事业单位提供优化建议和改进方向，帮助事业单位不断完善培训体系和提高员工的职业发展水平。

综上所述，人力资源信息系统中的培训与发展功能为事业单位提供了一个全面的培训管理解决方案。通过系统，事业单位可以更加高效地制订培训计划、整合培训资源、跟踪培训过程以及评估培训效果。这不仅有助于提高员工的职业素质和技能水平，还有助于提升事业单位的整体竞争力和可持续发展能力。

二、系统架构

在构建一个高效、稳定的人力资源信息系统时，合理的系统架构至关重要。该系统架构包括以下几个部分。

（一）前端界面（User Interface）

前端界面是用户与系统之间的交互门户。它的设计必须注重用户体验，提供直观、友好的界面，让用户能够轻松地进行各种操作。这一层的功能主要如下。

用户登录与身份验证：确保只有授权用户才能访问系统。

数据展示：根据用户需求，展示各类人力资源信息，如员工档案、绩效数据等。

数据输入与更新：允许用户录入、更新或修改相关数据。

交互操作：提供各种交互功能，如搜索、筛选、排序等。

通知与提醒：实时推送相关通知或提醒给用户。

界面设计应遵循简洁、直观的原则，使用户能够快速找到所需功能。同时，前端界面应具备良好的响应速度和跨平台兼容性，以满足不同用户的需求。

（二）后端数据库（Database）

后端数据库是整个信息系统的核心，负责存储、管理和维护人力资源数据。数据库的设计和性能对整个系统的稳定性和效率起到决定性作用。这一层的主要功能如下。

数据存储：安全、高效地存储员工信息、绩效数据、培训记录等。

数据检索：支持快速查询、检索相关数据，满足用户的各种查询需求。

数据更新与维护：允许对数据进行添加、修改和删除等操作。

数据安全性：提供数据加密、访问控制等安全机制，确保数据不被非法获取或篡改。

数据备份与恢复：确保在系统故障或其他意外情况下，数据不会丢失，并能迅速恢复。

为确保数据的完整性、可靠性和扩展性，后端数据库应采用成熟的关系型数据库管理系统（RDBMS），如 MySQL、Oracle 或 SQL Server 等。同时，数据库设计应经过仔细规划和优化，以提高查询效率和管理便捷性。

（三）中间逻辑处理（Logic Layer）

中间逻辑处理层是连接前端界面和后端数据库的桥梁，负责处理前端发送的请求和执行相应的操作。这一层的主要功能如下。

请求接收：接收前端界面发送的请求，如数据查询、更新等操作。

数据处理：对请求进行解析，根据业务逻辑对数据进行加工和处理。

数据访问：与后端数据库进行交互，执行数据的检索、更新等操作。

结果返回：将处理后的结果返回给前端界面，供用户查看或进行后续操作。

为确保系统的稳定性和可扩展性，中间逻辑处理层应采用面向对象的设计理念，将业务逻辑封装为独立的对象或服务。这有助于提高代码的可重用性和可维护性。同时，该层还应具备良好的异常处理和日志记录功能，以便在出现问题时能够迅速定位和解决。

三、模块化设计

模块化设计是现代软件工程中的一种重要思想，它将复杂的系统拆分成一系列独立而又相互关联的模块，使得系统的开发、维护和扩展变得更加高效。在人力资源信息系统中，模块化设计同样发挥着关键作用。以下是各个模块的具体功能和特点。

（一）招聘模块

招聘模块在人力资源信息系统中扮演着至关重要的角色，它是事业单位进行人才招募、筛选和录用的核心工具。通过该模块，事业单位可以高效地管理招聘流程，从职位发布、简历筛选到面试安排，所有流程都可以在线完成，大大提高了招聘工作的效率和准确性。

首先，职位发布是招聘流程的起点。通过系统，事业单位可以轻松创建和发布职位信息，包括职位名称、职责描述、任职要求、工作地点等详细信息。同时，系统还支持多种招聘渠道的发布，如事业单位官网、社交媒体、招聘网站等，确保信息能够广泛传播，吸引更多的应聘者。

其次，简历筛选是招聘流程的重要环节。系统可以根据预设的筛选条件自动筛选简历，也可以根据招聘需求进行手动筛选。筛选过程可以按照关键字、教育背景、工作经验等进行，帮助事业单位快速找到符合要求的候选人。一旦筛选出合适的候选人，系统可以自动生成面试安排通知，通过邮件、短信等方式发送给候选人。面试安排通知可以包括面试时间、地点、面试官信息等，确保候选人能够准时参加面试。招聘模块还支持面试评价的在线录入和汇总。面试官可以在系统中填写面试评价表，对候选人的表现进行打分和评价。这些评价数据可以自动汇总并生成报告，方便事业单位进行招聘决策。

最后，该模块还可以对招聘数据进行统计和分析。通过系统对历史招聘数据进行分析，事业单位可以了解各岗位的招聘情况、应聘者的来源和特点等，从而优化招聘策略，提高招聘效果。

综上所述，招聘模块在人力资源信息系统中扮演着至关重要的角色。通过该模块，事业单位可以高效地完成招聘工作，并通过对数据的分析和挖掘，不断优化招聘策略，提升招聘效果和人才引进的质量。

（二）培训模块

培训模块是人力资源信息系统中专门针对员工培训和发展需求设计的模块。通过该模块，事业单位可以更加系统地管理培训流程，为员工提供丰富的学习资源和机会，帮助员工不断提升自身素质和职业技能。

首先，制订培训计划是培训模块的重要功能之一。事业单位可以根据业务发展需求、员工职业规划以及市场动态，制订针对性的培训计划。通过系统，事业单位可以轻松安排培训时间、地点、参与人员以及预算等，确保培训计划的合理性和可行性。

其次，发布课程是培训模块的核心功能之一。系统支持事业单位发布多种形式的课程，如在线课程、线下培训、内部培训等，满足不同员工的个性化需求。同时，系统还支持课程资料的上传和分享，方便员工随时随地学习。

再次，在线学习是培训模块的另一重要功能。员工可以通过系统在线学习课程，完成作业和测试等任务。系统支持多种学习模式，如自主学习、小组学习等，帮助员工更加高效地掌握知识和技能。培训模块还支持对培训效果进行评估和反馈。通过在线测试、问卷调查等方式，系统可以评估员工的掌握程度和培训效果。同时，系统还可以收集员工的反馈意见和建议，为事业单位优化培训内容和方式提供依据。

最后，培训模块还可以为事业单位提供培训数据分析和报告功能。通过对历史培训数据的分析，事业单位可以了解培训计划的实施效果、员工的掌握程度以及职业发展情况等。这些数据可以帮助事业单位优化培训体系、提高员工素质和提升事业单位的竞争力。

综上所述，培训模块在人力资源信息系统中扮演着重要的角色。通过该模块，事业单位可以更加系统地管理培训流程、为员工提供丰富的学习资源和机会、评估培训效果和反馈意见。这些功能有助于提高员工的职业素质和技能水平、提升事业单位的竞争力和可持续发展能力。

（三）绩效模块

绩效模块是人力资源信息系统中不可或缺的一部分，主要用于评估员工的工作表现和业绩。通过该模块，事业单位可以对员工进行公正、客观的评估，并提供有针对性的反馈和改进建议，从而提升员工的工作表现和业绩。

首先，设定绩效目标是绩效管理的第一步。事业单位可以根据业务目标和员工职责，与员工共同制定具体的绩效目标。这些目标可以是短期或长期的，确保员工明确了解自己的工作方向和期望。

其次，制定考核标准是绩效管理的关键环节。事业单位可以根据绩效目标的实际需求，制定详细的考核标准和评分规则。这些标准可以包括工作质量、工作效率、团队合作等多个方面，确保考核的全面性和客观性。记录考核结果是绩效管理过程中重要的一环。通过系统，管理者可以及时记录员工的考核结果，并生成相应的报告和数据。这些数据可以用于对员工进行评估、比较和总结，帮助事业单位全面了解员工的工作表现和业绩。

最后，绩效模块还支持为员工提供绩效反馈和改进建议。通过系统，管理者可以与员工进行面对面的沟通和交流，就工作表现和业绩进行讨论和评估。管理者可以给予员工有针对性的反馈和改进建议，帮助员工认识自己的不足之处,并提供相应的指导和支持。绩效模块还支持对绩效数据进行统计和分析。通过系统对历史绩效数据的分析,事业单位可以了解员工的整体表现、业绩趋势以及团队之间的差异等。这些数据可以帮助事业单位优化人力资源配置、改进管理策略和提高整体业绩水平。

综上所述,绩效模块在人力资源信息系统中扮演着重要的角色。通过该模块,事业单位可以对员工进行公正、客观的评估、提供有针对性的反馈和改进建议、并统计和分析绩效数据以优化管理策略。这些功能有助于提高员工的工作表现和业绩、提升事业单位的整体竞争力和可持续发展能力。

（四）薪酬模块

薪酬模块是人力资源信息系统中专门用于管理员工薪酬和福利的模块。通过该模块,事业单位可以更加高效地完成薪酬核算、福利发放等任务,确保薪酬管理的准确性和效率。同时,该模块还为员工提供个人工资和福利的查询和核对功能,保障员工的权益。

首先,制定薪酬政策是薪酬模块的重要功能之一。事业单位可以根据市场行情、行业标准和内部实际情况,制定合理的薪酬政策。这些政策可以包括基本工资、绩效工资、奖金、福利等,确保薪酬制度的公平性和激励性。

其次,核算员工工资是薪酬模块的核心功能之一。事业单位可以根据员工的考勤、工作表现和其他考核结果,核算员工的工资和奖金。系统支持多种工资核算方式,确保工资核算的准确性和及时性。发放福利是薪酬模块的另一重要功能。事业单位可以根据员工的福利需求和政策要求,制定福利计划并按时发放。这些福利可以包括社保、住房公积金、节日福利等,确保员工能够及时享受到应有的福利待遇。同时,薪酬模块还为员工提供个人工资和福利的查询和核对功能。员工可以通过系统查询自己的工资明细、福利发放情况等,并进行核对和确认。这有助于保障员工的知情权和权益,提高员工对事业单位的信任度。

最后,该模块还可以为事业单位提供薪酬数据分析和报告功能。通过对历史薪酬数据的分析,事业单位可以了解薪酬成本、员工薪酬水平以及与市场同行的比较等。这些数据可以帮助事业单位优化薪酬制度和福利政策,提高事业单位的经济效益和市场竞争力。

综上所述,薪酬模块在人力资源信息系统中扮演着重要的角色。通过该模块,事业单位可以更加高效地管理员工的工资和福利,确保薪酬管理的准确性和效率。同时,该模块还为员工提供个人工资和福利的查询和核对功能,保障员工的权益。这些功能有助于提高事业单位的薪酬管理水平、激励员工的工作积极性和提升事业单位的整体竞争力。

（五）员工关系模块

员工关系模块是人力资源信息系统中的重要组成部分,专注于维护和管理员工关系。通过该模块,事业单位可以加强与员工的沟通和互动,及时了解员工的需求和意见,从而提高员工的工作满意度和忠诚度。

首先，员工沟通是员工关系模块的核心功能之一。通过系统，事业单位可以建立多种沟通渠道，如在线聊天、邮件、论坛等，方便员工之间的交流和互动。此外，系统还可以支持一对一的员工咨询，为员工提供专业的指导和支持。

其次，意见调查是员工关系模块的另一重要功能。事业单位可以通过系统发布意见调查问卷，了解员工对工作环境、福利待遇、管理方式等方面的需求和意见。这些调查结果可以帮助事业单位及时发现问题、改进管理策略，提高员工的工作满意度。

最后，员工关系模块还为事业单位提供员工满意度调查和分析功能。事业单位可以定期进行员工满意度调查，收集员工的反馈意见。通过系统对调查数据的分析，事业单位可以了解员工满意度的变化趋势和主要影响因素。这些分析结果可以帮助事业单位制定针对性的改进措施，改善员工关系，提高员工的工作满意度和忠诚度。该模块还支持对员工关系数据进行统计和分析。通过系统对历史员工关系数据的分析，事业单位可以了解员工关系的整体状况、发现潜在的问题和挑战。这些数据可以帮助事业单位制定更加科学和全面的管理策略，提高员工关系的维护和管理水平。

综上所述，员工关系模块在人力资源信息系统中扮演着重要的角色。通过该模块，事业单位可以加强与员工的沟通和互动、及时了解员工的需求和意见、为员工提供专业的指导和支持、定期进行员工满意度调查和分析等。这些功能有助于改善员工关系、提高员工的工作满意度和忠诚度、提升事业单位的整体绩效和竞争力。

第二节 人力资源信息系统的实施与维护

人力资源信息系统的实施与维护是确保系统稳定运行、持续发挥效用的关键环节。本节将详细介绍系统选型与采购、系统部署与调试，以及系统维护与更新的具体内容。

一、系统选型与采购

在考虑引入人力资源信息系统时，首要任务是进行系统的选型与采购。这一过程涉及多个关键环节，对事业单位最终选择到适合自身需求的系统至关重要。以下是对这一过程的详细阐述。

（一）市场调研与分析

在进行人力资源信息系统选型之前，进行充分的市场调研与分析是至关重要的。这是因为市场上的供应商众多，每家供应商都有其独特的特点和优势。为了确保选择最适合自身需求和实际情况的系统，事业单位需要对市场进行深入的调研与分析。

首先，对市场上的人力资源信息系统进行全面的调研是必要的。事业单位需要了解各个供应商的品牌知名度、技术实力、客户群体和市场定位等信息。

通过这些信息，事业单位可以初步判断各个供应商的实力和信誉，为后续的选型工作打下基础。

其次，与同行业或相似规模的事业单位进行交流，了解他们对各种系统的评价和使用经验是至关重要的。通过与这些事业单位进行深入的交流和探讨，事业单位可以了解到实际使用中的系统优缺点、售后服务质量以及实际效果等方面的信息。这些一手资料的使用经验将对事业单位的选型工作起到重要的参考作用。市场调研与分析还可以帮助事业单位明确自身的需求和定位。通过了解市场上各种系统的特点和优势，事业单位可以更加清晰地认识到自身对人力资源信息系统的需求，从而更加有针对性地进行选型工作。

综上所述，市场调研与分析是选型前不可或缺的一环。通过深入的市场调研和与同行的交流，事业单位可以更加全面地了解市场上的各种系统，为自身的选型工作提供有利的参考依据。同时，明确自身的需求和定位也有助于事业单位更加精准地选择最适合的人力资源信息系统，从而提升事业单位的管理效率和竞争力。

（二）供应商评估与对比

在完成市场调研与分析后，事业单位需要对各个供应商进行评估与对比，以便选择最适合自身需求和实际情况的系统。这一阶段的工作需要细致而全面，以确保选择的系统能够满足事业单位的实际需求，并为事业单位的发展提供有力的支持。

首先，评估供应商产品的功能模块是关键的一步。事业单位需要对比各个供应商提供的系统，了解其功能是否全面、是否符合事业单位的实际需求。例如，招聘管理、员工信息管理、绩效评估等功能是否齐备，是否满足事业单位的日常管理需求。同时，事业单位还要关注系统的定制化服务能力，即系统是否可以根据事业单位的特殊需求进行定制和调整。

其次，技术架构和性能参数也是评估供应商的重要方面。事业单位需要了解供应商的技术实力和系统架构，以确保系统的稳定性和安全性。同时，事业单位还要关注系统的性能参数，如数据处理速度、可支持的用户数量等，以确保系统能够满足事业单位日益增长的管理需求。

最后，实施和售后服务能力也是评估供应商的重要因素。事业单位需要了解供应商的实施经验和服务质量，以确保系统能够顺利实施并得到及时的技术支持。同时，事业单位还要关注供应商的售后服务体系，如定期维护、系统升级等，以确保系统能够持续为事业单位提供优质的服务。在评估过程中，事业单位可以根据自身的实际需求，对供应商的定制化服务能力、系统的扩展性和集成性等方面进行深入分析。例如，如果事业单位需要与其他系统进行集成，就需要关注供应商的集成能力和经验。如果事业单位希望系统能够随着事业单位的发展而扩展，就需要关注系统的扩展性和灵活性。

综上所述，供应商评估与对比是选型过程中的重要环节。通过细致而全面的评估和对比，事业单位可以更加准确地选择最适合自身需求和实际情况的供应商和系统，从而提升事业单位的管理效率和竞争力。

（三）需求分析与明确

在人力资源信息系统选型过程中，需求分析是一个至关重要的环节。准确、完整的需求分析有助于缩小选型范围，使事业单位更加聚焦于满足其需求的系统，从而降低不必要的技术风险和投资成本。

首先，事业单位需要对当前和未来一段时间内的需求进行全面的梳理和分析。这包括但不限于人力资源信息管理、招聘与选拔、培训与发展、绩效评估、薪酬福利管理等功能模块的需求。事业单位需要明确各个模块的具体需求，例如数据的录入、查询、分析、报表生成等，以便系统能够满足日常的管理工作。

其次，事业单位需要明确对系统的性能要求。这包括系统的稳定性、安全性、可扩展性、易用性以及技术支持等方面的要求。事业单位需要根据自身的业务规模和发展战略，设定合理的性能参数，以确保系统能够高效地支持事业单位的日常运营和管理决策。

最后，预算范围也是需求分析中需要考虑的重要因素。事业单位需要根据自身的财务状况和投资计划，设定合理的预算范围，并在选型过程中严格控制成本。同时，事业单位还需要关注供应商的报价模式和售后服务费用，以确保投资的经济性和合理性。在需求分析过程中，事业单位可以借助专业的咨询机构或技术团队的支持，以确保需求分析的准确性和完整性。通过与咨询机构或技术团队的深入交流和探讨，事业单位可以更加全面地了解自身的需求，明确对系统的要求，为后续的选型工作提供可靠的依据。

综上所述，需求分析是选型过程中的关键环节。准确、完整的需求分析有助于缩小选型范围，使事业单位更加聚焦于满足其需求的系统。通过深入的交流和探讨，事业单位可以明确自身的需求，为选型工作提供可靠的依据，降低技术风险和投资成本。

（四）合同签订与条款确认

在选定了合适的供应商之后，双方需要签订正式的合同，以确保合作顺利、明确双方的权益和责任。在合同签订的过程中，有几个关键的方面需要特别注意。

首先，合同中需要明确系统的交付时间、价格、实施计划、培训与售后服务等关键条款。这些条款对于确保项目的顺利进行至关重要，因此需要在合同中明确规定，并确保双方都清楚自己的责任和义务。

其次，数据安全和隐私保护是合同中需要特别关注的问题。事业单位需要确保供应商在系统开发和运营过程中严格遵守相关法律法规，保护事业单位的数据安全和隐私。合同中应明确规定数据的使用范围、存储和备份方式，以及供应商对数据安全和隐私保护的具体承诺和责任。知识产权也是合同中需要关注的重要问题。事业单位需要确保供应商在使用事业单位提供的资料、数据等信息时，严格遵守知识产权法律法规，不侵犯任何知识产权。合同中应明确规定供应商对知识产权的承诺和责任，以及事业单位对于系统的所有权和知识产权的拥有情况。

在合同中还需要明确约定违约责任和纠纷解决方式。如果一方违反合同条款，应承担相应的违约责任，并应明确解决纠纷的方式，如协商、仲裁或诉讼等。在签订合同之前，事业单位应对合同条款进行仔细审查，并寻求法律专业人士的意见和建议。确保合同条款的准确性和完整性，以及符合双方的利益和需求。

综上所述，合同签订与条款确认是选型过程中的重要环节。事业单位需要与供应商密切合作，确保合同内容准确、完整，并明确双方的责任和权益。通过签订正式的合同，事业单位可以确保项目的顺利进行，保护自身的利益和权益。

（五）系统实施与上线

系统实施与上线是人力资源信息系统选型过程中的一个关键环节。依据合同约定和实施计划，供应商将开始进行系统的部署和配置，以确保系统能够正常运行并满足事业单位的需求。

首先，供应商需要对系统进行全面的部署和配置，包括硬件和软件的安装、网络环境的配置等。在这一过程中，供应商需要与事业单位密切合作，确保部署和配置的准确性和效率。

其次，供应商需要依据事业单位的需求，对系统进行定制化开发，以满足事业单位的特殊需求。这包括功能模块的开发、报表的设计、界面风格的定制等。在这一过程中，事业单位需要提供详细的需求说明和设计要求，并与供应商进行及时的沟通和协调。在系统实施过程中，事业单位需要为员工的培训和系统的推广提供支持。员工培训包括系统操作培训、业务流程培训等，以确保员工能够熟练使用新系统并了解相关业务流程。系统的推广需要事业单位制定相应的宣传和推广计划，提高员工对新系统的认知度和接受度。

在系统实施过程中，事业单位还需要关注数据迁移和接口集成等方面的工作。数据迁移包括将旧系统中的数据导入新系统中，并进行数据清洗和整理。接口集成需要事业单位与供应商共同确定集成方案，并进行相应的开发和测试。在系统上线前，事业单位需要对系统进行全面的测试和验收，确保系统符合需求、性能稳定、数据准确。同时，事业单位还需要制定相应的上线计划和应急预案，以应对可能出现的问题和风险。

综上所述，系统实施与上线是选型过程中的关键环节。事业单位需要与供应商密切合作，确保实施和上线的准确性和效率。通过员工的培训和系统的推广，事业单位可以确保新系统能够顺利地融入事业单位的日常运营中，提高管理效率和竞争力。

（六）后期维护与升级

在系统成功实施并上线后，持续的维护和升级服务变得尤为重要。供应商应提供这些服务，以确保系统能够适应事业单位不断变化的需求和业务发展。

首先，供应商应定期对系统进行维护，包括检查系统运行状况、修复潜在问题、更新软件等。这些维护工作能够确保系统的稳定性和安全性，提高系统的可靠性和效率。

其次，随着事业单位的发展和业务的变化，系统的需求和功能也可能会发生变化。因此，供应商应提供升级服务，根据事业单位的需求对系统进行升级和改进。这些升级可能包括增加新功能、改进现有功能、优化系统性能等。事业单位应定期对系统进行评估和反馈，与供应商保持良好沟通，确保系统的持续优化和改进。评估可以发现系统的不足和潜在问题，为事业单位提供改进和优化的方向。同时，通过与供应商的沟通，事业单位可以及时反馈使用中的问题和需求，促进供应商对系统进行改进和升级。

综上所述，后期维护与升级是确保人力资源信息系统持续发挥效用的关键环节。通过与供应商的紧密合作、事业单位的定期评估与反馈，以及双方的持续沟通，事业单位可以确保系统始终能够适应自身的发展需求，并不断提升事业单位的管理效率和竞争力。

二、系统部署与调试

系统部署与调试是实施阶段的重中之重，它直接关系到人力资源信息系统的稳定运行和未来表现。这一阶段的工作非常细致且关键，需要事业单位投入足够的精力和资源。以下是对这一过程的详细描述。

（一）硬件环境准备

在实施人力资源信息系统之前，硬件环境的准备是必不可少的步骤。根据系统的规模和性能要求，事业单位需要为其配置相应的服务器、存储设备、网络设备和安全设备等基础设施。

首先，服务器的配置至关重要，因为它将承载整个信息系统的运行。事业单位需要选择具备强大计算能力和充足存储空间的服务器，以确保系统能够快速处理数据、稳定运行各类应用。此外，为了应对未来可能的业务增长，服务器还应具备一定的扩展性。

其次，存储设备也是关键的硬件之一。事业单位需要为人力资源信息系统配置可靠、高效的存储设备，如磁盘阵列或云存储解决方案。这样的设备不仅能确保数据的安全性和完整性，还能提供快速的数据访问速度。网络设备对于信息系统的运行同样重要。为了确保数据传输的稳定性和高效性，事业单位需要选择性能优良的网络设备，如交换机、路由器和负载均衡器等。这些设备应能够支持大容量的数据传输，并具备冗余设计，以应对可能出现的网络故障。

最后，安全设备的配置不容忽视。在当今的网络环境下，保护事业单位数据和信息系统免受外部威胁至关重要。事业单位需要部署防火墙、入侵监测系统、加密设备等安全设施，以增强系统的安全性。此外，定期进行安全审计和漏洞扫描也是必要的措施，以确保系统的安全性得到持续维护。

综上所述，硬件环境的准备是实施人力资源信息系统的基石。事业单位需要结合自身的业务需求和发展规划，合理配置相应的服务器、存储设备、网络设备和安全设备，为系统的稳定运行和未来扩展打下坚实的基础。

（二）软件安装与配置

在准备好硬件环境之后，接下来是软件安装与配置的步骤。根据事业单位选定的系统，需要安装相应的人力资源信息系统软件、数据库管理系统以及其他必要的工具软件。

首先，人力资源信息系统软件是整个系统的核心，需要按照事业单位的实际需求进行选择和安装。在选择软件时，要考虑其功能模块是否全面、性能是否稳定、操作是否简便以及是否具备可扩展性等因素。安装过程中，要遵循标准的软件实施流程，确保软件安装的完整性和安全性。这包括获取合法的软件授权、遵循安装指南、进行必要的系统检查等步骤。

其次，数据库管理系统是存储和管理数据的关键组件，需要选择适合事业单位需求的数据库类型，如关系型数据库或非关系型数据库。安装数据库管理系统时，要确保其与人力资源信息系统软件的兼容性，并配置好数据库连接参数。

最后，其他必要的工具软件可能包括办公自动化软件、邮件服务器软件等，这些工具将协助事业单位进行日常的办公和管理活动。同样地，在选择和安装这些工具软件时，要确保它们与人力资源信息系统软件的集成和互操作性。完成软件安装后，需要进行一系列的配置工作。这包括数据库连接配置、用户权限设置、系统参数配置等。数据库连接配置是确保系统能够正常访问数据库的关键步骤，需要正确设置数据库的用户名、密码和连接参数。用户权限设置是为了保证系统的安全性，根据事业单位结构和人员角色，设置不同用户的访问和操作权限。系统参数配置则是根据事业单位的实际需求和业务流程，调整系统的各项参数，以满足正常运行的需要。

综上所述，软件安装与配置是实施人力资源信息系统的关键环节。事业单位需要选择合适的软件、遵循标准的实施流程、并进行细致的配置工作。这样才能够确保软件的正常运行、数据的完整性和系统的安全性。

（三）系统调试与优化

在完成硬件和软件的准备后，为了确保系统的稳定性和高效性，事业单位需要进行系统的调试和优化工作。这一阶段是至关重要的，因为它将确保系统在实际运行中能够满足事业单位的需求，并提供良好的用户体验。

首先，事业单位需要对系统的各个功能模块进行细致的测试。这些测试应覆盖各个关键功能，包括但不限于招聘管理、员工信息管理、绩效评估、培训与发展等。通过测试，事业单位可以验证系统是否能够正确处理业务流程、数据是否准确无误、界面是否友好易用等问题。在测试过程中，一旦发现问题或不足之处，事业单位需要对系统进行调整和优化。这可能涉及性能参数的调整、数据结构的优化、算法的改进等方面。优化的目标是提升系统的运行效率、响应速度和准确性，以满足事业单位的实际需求。

其次，事业单位还需要关注系统的性能和稳定性。在各种场景下，系统应能够稳定运行，不出现频繁的故障或异常。为了确保这一点，事业单位可以进行压力测试和容量规划，模拟实际业务场景下的高负载情况，以确保系统能够承受并保持良好的运行状态。除了功能测试和性能优化，事业单位还需要对系统的安全性进行评估和调整。这包括数据加密、权限控制、日志审计等方面的措施，以确保系统能够抵御潜在的安全威胁，保护事业单位的敏感信息和数据安全。

综上所述，系统的调试与优化是确保人力资源信息系统成功的关键环节。通过细致的测试、调整和优化工作，事业单位可以确保系统在实际运行中稳定可靠、性能高效，并满足事业单位的实际需求。这有助于提高事业单位的管理效率和竞争力，为事业单位的长期发展奠定坚实基础。

（四）员工培训与支持

在部署和调试人力资源信息系统后，为了确保员工能够充分利用系统的功能和特点，提高工作效率，事业单位需要对员工进行必要的培训和支持。

培训是至关重要的环节。事业单位需要制订详细的培训计划，根据员工的岗位和职责，设计不同层次的培训课程。培训内容应涵盖系统的基础操作、高级功能、使用技巧以及业务流程等方面。通过培训，员工可以全面了解新系统的操作方法、功能特点和使用规范，从而更快地适应新系统，提高工作效率。

在培训过程中，可以采用多种形式，如线上培训、线下培训、实践操作等。事业单位可以根据实际情况选择合适的培训方式，并结合员工的反馈和需求进行持续的改进和优化。同时，培训讲师的素质和能力对于培训效果至关重要，事业单位需要选择经验丰富、专业性强的人员担任讲师。除了培训之外，提供持续的支持和帮助也是确保系统顺利运行的关键。事业单位需要设立专门的技术支持团队，为员工提供实时的问题解答和故障排除服务。当员工在使用过程中遇到问题时，可以通过电话、邮件、在线聊天等方式联系技术支持团队，获得及时的帮助和解决方案。技术支持团队应具备丰富的系统知识和实践经验，能够快速定位问题并提供有效的解决方案。

此外，为了更好地支持员工使用系统，事业单位还可以提供定期的维护和更新服务。这包括对系统进行定期的漏洞修复、功能升级和性能优化等。通过定期的维护和更新，事业单位可以确保系统的稳定性和安全性，提高系统的运行效率和使用体验。

综上所述，员工培训与支持是确保人力资源信息系统成功实施的重要环节。通过有效的培训和支持，事业单位可以提高员工对系统的熟悉程度和使用能力，降低操作难度和错误率，从而确保系统的顺利运行和高效使用。这将有助于提高事业单位的管理水平和竞争力，促进事业单位的长期发展。

（五）文档整理与更新

在人力资源信息系统的部署和调试过程中，为了确保系统的顺利运行和后续的维护工作，事业单位需要重视文档整理与更新这一环节。下面将详细阐述这一步骤的重要性及具体操作。

文档整理与更新是系统实施过程中的重要组成部分。在事业单位进行系统部署和调试的过程中，会产生大量的技术文档和管理文档，如硬件设备清单、软件安装配置记录、用户权限分配表等。这些文档记录了系统的配置信息、操作流程和权限设置等关键信息，对于系统的正常运行和维护至关重要。

确保文档的准确性和完整性是这一环节的关键目标。事业单位需要组织专门的人员或团队对文档进行整理和审核，确保各项信息准确无误、完整无缺。这有助于在系统出现问题时，能够快速定位问题所在，并及时采取相应的解决措施。同时，准确完整的文档也为未来的维护和升级工作提供了重要的参考依据，有助于提高工作效率和降低错误率。

在文档整理与更新的过程中，事业单位可以采用电子化的方式进行管理，如使用专门的文档管理软件或云存储平台。通过电子化管理，可以实现文档的集中存储、分类整理和快速检索，提高了文档管理的效率和便捷性。同时，为了确保文档的安全性和保密性，事业单位需要采取适当的安全措施，如设置访问权限、加密存储等。

除了整理和更新技术文档和管理文档外，事业单位还需要根据实际情况制定相应的文档管理制度和维护计划。这包括规定文档的编制、审核、存储、更新和销毁等流程，以及定期对文档进行审查和更新的安排。通过建立完善的文档管理制度和维护计划，事业单位可以确保文档的持续更新和有效管理，为系统的长期运行提供有力的支持。

综上所述，文档整理与更新是人力资源信息系统实施过程中的关键环节之一。通过准确完整的文档记录、电子化管理、制定相应的管理制度和维护计划，事业单位可以确保系统的顺利运行和高效维护，降低潜在风险和错误率。这有助于提高事业单位的管理水平和竞争力，为事业单位的长期发展奠定坚实的基础。

三、系统维护与更新

系统的维护与更新是确保人力资源信息系统持久、稳定运行的关键环节，也是持续优化系统功能、提升用户体验的重要手段。这一阶段的工作涉及多个方面，以下是详细描述。

（一）系统管理员的设立与职责

事业单位应设立专门的系统管理员，负责系统的日常维护和监控。系统管理员需具备专业的技术知识和丰富的经验，能够及时发现并解决系统运行中出现的各种问题。除了故障排除和问题解决，系统管理员还需要定期检查系统的性能、数据安全和完整性，确保系统的稳定运行。

（二）日常维护与监控

日常维护包括定期清理系统日志、更新数据库、检查软件漏洞等，以确保系统的正常运行和数据的安全性。监控则是通过各种工具和手段，实时监测系统的性能指标和运行状态，以便及时发现潜在的问题或瓶颈。

（三）系统更新与升级

随着事业单位业务的发展和变化，人力资源信息系统需要进行相应的更新和升级。这些更新可能涉及新功能的增加、现有功能的优化或缺陷修复等。

事业单位应与供应商保持密切联系，及时了解最新的系统更新和升级信息，并按照业务需求进行相应的部署。

（四）安全防护与数据备份

安全防护是维护工作中不可或缺的一部分。事业单位需要采取一系列的安全措施，如设置防火墙、使用加密技术保护敏感数据、定期备份数据等。建立完善的安全管理制度，规范员工对系统的使用和管理，避免安全漏洞的出现。对所有用户进行身份验证和权限管理，确保只有授权用户才能访问敏感数据和执行关键操作。

（五）应急响应与故障恢复

事业单位应制订应急响应计划，以应对系统可能出现的大规模故障或安全事件。应急响应计划应包括紧急联络机制、故障诊断与隔离、数据恢复等关键步骤。定期进行故障恢复演练，确保在实际发生故障时能够迅速、准确地恢复系统运行。

（六）持续改进与优化

除了日常维护和安全防护，事业单位还应关注系统的持续改进和优化。这包括性能调优、用户体验提升、业务流程自动化等方面。

通过收集用户反馈和使用数据，发现系统的不足和潜在改进点，与供应商合作进行针对性的优化和升级。

第三节 人力资源信息系统的发展趋势与挑战

随着科技的快速发展，人力资源信息系统（以下简称HRIS）也在不断演变和升级。在这一过程中，云计算、大数据和人工智能等新兴技术为HRIS带来了新的发展趋势和挑战。本节将详细探讨这些发展趋势和挑战。

一、云计算在人力资源信息系统中的应用

随着科技的不断发展，云计算技术逐渐成为事业单位信息化建设的热门选择。作为一种新兴的计算模式，云计算为事业单位的HRIS带来了前所未有的变革。云计算在HRIS中的应用，使得事业单位能够更加灵活、高效地管理和利用人力资源信息，进一步提升了事业单位的运营效率和竞争力。

首先，云计算技术为HRIS提供了更加灵活的资源调度能力。通过云服务，事业单位可以根据自身需求动态地扩展或缩减计算资源，避免了传统IT架构中因资源不足或浪费而带来的问题。这意味着事业单位在不同的发展阶段，都能够获得充足的计算支持，以满足业务增长的需求。

其次，云计算在数据安全方面具有显著的优势。许多知名的云服务提供商都采取了高级的安全措施，如数据加密、访问控制等，以确保客户的数据安

全。此外，数据备份和容灾也是云服务的标配，大大降低了数据丢失的风险。因此，使用云服务的事业单位可以更加放心地处理和存储人力资源信息。降低成本是云计算的另一个重要优势。事业单位不再需要大规模投资硬件设备，而是通过按需付费的模式来获取所需的计算资源。这种模式极大地降低了事业单位的运营成本，使事业单位可以将更多的资源投入核心业务的发展上。

最后，云计算促进了事业单位内部的协作与沟通。通过云服务，分布在不同地点的员工可以实时共享和编辑数据，加强了团队之间的沟通和协作。此外，云计算还提供了丰富的分析工具，帮助事业单位更好地挖掘人力资源数据的价值，为决策提供有力支持。然而，将HRIS迁移到云端也带来了一些挑战。数据隐私、安全传输和合规性等问题都需要事业单位在实施过程中充分考虑和解决。因此，选择合适的云服务提供商、制定严格的数据管理政策、加强员工的安全意识培训等都是事业单位在实施云端HRIS时需要考虑的重要因素。

综上所述，云计算在HRIS中的应用为事业单位带来了诸多优势和机遇。通过合理利用云计算技术，事业单位可以更加高效地管理和利用人力资源信息，提升运营效率和市场竞争力。但同时，也需要注意和解决云端部署带来的挑战和问题，确保事业单位数据的安全和合规性。

二、大数据与人工智能在人力资源信息系统中的融合

随着科技的迅速发展，大数据和人工智能已经成为当今时代的两大技术趋势。当这两大技术相遇并融入HRIS时，它们为事业单位带来了前所未有的洞察力和自动化能力，推动了人力资源管理模式的革新。

大数据分析在HRIS中的应用，为事业单位深入了解员工行为模式、需求和趋势提供了强大的工具。通过收集和分析员工在各个环节的行为数据、绩效数据等，事业单位可以更准确地把握员工的动态，预测未来的趋势，从而为人力资源决策提供有力的数据支持。而人工智能技术的引入，使得HRIS在处理大量重复性任务方面取得了突破。例如，利用机器学习算法对员工绩效数据进行深度分析，事业单位可以预测员工的晋升概率、离职风险等，从而提前制定相应的干预措施。自然语言处理技术则使得系统能够自动解析和处理员工的咨询问题，提供即时、准确的信息反馈，大大提高了工作效率。

然而，大数据和人工智能的应用也带来了一些挑战。首先，数据的质量和完整性是确保分析结果准确性的关键。事业单位需要建立完善的数据治理机制，确保数据的真实性和可靠性。其次，对于模型的准确性和有效性也需要进行持续的验证和调整，以适应不断变化的环境和业务需求。此外，由于人工智能技术涉及伦理和法律问题，事业单位在使用这些技术时需要更加谨慎。例如，在使用员工数据时，需要严格遵守隐私保护的相关法律法规，避免侵犯员工权益。同时，对于涉及招聘、绩效评估等敏感领域的人工智能应用，需要进行严格的伦理审查，确保技术的公平性和公正性。

综上所述，大数据和人工智能的融合为HRIS带来了巨大的潜力和机会。

通过合理利用这两大技术，事业单位可以更好地了解员工、优化决策和提高工作效率。但同时，也需要关注并解决其中的挑战和问题，确保技术的合理应用和可持续发展。

三、人力资源信息系统安全与隐私保护的挑战

随着 HRIS 在事业单位管理中的地位日益重要，其安全与隐私保护问题也变得越来越突出。特别是在当前信息化、数字化的时代背景下，HRIS 中集成了大量的个人信息和事业单位敏感数据，一旦发生安全事故，后果不堪设想。因此，如何确保这些数据的安全与隐私，已经成为事业单位亟待解决的问题。

首先，对于访问控制，事业单位需要实施严格的身份验证和授权机制，确保只有经过授权的人员能够访问 HRIS 中的敏感数据。多层次的身份验证、动态口令、生物识别等技术都可以用于增强系统的安全性。同时，基于角色的访问控制（RBAC）等授权模型也能确保只有具备相应权限的人员才能执行特定的操作。

其次，数据加密是另一个关键的安全措施。对于存储在 HRIS 中的敏感数据，事业单位应该使用高级的加密算法进行加密，确保即使数据被非法获取，也无法轻易解密和使用。同时，在数据传输过程中，也需采用加密通道来保护数据的机密性。

最后，定期的安全审计和漏洞扫描也是必不可少的。事业单位需要对 HRIS 进行定期的安全检查，发现潜在的安全风险和漏洞，并及时修复。同时，引入专业的安全团队或第三方机构进行安全审计和风险评估，也能提高系统的安全性。员工培训同样重要。事业单位需要对员工进行数据安全培训，提高他们的安全意识和操作技能，让他们了解如何正确使用 HRIS，避免因操作不当导致的数据泄露或安全事故。

综上所述，随着云计算、大数据和人工智能等技术在 HRIS 中的应用，事业单位在享受技术带来的便利的同时，也面临着前所未有的安全与隐私挑战。只有采取一系列有效的安全措施，确保数据的安全性和隐私保护，才能真正发挥 HRIS 的价值，为事业单位的发展提供有力支持。

第十五章 人才发展与创新的平台建设

第一节 人才发展平台的构建与实践

随着事业单位对于人才发展的重视程度不断提升，人才发展平台成了事业单位提升员工能力、促进人才成长的重要工具。本节将详细介绍人才发展平台的定位与目标、平台功能的规划与设计，以及平台实施与运营的案例分析。

一、人才发展平台的定位与目标

人才发展平台，旨在构建一个多维度、全方位的员工能力提升与成长空间。这个平台的定位不仅仅是一个简单的培训工具，而是一个集成了学习、交流、创新和评估等多功能的综合性平台。其核心目标如下。

（一）提升员工的专业技能和综合素质

通过定制化的课程、在线学习资料和实际操作项目，使员工在各自的岗位上获得更深入的知识和技能，增强他们在职场中的竞争力。

（二）促进事业单位内部的人才交流与合作

通过线上社区、论坛和线下交流活动，鼓励员工之间的互动与合作，形成事业单位内部的知识共享和文化传承，从而构建一个良好的人才生态系统。

（三）激发员工的创新精神和创造力

通过提供创新工具、资源和指导，平台鼓励员工挑战传统思维，提出新的观点和方法，从而推动事业单位的技术进步和市场拓展。

（四）推动事业单位的可持续发展

通过持续的人才培养和知识更新，事业单位能够保持其竞争优势，实现长期的可持续发展。

为了确保这些目标的实现，人才发展平台需要具备以下功能。

个性化学习路径：根据员工的职业发展规划和实际需求，为他们提供定制化的学习资源和路径。

实时反馈与评估：通过在线测试、项目评估和绩效反馈，使员工及时了解自己的学习进度和能力水平。

互动与合作工具：提供在线协作、团队讨论和知识分享的平台，促进员工的交流与合作。

创新挑战与项目：定期组织内部创新竞赛和项目实践，鼓励员工在实践中锻炼和展示自己的能力。

综上所述，人才发展平台不仅是一个学习工具，更是一个能够促进员工全面发展、提升事业单位整体竞争力的战略平台。通过精心设计和持续优化，这个平台将为事业单位的人才培养和未来发展奠定坚实的基础。

二、平台功能的规划与设计

在规划与设计人才发展平台的功能时，我们需要深入理解员工的实际需求，并确保平台能够满足他们在培训、交流和发展方面的需求。以下是针对这三个方面的详细规划与设计。

（一）培训功能

在人力资源信息系统的实施过程中，培训功能是一个至关重要的组成部分。通过培训，事业单位可以帮助员工快速熟悉新系统，掌握相关技能，提高工作效率。以下是对培训功能的详细描述。

首先，平台应提供多元化的课程，以满足不同员工的需求。这些课程可以包括在线课程、线下培训、工作坊和研讨会等。在线课程可以方便员工随时随地学习，不受时间和地点的限制；线下培训则可以提供面对面的指导和交流机会；工作坊和研讨会则可以让员工在实际操作中学习和掌握技能。课程内容应覆盖专业技能培训、领导力发展、行业前沿知识等多个领域，以确保员工得到全面的培训和发展。

其次，平台应提供定制化的学习路径。每个员工的职业规划和需求都是不同的，因此，平台应该根据员工的需求和职业规划，为他们提供个性化的学习计划和指导。这样可以让员工根据自己的实际情况选择适合自己的课程和学习路径，提高学习效果和满意度。

最后，平台应具备培训评估与跟踪功能。通过在线测试、项目评估和绩效反馈等方式，平台可以持续跟踪员工的学习进度，并提供反馈和建议。员工可以及时了解自己的学习状况和需要改进的地方，平台也可以根据员工的反馈进行调整和优化，确保培训效果的最大化。培训功能应该注重互动和参与性。员工在学习过程中可以与其他学员进行交流和讨论，分享经验和心得体会。平台也可以组织线上或线下的交流活动，为员工提供更多的互动机会，增强学习的趣味性和实用性。

综上所述，培训功能在人力资源信息系统实施过程中具有重要的作用。通过提供多元化的课程、定制化的学习路径、培训评估与跟踪以及注重互动和参与性等功能，事业单位可以帮助员工快速适应新系统、掌握相关技能、提高工作效率，从而促进事业单位的持续发展。

（二）交流功能

在人力资源信息系统的实施过程中，交流功能也是不可忽视的一环。有效的交流可以促进员工之间的合作与知识共享，提高工作效率和创新能力。以下是对交流功能的详细描述。

首先，平台应提供一个在线社区，作为员工交流的主要场所。在这个社区中，员工可以分享自己的工作经验、探讨解决问题的方法、发布新的观点和创意，从而形成一种知识共享的事业单位文化。通过在线社区，员工可以相互学习、互相启发，共同成长。

其次，平台可以设立不同主题的论坛，以鼓励员工针对特定话题进行深入的讨论和交流。这些论坛可以涵盖各种领域，如项目管理、技术创新、行业趋势等，为员工提供了一个聚焦讨论的平台。通过主题论坛，员工可以拓展自己的知识视野，增进对行业的了解，同时也可以加强与其他部门的协作与交流。

再次，平台应提供实时通信工具，方便员工随时随地进行沟通和交流。这些工具可以包括即时消息、群组讨论、视频会议等功能，以满足不同场景下的交流需求。通过实时通信工具，员工可以快速传递信息、协调工作、解决突发问题，提高工作效率和响应速度。为了促进交流的顺畅进行，平台还应提供一些辅助功能，如消息通知、文件共享等。消息通知可以帮助员工及时了解社区和论坛中的最新动态，而文件共享则可以方便员工上传和下载相关资料，便于团队协作和知识分享。

最后，平台应建立一套有效的交流规范和机制，以确保交流的有序和高效。这包括制定合适的交流规则、设立管理员或协调员来维护社区秩序、定期组织线上或线下活动等。通过建立规范的交流机制，事业单位可以营造一个积极向上的交流氛围，促进员工的互动与合作。

综上所述，交流功能在人力资源信息系统实施过程中具有重要的价值。通过在线社区、主题论坛、实时通信工具等手段，事业单位可以促进员工之间的知识共享、团队协作和创新能力，从而提升整体绩效和竞争力。同时，建立规范的交流机制也是保证交流功能有效发挥的关键因素。

（三）发展功能

在人力资源信息系统的实施过程中，发展功能是一个关键的组成部分。通过发展功能，事业单位可以帮助员工提升自身能力、明确职业规划、实现个人价值，从而增强员工的归属感和忠诚度。以下是对发展功能的详细描述。

首先，平台应提供职业规划工具，帮助员工明确自己的职业发展方向。这些工具可以包括职业兴趣测试、能力评估和职业发展建议等。通过职业兴趣测试，员工可以了解自己的职业倾向和优势领域；能力评估则可以帮助员工客观地认识自己的能力和不足之处；职业发展建议则可以根据员工的特点和需求，为他们提供个性化的职业发展建议和规划。

其次，平台应发布内部职位空缺和晋升机会，鼓励员工在公司内部发展自己的职业生涯。通过内部晋升，员工可以获得更多的职业机会和发展空间，同时也可以增强对事业单位的忠诚度和归属感。此外，事业单位还可以通过设立内部培训计划和项目，为员工提供更多的学习和成长机会。

再次，平台可以与外部机构合作，为员工提供专业资质认证和技能评估，提升他们的市场竞争力。这些外部机构可以包括专业协会、认证机构等，通过认证和评估，员工可以获得权威的资质证明和技能评估报告，提高自己在行业内的知名度和竞争力。同时，事业单位也可以根据员工的资质和技能情况，为他们提供更具挑战性和发展空间的职位和项目。

最后，发展功能还应该注重员工的个人成长和学习。事业单位可以定期组织内部培训、研讨会、工作坊等活动，帮助员工提升专业技能和知识水平。同时，还可以鼓励员工参加外部培训和学习课程，支持他们的个人发展和学习需求。

综上所述，发展功能在人力资源信息系统实施过程中具有重要的意义。通过职业规划工具、内部晋升机会、专业资质认证与技能评估以及个人成长和学习支持等功能，事业单位可以帮助员工实现自身价值和职业发展，增强员工的归属感和忠诚度，从而提升事业单位的整体竞争力。

在规划与设计过程中，事业单位还需要注意以下几点。

定期收集员工反馈：了解员工对平台的满意度和改进建议，持续优化平台功能。

确保数据安全与隐私保护：保护员工的个人信息和数据安全，确保平台的合规性。

持续更新课程内容与资源：根据行业发展和事业单位需求，定期更新课程和学习资源，确保内容的前沿性和实用性。

综上所述，人才发展平台的功能规划与设计需要全面考虑员工的实际需求，并结合事业单位的战略目标和发展计划，确保平台能够真正发挥其作用，提升员工的整体素质和能力，推动事业单位的持续发展。

三、平台实施与运营的案例分析

本部分将通过两个具体的案例，深入探讨人才发展平台在实施与运营过程中的成功经验与挑战。这些案例来自不同的行业和地区，具有广泛的代表性。通过分析这些实际案例，我们可以更全面地了解人才发展平台的运营模式、实施难点以及应对策略。

（一）案例一：某科技公司

这家科技公司在人才发展平台的实施与运营方面取得了显著成果。公司首先进行的深入需求分析明确了员工在技术、管理、创新等方面的培训需求。随后，根据这些需求，平台提供了针对性的在线和线下课程，包括技术研讨会、领导力培训和项目实战等。

为了提高员工的参与度和满意度，公司采取了以下措施。

奖励机制：对于积极参与培训并取得优异表现的员工给予晋升机会或奖金激励。

互动交流：定期组织线下技术沙龙和工作坊，促进员工之间的交流与合作。

反馈机制：通过定期的满意度调查，收集员工对培训内容和方式的意见和建议，持续优化平台内容。

尽管公司在实施过程中遇到了一些挑战，如课程资源更新、技术问题等，但通过及时调整和优化，这些问题得到了有效解决。

（二）案例二：某制造业事业单位

这家制造业事业单位在实施人才发展平台时面临了较大的挑战。由于事业单位规模庞大，员工结构复杂，如何满足不同层次员工的培训需求成为首要难题。此外，传统制造事业单位的文化可能较为保守，对于新的培训方式和交流形式接受程度有限。

为了克服这些挑战，事业单位采取了以下策略。

分阶段实施：初期专注于核心员工和关键岗位的培训，随后逐步扩大覆盖范围。

定制化内容：根据不同部门和岗位的需求，定制相应的培训课程和资源。

内部宣传与推广：通过事业单位内刊、员工大会等方式，提高员工对人才发展平台的认识和接受度。

合作伙伴关系：与知名的培训机构和高校合作，引入外部优质资源。

经过一段时间的努力，事业单位逐渐克服了初始的困难，平台的用户活跃度和满意度逐渐提升。

（三）案例总结与启示

从以上两个案例中，我们可以得出以下几点启示。

第一点，深入了解需求是关键。在实施人才发展平台之前，事业单位应进行详细的需求分析，确保平台的内容和功能能够满足员工的真实需求。

第二点，持续优化与反馈。平台运营过程中，应定期收集员工的反馈，及时调整和优化平台内容及功能，提高员工的满意度。

第三点，激励机制不可少。通过提供晋升机会、奖金或其他形式的激励，可以提高员工的参与度和积极性。

第四点，分阶段实施与逐步推广。对于规模较大或文化较为保守的事业单位，人才发展平台的实施应分阶段进行，逐步扩大覆盖范围，提高员工的接受度。

第五点，合作伙伴关系的重要性。与外部培训机构、高校等建立合作关系，可以引入更多的优质资源和培训内容。

综上所述，事业单位在实施与运营人才发展平台时，应根据自身的实际情况和员工需求进行决策，并采取有效的措施解决遇到的挑战。只有这样，才能真正发挥人才发展平台的作用，提升员工的能力和事业单位的竞争力。

第二节 创新平台的搭建与运营

创新是推动事业单位持续发展的关键动力，而创新平台的搭建与运营则是激发事业单位创新活力的重要途径。本节将详细介绍创新平台的定义与作用、构建要素以及运营模式与策略。

一、创新平台的定义与作用

创新平台，一个集合了多元资源和多方力量的空间，旨在推动和加速事业单位的创新进程。它不是一个简单的工具或平台，而是一个综合性的生态系统，为事业单位提供全方位的创新支持和资源整合。创新平台的作用远超过其定义。以下是其核心作用的详细阐述。

（一）资源整合

在快速变化的市场环境中，事业单位需要整合内外部的各类资源以支持其创新活动。创新平台能够有效地汇集人才、技术、资金等关键资源，形成一个共享的资源池，使事业单位能够快速、高效地获取所需资源，降低创新成本，提高创新效率。

（二）创新意识激发与思维培养

通过举办创新讲座、研讨会和工作坊等活动，创新平台能够持续激发员工的创新意识，培养他们的创新思维。这不仅有助于打破传统的思维定式，还能推动事业单位形成一种敢于尝试、不怕失败的创新文化。

（三）创新协同

在传统结构中，部门间往往存在壁垒，导致资源和信息难以共享。而创新平台能够打破这些壁垒，促进事业单位内部以及事业单位与合作伙伴、供应商、客户等外部交流与合作。通过这种跨部门、跨领域的协同创新，事业单位能够更快地发现市场机会、应对潜在威胁。

（四）创新能力提升

创新平台不仅提供创新的想法和方向，更重要的是培养员工的创新能力。通过系统的培训和实践，员工可以学习如何识别机会、如何解决问题、如何进行有效的创新实践等。这不仅提升了员工的个人能力，也增强了事业单位的整体创新能力。

（五）创新项目管理

从创意的产生到产品的上市，创新项目需要经过多个阶段和环节。创新平台能够提供一个完整的项目管理流程，确保每个创新项目都能得到有效的跟踪和管理，从而提高项目的成功率。

（六）创新成果转化

一旦有了成功的创新项目，如何将其转化为实际的产品或服务并推向市场是一个关键问题。创新平台能够帮助事业单位评估创新成果的市场潜力，制定合适的商业化策略，确保创新成果能够快速转化为商业价值。

综上所述，创新平台对于现代事业单位来说，不仅是一个工具或平台，更是一种思维方式和工作方式。通过有效地利用创新平台，事业单位可以更好地整合资源、培养人才、促进合作、提升创新能力，从而在激烈的市场竞争中保持领先地位。

二、创新平台的构建要素

构建一个成功的创新平台需要深入理解并关注多个关键要素。这些要素不仅决定了平台的运行效率，还直接影响其对事业单位创新活动的支持效果。以下是创新平台构建过程中必须考虑的几个核心要素。

（一）资源整合

创新平台的核心在于资源的有效整合。这包括但不限于人才、技术、资金和信息等关键资源。通过建立有效的资源整合机制，事业单位能够迅速获取所需的创新资源，减少重复和不必要的投入，提高创新效率和成功率。

（二）创新环境营造

一个开放、包容、激励的创新环境对于激发员工的创新意识和思维至关重要。这需要事业单位在组织内部形成一种鼓励尝试、宽容失败的文化，同时提供必要的培训和工具，帮助员工发展他们的创新能力。

（三）机制设计

为了确保创新活动的有序和高效进行，事业单位需要建立一套完善的机制，包括项目筛选、资源分配、成果评估和转化等。这些机制能够确保创新过程透明、公正，同时也能有效地规避创新风险。

（四）平台功能开发

创新平台不仅是一个资源集结地，还需要提供一系列的功能和服务，以满足事业单位在不同阶段的创新需求。例如，创新能力培训、创新项目孵化、知识产权管理、市场推广等。

（五）合作伙伴关系管理

在当今高度互联的世界中，事业单位很难独自完成所有的创新活动。因此，建立和维护与各类合作伙伴的关系变得尤为重要。这些合作伙伴可能包括研究机构、供应商、客户或其他行业内的事业单位等。通过与他们建立良好的合作关系，事业单位可以共享资源、分担风险，共同推动创新的进程。

（六）数据与信息管理

在数字化时代，数据已经成为一种新的生产要素。因此，创新平台必须具备强大的数据收集、处理和分析能力，以便更好地洞察市场趋势、评估创新效果和优化创新流程。

（七）技术与基础设施支持

随着技术的发展，创新平台也需要与时俱进，充分利用最新的技术工具和平台来提高其运营效率。例如，云计算、大数据、人工智能等先进技术都可以被用来优化和创新平台的运营模式。

（八）文化适配

创新平台的成功不仅取决于其提供的资源和工具，还与文化和结构是否适配密切相关。一个鼓励创新、宽容失败的组织文化和结构能够更好地支持创新平台的运作，反之亦然。

综上所述，构建一个成功的创新平台需要事业单位在资源整合、环境营造、机制设计、功能开发、合作伙伴关系管理等多个方面进行深入的思考和持续的努力。只有这样，事业单位才能真正利用创新平台推动其创新活动，从而在激烈的市场竞争中保持领先地位。

三、创新平台的运营模式与策略

创新平台的运营模式与策略是其成功的关键因素，直接决定了平台能否有效地支持事业单位的创新活动。以下是一些建议的运营模式与策略。

（一）全方位支持创新活动

1. 资金支持。提供种子基金、天使投资或风险投资等不同类型的资金支持，帮助事业单位解决创新初期资金不足的问题。

2. 技术支持与高校、研究机构等合作，为事业单位提供技术咨询、技术转移等服务，解决技术难题。

3. 市场推广利用平台资源，为创新项目提供市场测试、推广渠道，加速创新成果的市场转化。

4. 法律与政策咨询。提供法律援助和政策解读，确保事业单位在创新的道路上合法合规。

（二）激发创新意识与文化

1. 创意分享与交流。定期举办创意分享会、工作坊等活动，鼓励员工分享自己的创意和想法。

2. 创客空间。设立专门的创客空间，为员工提供一个自由发挥、实践创新的场所。

3. 激励机制。设立创新奖励，对有突出贡献的创新项目或个人给予物质和精神上的奖励。

（三）促进合作与交流

1. 合作伙伴关系管理。积极寻求与其他事业单位、研究机构、高校等的合作，形成产学研联盟。

2. 交流平台。搭建线上交流平台，方便事业单位间、团队间进行知识分享和经验交流。

3. 跨界合作。鼓励不同行业、不同背景的事业单位和团队共同合作，打破思维定式，激发创新火花。

（四）提升创新能力

1. 培训课程。定期举办关于创新思维、设计思维、项目管理等方面的培训课程。

2. 在线学习资源。提供丰富的在线学习材料和工具，鼓励自主学习和终身学习。

3. 专家讲座和工作坊。邀请行业专家、学者进行授课或组织工作坊，分享前沿知识和实践经验。

（五）知识产权保护与管理

1. 知识产权教育。加强员工的知识产权培训，提高知识产权保护意识。

2. 知识产权申请与维护。提供知识产权的申请、维护和保护服务，确保创新成果得到法律保护。

3. 知识产权转让与许可。建立知识产权交易平台，促进知识产权的有效利用和商业化。

（六）优化资源配置

1. 资源整合。根据事业单位的实际需求和市场变化，持续整合内外部资源，提高资源利用效率。

2. 项目筛选与优先级排序。建立项目评估机制，根据事业单位战略和市场潜力，筛选和优先支持具有高潜力的创新项目。

3. 资源共享。通过平台实现资源共享，降低创新成本，提高创新效率。

（七）数据驱动决策

1. 数据收集与分析。收集关于创新活动、市场趋势、用户需求等方面的数据，进行分析，为决策提供依据。

2. 数据可视化与报告。将分析结果以直观的方式呈现，为事业单位决策提供支持。

3. 持续改进与创新优化。基于数据分析的结果，不断优化和创新平台的运营模式和策略。

（八）用户反馈与持续改进

1. 用户调研与反馈：定期进行用户满意度调查，获取用户对平台运营模式与策略的意见和建议。

2. 持续改进：根据用户反馈，不断优化和创新平台的运营模式和策略，提高用户体验和满意度。

3. 社区参与：鼓励用户积极参与平台活动，提出改进建议，共同推动平台的持续发展。

第三节 平台化思维在人力资源管理中的应用与推广

随着数字化时代的到来，平台化思维逐渐成为事业单位创新和发展的重要驱动力。在人力资源管理领域，平台化思维的应用与推广也正在改变传统的管理模式，为事业单位带来更多的机遇和挑战。本节将详细探讨平台化思维对人力资源管理的影响、在人才发展与创新中的实践，以及在人力资源管理中的推广价值与前景。

一、平台化思维对人力资源管理的影响

随着数字化时代的到来，平台化思维正逐渐成为事业单位发展的主导逻辑。这种思维模式强调开放、互联和共享的理念，为人力资源管理带来了前所未有的机遇和挑战。以下是平台化思维对人力资源管理产生的几个主要影响方面。

（一）人才管理方式的变革

随着时代的进步和事业单位管理理念的不断更新，人才管理方式正在经历一场深刻的变革。传统的以职位为核心的人才管理模式，正逐渐被以能力和价值为核心的新模式所取代。在这一变革中，平台化思维起着引领作用，促使事业单位更加注重员工的个人成长和价值创造。

在传统的人才管理模式下,员工的职业发展往往局限于固定的职位晋升通道,能力发挥和价值体现受到限制。而如今,随着事业单位对于灵活性和创新性需求的增加,员工的能力和价值得到了更多的关注。事业单位开始为员工提供更多元化的发展机会,不仅关注职位晋升,更重视个人能力的提升和多元化的职业发展路径。

这种变革对人力资源部门提出了新的要求。过去,人力资源部门主要承担着"管理"的职责,如员工招聘、薪酬管理、绩效考核等。然而,在新的模式下,人力资源部门的角色需要从单一的"管理"向"服务"和"赋能"转变。这意味着人力资源部门需要为员工提供更加个性化的职业发展路径和培训计划,以满足员工的个人发展需求和事业单位的人才战略需求。为了实现这一转变,人力资源部门需要加强与员工的沟通和协作,了解员工的职业规划和需求,为他们提供有针对性的发展建议和培训资源。此外,人力资源部门还需要与业务部门紧密合作,确保人才管理的策略与事业单位的战略目标相一致。

通过这种变革,事业单位不仅能够吸引和留住更多优秀的人才,还能够激发员工的创造力和潜力,提升整体绩效和竞争力。而员工也能在这个过程中实现自身的职业价值和成长目标。因此,人才管理方式的变革不仅是事业单位发展的必然趋势,也是实现事业单位和员工共同成长的必要途径。

(二)增强灵活性

在当今快速变化的市场环境中,增强灵活性已成为事业单位持续发展的关键。平台化思维鼓励事业单位构建更为灵活的整体结构,以适应市场变化和业务调整。这种灵活性不仅有助于事业单位快速响应外部环境的变化,还能提高组织的适应性和竞争力。

为了实现这一目标,事业单位可以采用多种方式来构建更为灵活的组织结构。首先,事业单位可以构建虚拟团队或项目组,以便根据业务需求快速调整人力资源配置。这种组织方式能够打破传统的部门壁垒,促进跨部门协作,提高组织效率和响应速度。

其次,事业单位可以采用灵活的工作制度,如远程办公、弹性工作时间等。这种制度可以更好地满足员工的工作需求和生活方式,提高员工的满意度和工作效率。同时,也能为事业单位提供更大的灵活性,以应对市场变化和业务调整。

最后,事业单位还可以通过建立敏捷的组织流程来提高灵活性。敏捷的组织流程强调快速迭代、持续改进和跨部门协作,能够更好地适应市场变化和客户需求。通过不断优化流程,事业单位可以快速调整资源和人力分配,提高组织的适应性和竞争力。事业单位应鼓励员工具备灵活的思维方式和工作态度。通过培训和教育,培养员工的创新能力、团队协作能力和应变能力。这样可以使员工更好地适应组织变革和市场变化,为事业单位的发展贡献更多的智慧和力量。

综上所述，增强组织的灵活性是平台化思维引领下的重要趋势。通过构建虚拟团队、项目组、采用灵活的工作制度、建立敏捷的组织流程以及培养员工的灵活思维方式，事业单位可以更好地适应市场变化和业务调整，提高组织的适应性和竞争力，实现持续发展。

（三）促进知识共享和创新

平台化思维在当今的事业单位管理中，不仅关注灵活性和人才的成长，更强调知识的共享和创新。这种思维有助于事业单位构建一个开放的知识共享环境，打破传统的信息孤岛现象，从而提升事业单位的创新能力和竞争力。

在传统的事业单位中，由于部门间的壁垒和层级结构的限制，信息流通不畅，知识难以共享。这导致了大量的重复工作和资源浪费，限制了事业单位的创新和发展。而平台化思维倡导的开放、协作和共享的理念，为事业单位解决这一问题提供了新的思路。

为了实现知识共享，事业单位可以搭建一个内部的知识分享平台。这个平台可以是一个在线社区、一个内部网站或者一个专门的协作工具，员工可以在这里上传和分享自己的知识和经验，也可以浏览和学习其他同事的知识成果。通过这样的平台，事业单位可以打破信息孤岛，加速知识的传播和共享，减少重复劳动，提高工作效率。除了知识分享平台，事业单位还可以通过组织内部的知识交流活动来促进知识的共享和创新。例如定期的研讨会、讲座、创意大赛等，鼓励员工分享自己的见解和思考，激发创新灵感。通过这样的交流活动，事业单位可以培养员工的创新意识，发掘潜在的创新点子，提升事业单位的创新能力。

此外，为了更好地促进知识共享和创新，事业单位还需要建立一套完善的知识管理机制。这包括知识获取、存储、共享、应用和创新的流程和规范，确保知识在事业单位内部得到有效的管理和利用。同时，事业单位还需要建立相应的激励机制，鼓励员工积极参与知识共享和创新活动。

综上所述，平台化思维有助于事业单位构建一个开放的知识共享环境，打破传统的信息孤岛现象。通过搭建内部知识分享平台、组织内部知识交流活动以及建立完善的知识管理机制，事业单位能够加速知识的传播和创新思想的涌现。这种知识共享的环境不仅能够提升员工的集体智慧和创新能力，还能为事业单位带来更多的商业机会和竞争优势。

（四）优化人力资源配置

平台化思维在人力资源管理中的另一个重要体现是优化人力资源配置。在传统的人力资源管理模式下，资源配置往往存在一定的盲目性和低效性，导致人才流失和资源浪费。而平台化思维强调资源的优化配置和高效利用，通过先进的技术手段，实现人力资源的精准匹配和优化配置。

首先，事业单位可以利用大数据分析技术，对人力资源数据进行分析和挖掘。通过收集员工的绩效数据、能力评估结果、工作行为等信息，事业单位可以更准确地评估员工的绩效和能力，为人才的选拔和晋升提供科学依据。同时,大数据分析还可以帮助事业单位发现人力资源配置中的问题和瓶颈,为优化资源配置提供数据支持。

其次,借助人才测评工具,事业单位可以更全面地了解员工的性格、价值观、职业倾向等方面的特点。这些信息可以帮助事业单位更准确地识别员工的潜力和特长,为人力资源的合理配置提供有力支持。通过将合适的员工安排在合适的岗位上,可以实现人才的高效利用,同时激发员工的积极性和创造力。

最后,平台化思维还鼓励事业单位采用灵活的用工方式,如项目制、外包等。这种方式可以根据项目的需求和特点,灵活地调配人力资源,提高资源的利用效率。同时,也能够降低事业单位的用工成本和风险。事业单位还可以通过建立完善的人力资源信息系统,实现人力资源数据的集中管理和分析。通过系统对人力资源数据的实时监控和分析,事业单位可以及时发现人力资源配置中的问题,并进行调整和优化。这有助于提高人力资源管理的效率和精准度,推动事业单位的持续发展。

综上所述,平台化思维强调资源的优化配置和高效利用。通过大数据分析、人才测评等先进技术手段,事业单位可以实现人力资源的精准匹配和优化配置。这不仅能够提高事业单位的管理效率和竞争力,还能够激发员工的潜力和创造力,推动事业单位的持续发展。

(五)强化员工激励机制

在平台化思维引领下,单位需要建立一套完善的员工激励机制,以激发员工的积极性和创造力,从而提升事业单位的竞争力。激励机制的建立需要综合考虑员工的实际需求和工作特点,以及事业单位的战略目标和业务发展状况。

首先,制定合理的薪酬体系是强化员工激励机制的重要手段之一。单位应该根据员工的绩效表现和能力评估结果,为员工提供具有竞争力的薪酬待遇,如奖金、提成、津贴等。同时,还可以通过实施薪酬调整机制,激励员工不断提升自己的工作表现和业绩水平。

其次,实施股权激励计划也是强化员工激励机制的有效方式。通过给予员工一定比例的股权或股票期权,让员工成为单位的股东或合伙人,从而激发员工的工作热情和创造力。这种激励方式能够使员工更加关注事业单位的长期发展,并为事业单位的发展贡献更多的智慧和力量。

最后,提供职业发展机会也是强化员工激励机制的重要方面。事业单位应该为员工提供多元化的职业发展路径和培训计划,帮助员工不断提升自己的能力和技能水平。通过为员工提供晋升机会和职业发展空间,事业单位能够更好地吸引和留住优秀人才,提高员工的忠诚度和工作满意度。同时,强化员工激励机制还需要注重非物质方面的激励。例如,提供良好的工作环境、营造积极的事业单位文化、关注员工的生活需求等。通过非物质方面的激励,事业单位能够更好地满足员工的需求,提高员工的工作满意度和归属感。

综上所述,在平台化思维的指导下,事业单位需要建立一套完善的激励机制,以激发员工的积极性和创造力。通过制定合理的薪酬体系、实施股权激励计划、提供职业发展机会等手段，事业单位能够更好地吸引和留住优秀人才，提高员工的忠诚度和工作满意度。这有助于推动事业单位的持续发展和竞争优势的提升。

（六）提升人力资源管理效率

在平台化思维的引导下，提升人力资源管理效率也是事业单位关注的重点之一。通过引入先进的人力资源管理软件和技术工具，事业单位可以优化人力资源管理的流程和操作，提高工作效率，降低管理成本，同时为员工带来更好的用户体验和服务质量。

首先，人力资源管理软件的应用是提升效率的关键。这些软件可以帮助事业单位实现人力资源数据的集中管理，提供自动化的人力资源流程，如招聘、薪酬管理、绩效评估等。通过软件的应用，事业单位可以减少人工操作，降低出错率，提高工作效率。同时，软件还能够提供实时的人力资源数据分析和报告，帮助事业单位做出更准确的决策。

其次，技术工具的应用也是提升人力资源管理效率的重要手段。例如，人工智能可以用于自动化招聘流程，提高筛选和评估的准确性；在线培训平台可以提供灵活的学习和培训资源，提高员工的培训效果；移动应用可以方便员工随时随地访问人力资源服务和信息，提高服务的可用性和便捷性。事业单位还需要注重流程的简化和优化。通过分析现有的人力资源管理流程，找出瓶颈和低效环节，进行改进和优化。例如，采用扁平化的组织结构、减少审批环节、提高信息传递的效率等。通过流程的简化和优化，事业单位可以提高人力资源管理的响应速度和服务质量。

综上所述，平台化思维强调流程的简化和效率的提升。通过引入先进的人力资源管理软件和技术工具，优化人力资源管理的流程和操作，事业单位能够提高人力资源管理效率，降低管理成本，同时为员工带来更好的用户体验和服务质量。这有助于提升事业单位的竞争力和可持续发展能力。

（七）促进跨文化交流与合作

在全球化背景下，跨文化交流与合作已成为事业单位发展的重要驱动力。平台化思维为事业单位提供了一个全新的视角，以开放、包容的心态来构建事业单位文化，促进跨文化交流与合作。这不仅有助于事业单位提升国际竞争力，还能增强员工的跨文化意识和交流能力。

平台化思维强调开放和包容，认为不同的文化和思维方式可以为事业单位的创新和发展带来更多机会。为了实现这一目标，事业单位可以搭建一个跨文化交流平台，为员工提供一个展示自己文化和背景的舞台。通过这个平台，员工可以分享各自的文化传统、价值观念和生活方式，增进相互之间的了解和尊重。

在跨文化交流平台的基础上，事业单位可以进一步推动跨文化合作项目的开展。通过与来自不同国家和地区的合作伙伴共同开展项目，事业单位可以充分利用各方优势资源，实现互利共赢。这种合作模式不仅能够提高事业单位的业务拓展能力，还能增强事业单位的国际影响力。为了更好地促进跨文化交流与合作，事业单位还需要建立一套完善的培训体系。通过定期举办跨文化沟通培训、语言培训、文化敏感性培训等活动，帮助员工提高跨文化意识和交流能力。同时，事业单位还可以邀请具有不同文化背景的专家和学者进行交流和分享，为员工提供更广泛的学习机会。

此外，事业单位在跨文化交流与合作中还需注意尊重文化差异和多样性。不同国家和地区的文化具有各自独特的特点和价值观念，事业单位应该以平等、包容的态度对待各种文化差异，避免文化冲突和误解。通过相互理解和尊重，事业单位可以更好地融入全球市场，实现可持续发展。

综上所述，平台化思维在全球化背景下为事业单位提供了一个促进跨文化交流与合作的全新视角。通过搭建跨文化交流平台、推动跨文化合作项目的开展以及建立完善的培训体系，事业单位可以提升国际竞争力、增强员工的跨文化意识和交流能力。这有助于事业单位在全球市场竞争中脱颖而出，实现可持续发展。

二、平台化思维在人才发展与创新中的实践

随着平台化思维的深入人心，越来越多的事业单位开始在人才发展与创新中应用这种思维模式。平台化思维在人才发展与创新中的实践主要体现在以下几个方面。

（一）构建人才生态圈

事业单位通过搭建一个开放、互联的人才生态圈，吸引内外部的优秀人才参与其中。这个生态圈不仅提供了一个展示才能的平台，还促进了不同背景和专业的人才之间的交流与合作。这种交流与合作有助于激发创新思维的碰撞，为事业单位带来新的创意和解决方案。例如，事业单位可以建立在线社区，让员工在其中分享经验、交流想法，形成一个互相学习、共同成长的良好氛围。

（二）促进知识共享

事业单位通过建立知识共享平台，鼓励员工将个人知识和经验上传分享，形成事业单位内部的知识库。这不仅能提高知识的利用价值，还能促进员工之间的相互学习与成长。通过知识共享，事业单位可以避免重复劳动和资源浪费，提高工作效率。同时，知识共享还有助于事业单位积累和传承优秀经验，提升整体竞争力。

（三）跨部门协作与资源整合

事业单位通过建立跨部门的协作机制和资源整合平台，打破部门壁垒，促进信息流动和资源共享。这有助于提升整体效率和创新能力。通过跨部门协作，事业单位可以更好地整合内外部资源，实现资源的优化配置。同时，协作机制的建立还有助于提高团队的凝聚力和合作精神，促进事业单位文化的建设。

（四）人才发展与培训

事业单位运用平台化思维开展人才发展与培训工作。例如，通过在线学习平台为员工提供个性化的学习资源和发展路径；通过实践平台为员工提供实际操作和锻炼的机会，提升其技能水平。这种以员工为中心的人才发展模式有助于激发员工的积极性和创造力，为事业单位培养出更多优秀的人才。同时，培训工作还可以结合事业单位的战略目标和业务需求，为员工提供有针对性的培训内容，提高员工的工作绩效。

（五）创新项目孵化

事业单位利用平台化思维孵化创新项目。通过建立一个支持创新项目从构思到落地的全过程的平台，事业单位能够吸引内部和外部的资源，推动项目的快速发展。这个平台可以为创新项目提供资金支持、技术支持和市场推广等全方位的服务，帮助项目快速成长并实现商业价值。同时，事业单位还可以通过与其他事业单位和研究机构的合作，共同推动创新项目的孵化和发展。

综上所述，平台化思维在人才发展与创新中的实践具有重要意义。事业单位应该积极拥抱这种思维模式，通过构建人才生态圈、促进知识共享、加强跨部门协作与资源整合、开展人才发展与培训以及孵化创新项目等措施，不断提升人才的竞争力，推动事业单位的持续创新和发展。

三、平台化思维在人力资源管理中的推广价值与前景

随着互联网和数字化技术的飞速发展，平台化思维正在逐渐成为事业单位创新和发展的重要驱动力。在人力资源管理领域，平台化思维的推广价值与前景同样不可小觑。以下是对其推广价值与前景的深入探讨。

（一）推广价值

1. 提升人力资源管理效率

通过运用先进的数据分析工具和方法，事业单位能够更精准地进行人力资源配置和管理。从招聘、培训到绩效评估，各个环节都能实现智能化和数据驱动，从而提高整体管理效率。这不仅能减轻HR人员的工作负担，还能为事业单位节省大量时间和成本。

2. 激发员工的创造力与参与度

平台化思维强调员工的价值创造和参与，提倡开放、平等的交流与合作。这种思维模式有助于打破传统的管理层级，让员工更加积极地参与到事业单位的决策和工作中。当员工感到自己的贡献被重视，他们的创造力和参与度将大大提高，为事业单位创造更多价值。

3. 增强事业单位的竞争优势

通过平台化思维，事业单位能够构建一个开放、互联、共享的人力资源管理体系。这不仅能吸引更多优秀的人才加入，还能促进事业单位与外部合作伙伴之间的资源共享和互利共赢。优秀的人才和资源是事业单位成功的关键因素，因此平台化思维有助于事业单位提升自身的竞争力和市场地位。

4. 推动人力资源管理领域的创新发展

平台化思维为人力资源管理带来了新的理念和方法，如人才生态圈、知识共享平台等。这些新的理念和方法有助于推动该领域的创新发展，使人力资源管理更加适应数字化时代的需求。随着技术的不断进步，平台化思维将继续为人力资源管理带来更多的创新机会。

（二）前景展望

随着数字化技术的不断发展和普及，平台化思维在人力资源管理中的应用前景将更加广阔。人工智能、大数据、云计算等先进技术将进一步优化人力资源管理的各个环节，提高管理效率。同时，随着事业单位对于人才竞争的日益激烈，平台化思维将成为事业单位吸引和留住优秀人才的重要手段。

未来的人力资源管理将更加注重员工的个人成长和价值创造，为员工提供更多元化的发展机会。事业单位的成功将更加依赖于员工的创造力和创新能力，因此人力资源管理将更加注重激发员工的潜力和培养员工的综合能力。

此外，随着全球化进程的加速，跨文化交流与合作将成为事业单位发展的重要趋势。人力资源管理将更加注重多元文化的融合与发展，为事业单位提供全球化视野和跨文化交流的能力。

综上所述，平台化思维在人力资源管理中的推广价值与前景非常广阔。事业单位应紧跟时代步伐，不断探索和实践平台化思维在人力资源管理中的应用，以实现更高水平的人才管理和业务发展。只有这样，事业单位才能在激烈的市场竞争中立于不败之地，持续创新和发展。

第十六章 事业单位文化与人力资源创新管理

第一节 事业单位文化的特点与价值

事业单位作为国家科技创新体系的重要组成部分，其文化特点与价值对于事业单位的发展和社会的进步具有深远的影响。本节将详细探讨事业单位文化的定义与内涵、独特性以及其发展的重要性。

一、事业单位文化的定义与内涵

事业单位文化是指在一个专门从事科学研究的事业单位中，由职工共同创造、遵循和传承的价值观念、行为准则和工作氛围的集合。这种文化不仅反映了其精神风貌，也是其核心竞争力的重要组成部分。

其内涵非常丰富，它包含了科研人员的核心价值观、道德准则、团队精神、创新意识等方面的内容。这些元素相互交织，共同构成了事业单位文化的核心体系。

具体来说，事业单位文化的内涵包括以下几个方面。

（一）共同的价值观念

职工普遍认同的价值观和理念，如尊重科学、追求真理、勇于创新等。这些价值观念是文化的基石，对职工的行为和态度起着重要的导向作用。

（二）行为准则

职工普遍遵循的行为规范和标准，如诚信、勤奋、严谨等。这些行为准则是维护事业单位正常运转的重要保障，也是评价职工工作表现的重要依据。

（三）团队精神

职工之间相互协作、共同奋斗的精神风貌。团队精神是事业单位文化的重要组成部分，它能够激发职工的积极性和创造力，提高整体的工作效率。

（四）创新意识

职工普遍具备的创新意识和创新能力。这种意识和能力是推动科研发展的重要动力，也是事业单位文化的重要组成部分。

（五）良好的工作氛围

职工普遍感受到的工作环境和氛围，如和谐的人际关系、积极向上的工作氛围等。良好的工作氛围能够提高职工的工作满意度和归属感，从而促进科研工作的顺利开展。

综上所述，事业单位文化包含了职工共同的价值观念、行为准则、团队精神、创新意识以及良好的工作氛围等方面的内容。这种文化不仅有助于推动科研工作的顺利开展，还能够提高职工的凝聚力和归属感，促可持续发展。

二、事业单位文化的独特性

事业单位文化具有独特的价值取向和行为特征。与一般的单位文化相比，事业单位文化更加注重科研工作的专业性和创新性，强调团队合作和学术交流。以下是对事业单位文化独特性的详细分析。

（一）创新精神

创新精神是科研工作的核心，也是核心价值观之一。这种文化强调不断挑战传统的学术观点，勇于提出新的理论和观点，推动科研领域的进步。对于事业单位来说，创新精神不仅是工作方式，更是一种思维方式和工作态度。

事业单位文化的创新精神体现在多个方面。首先，创新精神鼓励职工积极探索未知领域，不断开拓新的研究方向。通过不断尝试新的方法和实验，职工可以发现新的科学规律和现象，为科研领域的发展做出贡献。

其次，创新精神注重培养职工独立思考和批判性思维能力。职工需要具备独立思考和判断能力，勇于质疑和挑战传统的学术观点。只有通过不断思考和反思，职工才能发现新的研究问题和思路，推动科研领域的进步。

最后，创新精神也强调团队合作和跨学科交流。不同学科和领域的专家学者需要相互合作和交流，共同解决复杂的科学问题。通过跨学科交流和合作，职工可以汲取其他领域的思想和方法，激发创新灵感，推动科研领域的融合和发展。创新精神需要良好的创新环境和文化氛围。单位需要营造一个开放、包容、激励创新的氛围，鼓励职工敢于尝试和冒险。同时，还需要提供充足的资源和支持，为职工开展创新活动提供必要的保障。

总之，创新精神鼓励职工不断挑战传统、勇于提出新的理论和观点、注重独立思考和批判性思维能力、加强团队合作和跨学科交流、营造良好的创新环境和文化氛围。通过践行创新精神，可以推动科研领域的进步和发展。

（二）协作精神

协作精神在科研工作中占据着举足轻重的地位，尤其是在事业单位这样高度专业化的环境中。由于科研项目的复杂性和跨学科性，单一的研究人员往往难以独自应对所有的挑战。因此，事业单位文化非常注重团队协作，将协作精神视为推动科研工作发展的核心动力之一。

协作精神的核心在于促进不同学科、不同领域的研究人员之间的紧密合作。这种合作不仅仅局限于同一实验室或研究团队内部，还包括跨学科、跨领域的广泛合作。这种合作模式有助于打破学科壁垒，促进知识和经验的共享，从而共同攻克科研难题。

为了培养协作精神，通常会采取一系列措施。首先，他们鼓励研究人员积极参与团队讨论和学术交流活动，以便更好地了解彼此的研究方向和专长。其次，他们提供丰富的跨学科培训和研究机会，帮助研究人员拓宽视野，增强跨学科合作的能力。最后，他们还会建立有效的沟通机制和协作平台，以便研究人员能够方便地分享资源、交流想法和协作开展研究工作。

协作精神对于单位的科研工作具有深远的影响。首先，它有助于整合和优化研究资源，提高科研工作的效率和质量。其次，它能够促进知识和技术的交流与创新，推动科研领域的进步。最后，它还能够培养研究人员的团队意识和协作能力，为他们的职业发展奠定坚实的基础。

总之，协作精神是推动科研工作发展的重要动力。通过促进不同学科、不同领域的研究人员之间的交流与合作，能够共同攻克科研难题，推动科研领域的进步和创新。

（三）奉献精神

奉献精神在事业单位文化中占据了至关重要的地位，它体现了对职业的热爱和执着，以及对社会责任的积极担当。这种文化鼓励职工将个人的智慧和力量无私奉献给科研事业，不计较个人得失，始终以科研成果的最大化为目标。

奉献精神表现为职工对工作的全身心投入和对科研事业的忠诚。他们深知科研工作的艰辛和复杂，但仍然选择坚守岗位，不断探索和创新。他们愿意加班加点，甚至放弃节假日的休息，只为确保科研项目的顺利进行。这种对工作的热情和执着，是推动科研事业不断发展的重要动力。

同时，奉献精神还体现在对职业道德和社会责任的坚守上。单位的职工深知，作为科研人员，他们肩负着推动社会进步和科技创新的重任。因此，他们始终坚守学术诚信，严格遵守科研伦理，杜绝任何形式的学术不端行为。他们不仅追求科研成果的数量和质量，更注重其社会价值和影响力。他们希望自己的研究能够为人类的福祉和社会的进步做出贡献。奉献精神还表现在职工之间的互助合作和团队精神上。职工之间不仅仅是同事关系，更是战友关系。他们相互支持、相互鼓励，共同面对科研工作中的困难和挑战。他们愿意分享自己的知识和经验，帮助他人成长和进步。这种团队精神和互助合作的精神，也是奉献精神的重要体现。

总之，奉献精神体现了职工对职业的热爱和执着，对社会责任的积极担当，以及对职业道德和社会责任的坚守。通过培养奉献精神，事业单位能够汇聚起强大的科研力量，推动科研事业的不断发展和创新，为社会的进步和发展做出积极贡献。

（四）持续学习与知识共享

在事业单位文化中，持续学习与知识共享被赋予了极高的价值。这种文化理念认为，只有不断汲取新知识、掌握新技能，才能跟上科研领域的快速发展，为科研事业贡献自己的力量。

首先，持续学习是职工必备的能力。随着科技的不断进步和科研领域的日新月异，职工需要时刻保持对新知识的渴望和学习的动力。他们不仅要关注自己专业领域内的最新研究成果，还要拓宽视野，了解其他相关领域的进展。通过参加学术研讨会、阅读最新研究论文、参与专业培训等方式，职工可以不断更新自己的知识体系，提高自己的专业素养。

其次，知识共享是事业单位文化中的另一个重要方面。在科研工作中，知识的传播和应用至关重要。通过建立知识共享平台，如内部网站、数据库等，职工可以方便地获取和分享各种科研资料、数据和经验。同时，通过开展学术交流活动，如学术讲座、研讨会等，职工可以相互交流思想、分享研究成果，从而激发创新思维和灵感。这种知识共享的氛围有助于打破学科壁垒，促进不同领域之间的合作与交流，推动科研工作的进步。

最后，鼓励职工之间进行跨学科的交流与合作。通过整合不同学科的知识和资源，职工可以发现新的研究思路和方法，推动科研领域的交叉融合。这种跨学科的合作与交流不仅有助于提升职工的综合素质和能力，还为科研事业注入了新的活力和动力。

总之，通过鼓励职工不断更新知识和技能、促进知识的传播和应用、加强跨学科的合作与交流，单位可以推动科研工作的不断进步和创新发展。这种文化氛围有助于培养职工的终身学习能力、创新意识和团队合作精神，为科研事业的可持续发展奠定坚实基础。

（五）追求卓越与开放包容

追求卓越与开放包容的文化理念体现了对高质量科研成果和广泛学术影响力的不懈追求，同时也展现了单位对于多元化、包容性学术环境的重视。

首先，追求卓越是事业单位文化的基石。在这样的文化氛围中，职工被鼓励不断挑战自我，追求卓越的科研成果。他们被激励积极发表学术论文，在国际学术交流中展现自己的研究实力。同时，单位也提供了丰富的学术资源和平台，帮助职工提升学术水平和国际影响力。这种追求卓越的文化氛围有助于激发职工的创新精神和创造力，推动科研工作的深入发展。

与此同时，开放包容也是事业单位文化的重要特征。在科研工作中，不同的学术观点和研究方法往往能够碰撞出创新的火花。因此，单位鼓励职工尊重并倾听不同的声音，积极寻求跨学科、跨领域的合作与交流。这种开放包容的文化氛围有助于打破学科壁垒，促进知识的融合与创新。同时，它也能够帮助职工拓宽视野，增强自身的学术素养和综合能力。值得一提的是，追求卓越与开放包容并不是相互独立的。相反，它们相辅相成，共同构成了事业单位文化的核心。在追求卓越的过程中，职工需要保持开放包容的心态，积极吸纳不同的学术观点和研究方法。而在开放包容的环境中，职工也更容易追求卓越，因为他们可以从更广阔的视野中汲取灵感和动力。

总之，追求卓越与开放包容不仅有助于推动科研工作的深入发展，提升职工的学术水平和国际影响力，还能够营造出一个充满活力、创新的学术氛围。在这样的文化氛围中，职工可以充分发挥自己的潜力和创造力，为科研事业的进步和发展做出积极贡献。

三、事业单位文化对事业单位发展的重要性

作为事业单位内部的一种精神力量，对于单位的发展起着至关重要的作用。它不仅关系到职工的凝聚力、工作积极性，还直接影响竞争力、创新力和社会影响力。以下是对事业单位文化发展重要性的深入探讨。

（一）凝聚力

事业单位文化通过共同的价值观念和行为准则，将职工紧密地联系在一起。在这样的文化氛围下，职工能够感受到强烈的归属感和认同感，从而形成一种向心力，使大家更加团结、协作，为共同的目标努力。这样的凝聚力能够显著提高工作效率和创新能力，为事业单位的发展提供强大的内驱力。

（二）竞争力

优秀的文化氛围是吸引和留住优秀人才的关键。事业单位文化通过提供良好的工作环境、积极向上的工作氛围以及广阔的发展前景，能够吸引大量优秀的人才加入。同时，这种文化还能够激发职工的创造力和潜能，使他们更加专注于科研工作，为单位带来更多的创新成果。这些因素共同提升了单位的整体竞争力，使其在激烈的竞争中立于不败之地。

（三）影响力

作为国家科技创新体系的重要组成部分，其文化不仅对事业单位内部产生影响，还对社会具有一定辐射效应。优秀的事业单位文化代表着先进的科技水平和学术追求，能够为社会提供重要的科技支撑和智力支持。同时，这种文化的传承和发展还能够推动社会的科技进步和创新发展，产生广泛的社会影响。

（四）持续发展

文化的传承和创新是事业单位持续发展的关键。应当注重文化的建设和发展，不断推动文化的创新和进步。通过加强职工的文化认同感，提高他们对事业单位文化的认知和遵循，使文化成为推动事业单位持续发展的强大动力。只有这样，事业单位才能在不断变化的环境中保持长久的生命力和竞争力。

综上所述，事业单位文化对于事业单位的发展具有不可替代的作用。为了更好地发挥文化的引领作用，应当深入挖掘和传承自身文化的独特价值，加强职工的文化认同感，推动文化的持续创新和发展。只有这样，才能真正实现自身的使命和价值，为社会的进步和发展做出更大的贡献。

第二节 事业单位文化与人力资源管理的互动关系

事业单位文化与人力资源管理之间存在着密切的互动关系，两者相互影响、相互促进，共同推动事业单位的持续发展。接下来探讨事业单位文化对人力资源管理的导向作用，以及人力资源管理实践对事业单位文化的塑造与传承。

一、事业单位文化对人力资源管理的导向作用

事业单位文化作为内部的灵魂和核心价值观，对人力资源管理起着重要的导向作用。这种导向作用主要体现在以下几个方面。

（一）人才招聘与选拔

强调创新、协作和奉献精神，因此在招聘和选拔人才时，会特别关注应聘者是否具备这些品质。通过制定符合文化要求的招聘标准，能够吸引和选拔出

相契合的人才,从而确保新入职的职工能够快速融入单位,为单位的长期发展提供有力的人才保障。

(二)职工培训与发展

不仅关注职工的科研能力,还注重职工的个人成长。在职工培训和发展方面,根据文化价值观的要求,设计相关的培训课程和职业发展路径,以培养职工的综合素质和团队协作精神。通过培训和职业发展规划,职工能够不断提升自己的技能和能力,更好地适应单位的发展需求。

(三)绩效管理与激励

在绩效管理方面强调绩效与价值观并重,既关注职工的业绩表现,也注重职工对事业单位文化的认同和实践。制定符合文化要求的绩效评价体系,将职工的个人绩效与事业单位整体目标相结合,激发职工的积极性和创造力。同时,通过合理的激励机制,如薪酬、晋升和奖励等,能够更好地激励职工为事业单位的发展贡献力量。

(四)职工关系与福利

注重团队协作和职工关怀,因此在职工关系和福利方面,会采取一系列措施来增强职工的归属感和忠诚度。例如,提供良好的工作环境、举办团队建设活动、关注职工心理健康等。通过营造积极向上的工作氛围和职工关系,能够更好地留住人才,提高职工的工作满意度和忠诚度。

综上所述,通过融入人才招聘与选拔、职工培训与发展、绩效管理与激励以及职工关系与福利等方面,能够构建一支符合自身文化要求的优秀团队,为事业单位的长期发展提供有力的人才保障。

二、人力资源管理实践对事业单位文化的塑造与传承

人力资源管理实践在塑造和传承事业单位文化方面也发挥着重要的作用。

(一)职工培训与文化传承

职工培训与文化传承是相辅相成的两个过程。新职工入职培训作为职工与事业单位文化首次接触的重要环节,起到了至关重要的作用。通过系统的培训,新职工能够迅速了解事业单位的使命、愿景和核心价值观,明确自己在事业单位中的角色和定位。这样的培训不仅帮助新职工快速融入团队,也为其未来的职业发展奠定了坚实的基础。

除了新职工入职培训,团队建设活动也是文化传承的重要途径。通过各种形式的团队建设活动,如户外拓展训练、内部研讨会等,能够加强职工之间的沟通与协作,培养团队精神。在这些活动中,职工有机会深入了解事业单位的历史、传统和文化特色,增强认同感和归属感。值得一提的是,职工培训与文化传承并不仅仅局限于新职工和团队建设活动。在日常工作中,也应该注重职工的专业技能培训和职业发展指导。通过提供持续的学习和发展机会,不仅能够提升职工的个人能力,还能够增强整体竞争力。同时,这也是对事业单位文化的一种有效传承和弘扬。

综上所述,职工培训与文化传承在事业单位中扮演着举足轻重的角色。通

过系统培训和丰富的团队建设活动,不仅能够将自身的价值观和文化理念传递给职工,还能够塑造和传承具有鲜明特色的事业单位文化。这样的文化氛围不仅有助于职工的个人成长和职业发展,也能够为长远发展提供有力的支持。

(二)激励机制与文化实践

为了激发职工积极践行事业单位文化的动力,需要制定符合的文化特色激励机制。这些机制不仅包括晋升机制、奖励机制等传统形式,还包括更加灵活和多样化的激励方式。

首先,通过设立明确的晋升通道和评价标准,能够鼓励职工不断提升自己的专业能力和综合素质,为长远发展做出贡献。这种晋升机制不仅是对职工个人能力的认可,更是对其践行的一种肯定。

其次,可以根据职工的工作表现、创新能力、团队协作等方面的表现,设立相应的奖励措施。这些奖励可以是物质奖励,如奖金、奖品等,也可以是精神奖励,如荣誉称号、表彰证书等。通过给予职工适当的奖励,不仅能够激发职工的工作热情,还能够增强职工的认同感和归属感。

除了晋升机制和奖励机制,还可以通过树立榜样、表彰优秀职工和团队的方式,进一步激励职工践行事业单位文化。这些榜样可以是内部的优秀职工,也可以是外部的优秀代表。通过表彰他们的先进事迹和卓越成就,不仅能够激发其他职工的向心力和凝聚力,还能够营造出一个积极向上、奋发向前的文化氛围。

值得注意的是,激励机制的制定和实施需要紧密结合其特点和要求。只有符合事业单位文化特色的激励机制,才能够真正激发职工践行事业单位文化的积极性。同时,激励机制也需要根据发展阶段和职工的需求进行不断调整和优化,以确保其长期有效性和可持续性。

综上所述,激励机制与文化实践中相互促进、相互支撑。通过制定符合自身文化特色的激励机制,并树立榜样、表彰优秀职工和团队,能够激发职工践行事业单位文化的积极性,推动事业单位文化的深入实践和发展。这样的文化氛围不仅有助于提升事业单位的整体竞争力和凝聚力,还能够为职工的个人成长和职业发展提供有力的支持。

(三)绩效管理与文化优化

绩效管理扮演着优化事业单位文化的关键角色。一个科学、合理的绩效评价体系,不仅能够权衡职工的工作成果和效率,更能洞悉职工在践行事业单位文化过程中的表现。这样的评价体系就像一面镜子,映照出职工之间的契合度,以及可能存在的偏差。

首先,通过绩效管理,能够及时发现职工在践行事业单位文化过程中存在的问题和不足。这些问题可能表现为对单位价值观的不理解、对工作流程的不适应或是在团队协作中的摩擦等。一旦这些问题被识别出来,就可以针对性地采取培训、指导或是调整工作流程等措施,帮助职工改进并更好地融入事业单位文化。

其次，绩效管理还能够提供关于职工需求和期望的宝贵反馈。通过收集和分析职工的绩效数据，可以了解职工在工作中的需求、期望以及可能遇到的挑战。这些信息对于事业单位来说非常重要，因为它们能够帮助事业单位更好地满足职工的需求，提高职工的满意度和忠诚度。当职工感到被理解和被重视时，他们更有可能全身心地投入工作中，为事业单位的发展贡献自己的力量。绩效管理本身也是一个文化塑造的过程。通过制定合理的绩效评价体系和激励机制，事业单位可以明确地向职工传达自己的价值观和期望。这种明确的期望和激励，能够引导职工在工作中积极践行事业单位文化，进而促进事业单位文化的深入实践和发展。

综上所述，通过及时发现和解决问题、满足职工需求以及塑造积极的事业单位文化，绩效管理不仅能够提升整体效能和竞争力，还能够为职工的个人成长和职业发展提供有力的支持。因此，应该高度重视绩效管理的设计和实施，确保其与事业单位文化的深度融合和相互促进。

（四）职工关系管理与文化创新

职工关系管理与文化创新在事业单位中相辅相成，共同推动事业单位的稳健发展和持续创新。良好的职工关系管理不仅能够增强职工的归属感和忠诚度，还能够为创新和发展提供强有力的支持。

首先，职工关系管理关注的是职工在工作中的满意度和幸福感。通过定期的调查和沟通，可以及时了解职工的工作状态、需求和期望，从而采取相应的措施来优化工作环境、提升职工的工作体验。这种关注不仅有助于提高职工的工作积极性和效率，还能够增强职工对单位的认同感和忠诚度，为单位文化的深入实践和发展奠定坚实的基础。

其次，职工关系管理还能够有效解决职工之间的纠纷和冲突。职工之间可能会因为工作、利益等方面的问题而产生矛盾和摩擦。如果这些问题得不到及时、有效的解决，不仅会影响职工的工作效率和心情，还可能对传播和实践产生负面影响。因此，通过建立良好的职工关系管理机制，可以及时发现并解决这些问题，维护一个和谐、稳定的工作环境，为创新和发展提供有力的保障。

此外，职工关系管理还能够激发职工的创新精神和实践能力。在一个和谐、稳定的工作环境中，职工更容易产生积极的思维和想法，为创新和发展贡献自己的智慧和力量。同时，也可以通过开展各种形式的培训和活动，提升职工的创新能力和实践能力，推动单位文化的不断发展和完善。

综上所述，关注职工的工作满意度、解决职工纠纷等方式，可以营造一个和谐、稳定的工作环境，激发职工的创新精神和实践能力，推动事业单位文化的不断发展和完善。这样的文化氛围不仅有助于提升整体竞争力和凝聚力，还能够为职工的个人成长和职业发展提供有力的支持。因此，应该高度重视职工关系管理与文化创新的结合，推动两者相互促进、共同发展。

三、文化与管理的融合：共同价值观的培育、团队精神的打造

为了实现更好的绩效和发展，需要将文化与管理进行深度融合。这要求单

位在人力资源管理实践中注重培育共同价值观和打造团队精神。

（一）共同价值观的培育

事业单位需要建立一套清晰的共同价值观体系，并在人力资源管理全过程中进行渗透和强化。通过培训、沟通和激励等多种方式，使职工深入理解和认同事业单位的价值观，形成共同的信念和行为准则。只有这样，才能确保职工在工作中始终保持与事业单位目标一致的行为取向，推动事业单位的持续发展。

（二）团队精神的打造

需要打造一支具有高度凝聚力和协作精神的团队。通过加强团队建设、实施团队激励等方式，提高职工的团队协作意识，促进团队成员之间的有效沟通和合作。同时，还需要关注团队成员的个体成长和发展，为团队成员提供充足的资源和支持，激发团队的创造力和战斗力。

（三）跨部门协作的促进

通常涉及多个部门和学科领域，因此需要加强跨部门之间的协作与资源整合。通过建立跨部门协作机制、搭建信息共享平台等方式，打破部门壁垒，促进不同部门之间的交流与合作。这有助于提高事业单位的整体效率和创新能力，推动科研成果的产生和应用。

（四）领导力培养与文化传承

领导者在事业单位文化的传承和发展中扮演着重要的角色。需要注重领导力的培养，选拔和培养一批具有高度文化认同和责任感的领导者。通过领导者的示范和引导作用，强化职工对事业单位文化的认同和实践，确保文化的传承和发展能够在不同领导任期内得到有效维护。

（五）职工关怀与文化建设

关注职工的情感需求和工作压力，通过建立职工关怀机制，如提供心理健康辅导、单位文化活动等，增强职工的归属感和幸福感。同时，还需要鼓励职工积极参与文化建设，通过职工的反馈和建议，不断优化和完善单位文化，使其更加符合职工需求和发展目标。

（六）制度建设与文化融合

将文化理念融入各项规章制度中，确保职工在遵守制度的同时践行事业单位文化。通过制定符合文化要求的招聘、培训、绩效管理、薪酬福利等制度，使职工在日常工作中不断强化对事业单位文化的认知和实践。

（七）品牌建设与文化传播

加强品牌建设和文化传播工作，提高单位在社会上的知名度和美誉度。通过积极参与社会公益活动、加强与社会的交流与合作等方式，展示单位的文化内涵和社会责任感，树立良好的事业单位形象。

综上所述，事业单位文化与人力资源管理之间存在着密切的互动关系。为了实现更好的绩效和发展，需要将文化与管理进行深度融合，注重培育共同价值观和打造团队精神，加强跨部门协作和领导力培养，关注职工关怀和制度建设，加强品牌建设与文化传播。只有这样，才能充分发挥文化的引领作用，推动事业单位的持续发展和社会的不断进步。

第三节 人力资源创新管理对事业单位文化的推动作用

随着时代的进步和科技的发展，人力资源创新管理的作用日益凸显。这一创新的管理理念和实践不仅引领着事业单位文化的方向，还丰富和发展着事业单位文化，为其传承与传播做出重要贡献。本节将深入探讨人力资源创新管理对事业单位文化的推动作用。

一、创新管理理念对事业单位文化的引领

随着时代的发展和科技的进步，人力资源管理逐渐成为单位发展的重要驱动力。创新管理理念作为人力资源管理的新思维，为单位文化的建设提供了重要的引领作用。这种引领作用主要体现在以下几个方面。

（一）前瞻性思维

前瞻性思维，作为人力资源创新管理理念的核心要素之一，具有深远的战略意义和导向作用。在事业单位的文化建设中，前瞻性思维不仅是引领事业单位走向未来的关键，更是激发职工创造力和积极性的源泉。

首先，前瞻性思维能够帮助职工站在更高的角度，审视和预测科技发展的前沿动态。随着科技的日新月异，作为科技创新的摇篮，必须时刻保持对新技术、新趋势的敏感度和洞察力。前瞻性思维鼓励职工不断学习、研究，关注国际国内的科研动态，从而确保单位在科技浪潮中保持领先地位。

其次，前瞻性思维对于把握未来科研方向具有至关重要的意义。科研工作的本质就是探索未知、挑战未来，因此，具备前瞻性思维的职工能够更准确地捕捉科研方向的变化，提前布局、规划，为单位长远发展奠定坚实基础。这种思维方式有助于避免盲目跟风、随波逐流，确保科研工作的前瞻性和创新性。

最后，前瞻性思维还有助于培养职工具有战略眼光的思维方式。职工不仅要有扎实的专业知识和技能，更要有开阔的视野和深远的战略眼光。只有这样，他们才能在复杂多变的科研环境中，找到正确的方向，为单位的长远发展贡献自己的力量。前瞻性思维的引领作用还体现在为单位的长远发展提供有力的人才保障。通过培养具有前瞻性思维的职工，打造一支高素质、高水平的科研团队，为单位的未来发展提供坚实的人才支撑。这样的团队不仅能够在科技竞争中脱颖而出，更能够为国家的科技创新和事业发展做出重要贡献。

综上所述，前瞻性思维不仅引导职工关注科技发展的前沿动态，把握未来科研方向，还培养具有战略眼光的思维方式，为事业单位的长远发展提供有力的人才保障。因此，应该高度重视前瞻性思维的培养和应用，将其贯穿于科研工作的始终，推动单位不断向前发展。

（二）灵活性

灵活性强调在面对外部环境和内部需求变化时，单位能够迅速作出反应，

调整战略和资源配置，以适应新的形势和挑战。

在事业单位中，灵活性思维的引领作用主要体现在以下几个方面。

首先，灵活性使单位能够更好地应对外部环境的变化。科技领域的竞争日益激烈，政策环境、市场需求等因素都可能对单位的工作产生深远影响。具备灵活性，能够迅速捕捉到这些变化，并做出相应的调整，确保科研工作始终与外部环境保持同步。

其次，灵活性有助于及时调整内部结构和运作方式。随着科研工作的不断深入和扩展，内部的结构和运作方式可能需要进行相应的调整。灵活性思维鼓励事业单位在面对这些变化时，能够迅速作出决策，优化内部资源配置，确保科研工作的顺利进行。

最后，灵活性思维还有助于事业单位文化的塑造和发展。一个灵活的单位文化能够激发职工的创新意识和积极性，使职工在面对挑战时更加勇敢和自信。同时，灵活性也有助于事业单位在变革中保持敏捷和适应性，使事业单位文化更加灵活多变，能够在不断变化的环境中保持竞争力。灵活性思维对于提升单位的整体竞争力具有重要意义。在科技领域，只有具备灵活性和适应性的单位，才能在激烈的竞争中脱颖而出，取得优势地位。通过培养灵活性思维，事业单位能够不断提升自身的竞争力，为国家的科技创新和事业发展做出更大的贡献。

综上所述，灵活性能够更好地应对外部环境的变化，及时调整内部结构和运作方式，保持敏捷和适应性，使单位文化更加灵活多变，从而在不断变化的环境中保持竞争力。因此，应该高度重视灵活性的培养和应用，将其贯穿于科研工作的始终，推动事业单位不断向前发展。

（三）适应性

适应性在事业单位文化的建设中扮演着举足轻重的角色。它鼓励职工在面对变化时保持积极的心态和行为，迅速适应新的环境和挑战，从而为单位的长远发展贡献力量。

首先，科研工作本身就是一个不断创新和变革的过程，要求职工具备敏锐的洞察力和前瞻性思维。通过强调适应性，能够引导职工主动关注科研工作的变化和发展趋势，积极调整自己的思维和行为方式，以适应新的科研环境和需求。这种变革意识不仅有助于提升职工的竞争力，更能为单位的创新发展提供源源不断的动力。

其次，提高职工的适应能力有助于单位更好地应对外部环境的变化和挑战。在科技领域，外部环境的变化往往非常迅速，包括技术革新、政策调整、市场需求等多方面的因素都可能对单位的工作产生影响。具备适应性的职工能够迅速适应这些变化，调整自己的工作内容和方式，确保科研工作的顺利进行。同时，也能够通过灵活调整自身的战略和资源配置，更好地应对外部环境的变化和挑战，保持单位的竞争力和稳定性。适应性还有助于塑造更具包容性和开放性的单位文化。一个具备适应性的单位文化能够容纳不同的观点和想法，鼓励职工之间进行交流和合作，共同推动科研工作的发展。这种开放性和包容性不仅能够激发职工的创新精神和创造力，还能为事业单位吸引更多优秀的人才，提升整体竞争力。

综上所述，通过培养职工的变革意识、提高适应能力，能够更好地应对外部环境的变化和挑战，塑造更具包容性和开放性的事业单位文化。这样的文化氛围不仅有助于提升职工的个人成长和职业发展，更能为事业单位的长远发展提供有力的支持。因此，应该高度重视适应性的培养和应用，将其贯穿于科研工作的始终，推动事业单位不断向前发展。

二、创新管理实践对事业单位文化的丰富与发展

人力资源创新管理实践不仅提高了单位的运营效率，还为事业单位文化的丰富与发展提供了动力和源泉。

（一）人才招聘与选拔的创新

通过创新的招聘渠道、选拔标准和流程，能够吸引更多具有创新精神和实践能力的人才，为单位文化的丰富和发展注入新鲜血液。同时，这种创新的人才招聘与选拔方式还有助于强化事业单位对人才的吸引力，提高职工的整体素质。

（二）培训与开发的创新

通过创新的培训方法和手段，可以为职工打造一个充满活力与吸引力的学习环境。互动式培训、案例分析、小组讨论等多元化的培训方式，能够激发职工的学习兴趣和主动性，让他们在积极参与中不断提升自己的个人能力。

创新的培训与开发不仅有助于提升职工的个人能力和职业发展，还在促进职工对事业单位文化的理解和认同方面发挥着重要作用。当职工参与到新颖、富有创意的培训活动中时，他们能够更深入地感受到事业单位对他们成长的关注和支持。这种积极的体验会增强职工对事业单位的归属感和忠诚度，进而促使他们更加主动地去理解和认同事业单位文化。同时，在培训过程中，通过对事业单位文化的深入解读和实践，职工也能够为事业单位文化的进一步丰富和发展贡献自己的智慧和力量。他们可以将自己的价值观和工作理念与事业单位文化相融合，创造出更具活力和适应性的事业单位文化氛围。

（三）绩效管理的创新

通过创新的绩效管理体系和方法，能够更好地评估职工的绩效表现，同时激发职工的积极性和创造力。这种创新的绩效管理方式有助于强化事业单位文化的核心价值观，如团队协作、创新精神等，推动事业单位文化的进一步发展。

（四）激励机制的创新

通过创新的激励机制，能够更好地激发职工的积极性和工作动力。例如，通过实施职工持股计划、提供多元化的奖励方式等，能够强化职工对事业单位文化的认同和实践，进一步丰富和发展事业单位文化。

（五）跨部门协作的创新

通过创新的跨部门协作机制和方法，能够打破部门壁垒，促进不同部门之间的交流与合作。这种跨部门协作的创新有助于提高事业单位的整体效率和创新能力，进一步推动事业单位文化的丰富和发展。

三、创新管理对事业单位文化传承与传播的贡献

人力资源创新管理不仅关注内部管理的改进和优化，还注重事业单位文化的传承与传播。

（一）文化传承

通过创新的培训方式和管理实践，能够将优秀的文化传统和价值观传递给新职工和年轻一代。这种方式有助于确保事业单位文化的传承和发展能够在不同职工群体中得到有效的传递和延续。

（二）文化传播

通过创新的品牌建设和对外合作方式，能够向外部展示其独特的文化内涵和社会价值。例如，通过参与社会公益活动、开展合作研究等方式，能够提高其社会影响力，进一步扩大事业单位文化的传播范围。

（三）增强文化自信

通过创新的内部管理和外部合作实践，能够增强职工对自身文化的自信和自豪感。这种自信和自豪感有助于提高职工的归属感和忠诚度，进一步推动事业单位文化的传承与传播。

（四）建立文化品牌

通过持续的文化创新和实践，可以建立起独特的文化品牌，这种品牌不仅有助于吸引和留住优秀人才，还可以提高事业单位的竞争力和社会影响力。例如，通过打造具有影响力的文化活动、推出具有代表性的文化产品等，能够树立起独特的文化形象，进一步推动其文化的传播和发展。

第十七章 团队建设与职工参与的创新策略

第一节 团队建设的重要性及挑战

在现代事业单位中,团队已经成为实现目标、完成任务和推动发展的重要基石。一个团结、高效、富有创造力的团队能够为单位带来巨大的竞争优势。然而,团队建设并非易事,面临着各种挑战。

一、团队建设对事业单位发展的影响

团队建设在事业单位发展中对于单位的成功与否起着决定性的作用。团队建设不仅能够提高单位的工作效率,还能够增强事业单位的凝聚力、创新力和竞争力。以下是对团队建设对事业单位发展影响的深入探讨。

(一)协同效应

协同效应体现了团队成员之间协作的精髓和力量。当团队成员能够朝着共同的目标齐心协力、相互支持时,协同效应就会产生,从而推动整个事业单位迈向更高的工作效率和更好的业绩。

首先,团队建设通过促进成员之间的协作,为协同效应的产生创造了有利条件。在团队中,每个成员都有自己的专业知识和特长,通过协作,这些知识和特长能够得到充分的发挥和利用,实现资源共享和优势互补。这种协作不仅提高了工作效率,还能够促进团队成员之间的知识交流和技能提升。

其次,协同效应的产生离不开明确的分工和有效的沟通。在团队建设中,通过明确分工,每个成员都能够清楚自己的职责和任务,从而减少工作中的重复和浪费。同时,有效的沟通则能够确保团队成员之间的信息流通畅通无阻,及时传递工作进展和遇到的问题,从而做出相应的调整和优化。协同效应还能够促进团队成员之间形成互相支持、互相学习的良好氛围。在团队中,每个成员都面临着不同的挑战和困难,通过互相支持和学习,不仅能够共同解决问题,还能够促进个人成长和职业发展。这种氛围不仅能够提高团队成员的归属感和凝聚力,还能够激发团队成员的创新精神和创造力。

综上所述,通过促进成员之间的协作、明确的分工和有效的沟通,以及营造互相支持、互相学习的良好氛围,团队能够实现资源的共享和优势互补,产生协同效应,从而提高工作效率和业绩。因此,在团队建设过程中,我们应该高度重视协同效应的培养和实现,推动团队不断向更高的目标迈进。

(二)高效沟通

高效沟通不仅是信息传递的桥梁,更是情感连接的纽带。在团队中,高效沟通能够确保信息的准确传递，减少误解和冲突，增强团队的凝聚力，从而推动团队朝着共同的目标前进。

首先，团队建设有助于建立良好的沟通机制。通过制定明确的沟通规则和流程，团队能够确保信息在传递过程中的准确性和及时性。同时，团队成员之间也能够形成默契和信任，从而更加顺畅地进行信息交流。

其次，高效沟通能够促进成员之间的情感沟通。在工作中，团队成员之间难免会遇到各种问题和困难，通过有效的情感沟通，大家能够相互理解和支持，共同面对挑战。这种情感沟通不仅能够增强团队成员之间的信任和认同感，还能够提升团队的凝聚力和向心力。高效沟通还能够提高团队的工作效率。通过及时的信息交流和反馈，团队成员能够及时了解工作进展和存在的问题，从而做出相应的调整和优化。这种沟通方式能够减少工作中的重复和浪费，提高团队的工作效率和绩效。

综上所述，建立良好的沟通机制、促进情感沟通以及提高工作效率，团队才能够形成更加紧密和高效的协作关系，从而推动团队不断向前发展。因此，在团队建设过程中，我们应该高度重视高效沟通的培养和实现，为团队的长期发展奠定坚实的基础。

（三）创新与适应性

创新与适应性是团队建设中的两个要素，它们相互关联、相互促进，为事业单位的长远发展注入了源源不断的活力。团队建设通过鼓励成员之间的互动和碰撞，为创新思维的产生提供了肥沃的土壤。

首先，团队中的成员来自不同的背景和专业领域，他们各自拥有独特的思维方式和专业知识。这种多样性为团队带来了丰富的思考角度和创意灵感。通过成员之间的深入交流和讨论，不同的观点和思想得以碰撞和融合，从而激发出新的想法和解决方案。这种跨领域的创新思维能够帮助单位更好地应对变革和挑战，提高事业单位的适应性和竞争力。

其次，团队建设注重培养成员的适应性。在快速变化的市场环境中，事业单位需要不断调整自身的战略和模式，以适应市场的需求和变化。一个富有适应性的团队能够快速响应这些变化，灵活调整自身的工作方式和策略。通过不断学习和实践，团队成员能够不断提升自己的适应能力，为事业单位的长远发展贡献力量。创新与适应性相互促进，共同推动团队的发展。创新为团队带来了新的思路和方法，使团队在面对问题和挑战时更加灵活和高效。同时，适应性则能够帮助团队在不断变化的环境中保持稳定的运行状态，为创新提供了持续的动力和支持。这种相互促进的关系使得团队能够在变革和挑战中不断壮大和成长。

综上所述，团队建设通过鼓励互动与碰撞、培养创新思维和适应性，为事业单位的长远发展注入了活力。一个富有创造力和适应性的团队能够在不断变化的市场环境中保持竞争优势，为事业单位的成功奠定坚实的基础。因此，在团队建设过程中，我们应该积极营造开放、包容的氛围，鼓励成员之间的交流和合作，共同推动团队的创新与发展。

（四）提高职工满意度和忠诚度

一个团结、和谐、积极向上的团队能够激发职工的归属感和忠诚度，使他们更加热爱自己的工作，为事业单位的发展贡献更多的力量。

首先，团队建设通过事业单位各种丰富多彩的活动，为职工提供了更多学习和发展的机会。这些活动不仅能够帮助职工提升专业技能和知识水平，还能够促进职工之间的交流和合作，增强团队的凝聚力和向心力。当职工感受到事业单位对他们的成长和发展给予了足够的关注和支持时，他们自然会更加投入地工作，为事业单位的发展贡献更多的力量。

其次，团队建设注重营造良好的团队氛围，提高职工的工作满意度和幸福感。一个积极向上、互相支持的团队氛围能够让职工感受到工作的乐趣和成就感，从而更加积极主动地投入工作中。同时，可以通过关心职工的生活和工作状况，提供必要的帮助和支持，让职工感受到事业单位的温暖和关怀。这种关怀和支持不仅能够增强职工的归属感，还能够提高职工的忠诚度，使他们更加愿意为事业单位的发展贡献自己的力量。团队建设还注重培养职工的责任感和使命感。通过明确的目标设定和任务分配，能够让职工明确自己的职责和使命，从而更加自觉地投入工作中。当职工意识到自己的工作对于单位的发展具有重要意义时，他们会更加珍惜自己的工作机会，更加努力地工作，为事业单位的发展贡献更多的力量。

综上所述，通过事业单位丰富多彩的活动、营造良好的团队氛围以及培养职工的责任感和使命感，事业单位能够激发职工的归属感和忠诚度，使他们更加热爱自己的工作，为事业单位的发展贡献更多的力量。因此，在团队建设过程中，我们应该注重职工的成长和发展，关心职工的生活和工作状况，为职工提供更多的学习和发展机会，从而提高职工的满意度和忠诚度。

二、团队建设面临的挑战

尽管团队建设对事业单位的发展具有积极的影响，但在实践中，团队建设往往会面临各种挑战。这些挑战主要来自团队成员的多样性、信任的建立、目标的统一以及团队的动态变化等方面。

（一）多样化背景

团队成员可能来自不同的文化背景，具有不同的教育经历和工作经验，这种多样性可能导致沟通障碍和冲突。每个成员都有自己的行为习惯、思考方式和交流风格，这使得团队中的信息传递和理解变得复杂。如何整合这些具有不同背景的成员，形成共同的价值观和目标，是团队建设面临的一个重要挑战。

（二）信任建立

团队成员之间信任的建立需要时间和努力。在初始阶段，成员之间可能会存在猜疑和顾虑，这会影响团队的凝聚力和合作效果。建立信任需要每个成员展现出真诚、开放和合作的态度。如何快速建立信任，使成员愿意分享自己的想法和资源，是团队建设中一个关键的挑战。

（三）目标统一

一个团队要高效运作，首先需要确保所有成员对团队的目标有清晰的认识和理解。然而，在实践中，由于成员的背景和利益不同，可能导致对团队目标的理解存在偏差。如何确保所有成员对团队目标有统一的认识，避免目标不一致的情况发生，是团队建设中一个重要的挑战。

（四）动态变化

团队成员可能会因为各种原因而发生变化，如职位调动、离职、新成员加入等。这种动态变化可能对团队的稳定性和运作产生影响。如何应对这种变化，保持团队的稳定性和高效运作，是团队建设中一个持续的挑战。同时，如何确保新成员快速融入团队，与其他成员保持良好的合作关系，也是团队建设需要考虑的问题。

综上所述，团队建设面临着多样化背景、信任建立、目标统一和动态变化等挑战。为了应对这些挑战，事业单位需要采取有效的措施来加强团队建设，如提供培训、促进交流、建立明确的沟通机制等。通过克服这些挑战，事业单位可以建立一个高效、稳定、富有创新力和竞争力的团队，为单位的发展提供强大的支持。

三、团队建设的核心要素

为了成功地克服团队建设所面临的挑战，并实现团队的高效运作，我们需要关注以下几个核心要素。

（一）领导力

一个好的领导者能够为团队指明方向，提供指导和支持。他们具备激励团队成员、解决冲突和处理复杂问题的能力。一个强大的领导者能够激发团队的潜力，帮助团队克服困难，实现共同的目标。在团队建设中，我们需要选择具备领导力的人才，并培养他们的领导能力，以确保团队的良好运作。

（二）沟通机制

一个良好的沟通机制能够确保信息的准确传递，减少误解和冲突，增强团队的凝聚力。因此，建立开放、坦诚的沟通氛围非常重要，鼓励团队成员分享想法、意见和反馈。此外，我们还需要重视非正式沟通的重要性，通过日常交流、聚会等形式促进成员之间的情感交流，增强团队成员之间的信任和认同感。

（三）团队协作

通过团队合作，我们可以发挥各自的优势，共同解决问题和应对挑战。为了培养团队协作精神，我们需要建立共同的目标和价值观，使团队成员意识到每个人的贡献都对整体的成功至关重要。此外，我们还需要鼓励资源共享和知识交流，通过合作实现互利共赢的结果。

（四）培训与发展

必要的培训和发展机会，可以帮助团队成员提升技能和能力，增强他们的竞争力。这将有助于个人和团队的共同成长，为事业单位的长期发展奠定基础。此外，我们还需要关注团队成员的职业规划和发展，为他们提供晋升和发展的机会，激发他们的积极性和创造力。

综上所述，为了实现团队建设的成功，我们需要关注这些要素，采取有效的措施来加强团队建设。通过培养领导力、建立有效的沟通机制、鼓励团队协作以及提供培训和发展机会，我们可以打造出一个高效、稳定、富有创新力和竞争力的团队，为事业单位的发展提供强大的支持。

第二节 职工参与的促进与实践

职工参与涉及职工在事业单位决策、管理和改进中的角色和作用。有效的职工参与不仅能提高职工满意度和归属感，还能增强凝聚力和创新能力。本节将探讨职工参与的定义与意义、实践方式以及所面临的挑战和应对策略。

一、职工参与的定义与意义

职工参与是指事业单位在决策、管理、改进等过程中，鼓励职工积极参与并提供意见和建议的行为。这不仅意味着职工在事业单位中有一定的影响力和发言权，更在于促进事业单位的持续发展和职工的自我实现。职工参与的意义重大，主要体现在以下几个方面。

（一）提高职工满意度

让职工感受到自己的意见和想法受到重视则是实现这一目标的重要途径。当职工觉得自己的声音被听到，自己的观点和建议能够影响到事业单位的决策时，他们会感到被尊重和认可，从而提高对工作的满意度和归属感。

首先，让职工参与决策过程是提高他们满意度的有效方式。可以通过定期的职工大会、小组讨论或在线投票等方式，鼓励职工积极参与决策过程，表达自己的意见和想法。当职工看到自己的建议被采纳或影响到最终的决策时，他们会感到自己的价值得到了体现，从而增强对工作的投入和满意度。

其次，建立有效的沟通渠道也是提高职工满意度的关键。应该鼓励职工与管理层之间进行开放、坦诚的沟通，让职工能够随时表达自己的意见和困惑。同时，管理层也应该积极回应职工的反馈，及时解决问题和改进工作。这种双向的沟通方式能够让职工感到自己的声音被听到和理解，从而提高他们的满意度和归属感。提供培训和发展机会也是提高职工满意度的重要途径。应该关注职工的个人成长和发展，为他们提供必要的培训和学习资源。通过培训和发展机会，职工能够不断提升自己的专业能力和知识水平，实现自我价值的提升。当职工感到自己在事业单位中有广阔的发展空间和机会时，他们的满意度和归属感也会相应提高。

综上所述，参与决策过程、建立有效的沟通渠道以及提供培训和发展机会等方式，能够增强职工的自我价值感和成就感，使他们更加积极地投入工作，提高工作质量和效率。同时，这也能够促进事业单位的长期发展，形成积极向上的工作氛围。

(二)增强事业单位凝聚力

增强事业单位凝聚力关乎单位的稳定、高效运行以及长期竞争力。职工参与作为团队建设的重要手段，能够显著促进职工之间的交流与合作，为单位凝聚力的增强提供坚实的基石。

首先，职工参与为单位创造了一个共同的语言和思维方式。当职工共同参与决策和管理时，他们会更加深入地了解单位的战略目标和价值观。通过不断的沟通和交流，职工能够形成共同的目标和愿景，使事业单位内部形成统一的思想和行动方向。这种共同的语言和思维方式能够让职工更加紧密地团结在一起，形成强大的合力。

其次，职工参与能够加强职工之间的情感联系和信任。在共同参与决策和管理的过程中，职工需要相互协作、互相支持，从而建立起深厚的友谊和信任。这种情感联系和信任不仅能够增强职工的归属感和忠诚度，还能够激发职工的创造力和潜力，推动事业单位不断创新和发展。职工参与还能够促进单位内部的资源整合和优化配置。当职工对单位的战略目标和价值观有深入的了解和认同后，他们会更加主动地分享自己的资源和经验，为事业单位的发展贡献自己的力量。同时，职工之间的合作与协调也能够减少资源浪费和冲突，提高事业单位的工作效率和绩效。

综上所述，通过促进职工之间的交流与合作、加强情感联系和信任以及促进资源整合和优化配置，职工参与能够为事业单位凝聚力的增强提供有力的支持。当单位内部形成强大的凝聚力和向心力时，它将能够更加团结、高效地应对外部挑战，实现长期稳定发展。因此，在团队建设过程中，我们应该充分重视职工参与的重要性，为职工提供充分的参与机会和平台，共同推动事业单位的发展壮大。

(三)提高决策质量

提高决策质量是事业单位持续发展的重要保障，而职工的积极参与在此过程中发挥着不可或缺的作用。当职工被鼓励并有机会参与决策过程时，他们能够为事业单位带来丰富的信息和多样的观点，从而帮助事业单位做出更加明智和精准决策。

首先，职工的积极参与为事业单位提供了宝贵的一手资料。相较于管理层，职工通常更直接地接触到一线的工作情况和实际问题。他们了解客户的需求、市场的变化以及流程中的瓶颈和障碍。通过职工的参与，事业单位能够获得这些宝贵的信息反馈，从而更全面地了解内部和外部环境，为决策提供更加坚实的基础。

其次，职工的意见和建议能够弥补管理层可能存在的盲点和局限性。管理层虽然具备丰富的经验和专业知识，但也可能因为角度和视野的限制而无法完全把握所有细节和变化。而职工的参与能够带来新的思考角度和创意灵感，帮助管理层更加全面地评估各种方案和选择。这种集思广益的方式有助于提高决策的科学性和合理性，降低决策风险。职工的积极参与还能够促进决策的执行和落地。当职工参与了决策过程并理解了决策背后的原因和目标时,他们会更加积极地投入决策的执行中。这种全员参与的方式能够减少决策执行的阻力和障碍,提高决策的执行效率和成功率。

综上所述,通过提供一手资料、弥补管理层的盲点和局限性以及促进决策的执行和落地,职工的参与能够帮助事业单位做出更加明智和精准的决策。因此,在事业单位决策过程中,我们应该充分激发职工的积极性和创造力,鼓励他们参与决策过程,共同为事业单位的长远发展贡献力量。

(四)促进事业单位改进与创新

职工参与则是实现这一目标的关键手段。当职工被鼓励并有机会参与单位的改进与创新过程时,他们的创新思维和改进意愿会被充分激发,从而为单位带来源源不断的活力和动力。

职工参与能够激发职工的创新思维。职工在日常工作中积累了丰富的经验和知识,他们对产品和服务的需求和痛点有着深刻的理解。通过参与单位的改进与创新过程,职工能够将这些经验和知识转化为创新的思路和方法,为事业单位带来新的竞争优势。同时,职工之间的交流和合作也能够激发创新思维,促进不同观点和思想的碰撞和融合。

职工参与能够推动事业单位在产品、服务、流程等方面的改进和创新。职工直接接触到客户和市场,能够及时发现产品和服务中存在的问题和不足。通过参与改进和创新过程,职工可以提出针对性的解决方案和改进措施,推动单位在产品和服务方面不断提升质量和竞争力。同时,职工还可以对单位的流程和管理进行优化和改进,提高工作效率和绩效。职工参与还能够促进单位的持续改进和优化。职工在日常工作中不断发现问题并提出解决方案,这是一个持续改进的过程。通过参与改进和创新过程,职工可以及时发现并解决问题,推动事业单位不断优化和改进。这种持续改进的精神和态度能够让单位保持竞争力并不断发展壮大。

综上所述,激发职工的创新思维、推动单位在产品、服务、流程等方面的改进和创新以及促进事业单位的持续改进和优化,职工参与能够为事业单位带来持久的竞争优势和发展动力。因此,在单位改进与创新过程中,我们应该充分重视职工参与的重要性,为职工提供充分的参与机会和平台,共同推动事业单位的不断进步和发展。

二、职工参与的实践方式

为了实现有效的职工参与,需要采取一系列的实践方式。

(一)职工代表参与决策

可以设立职工代表大会或其他形式的职工代表机构,让职工代表参与单位决策和管理。这种方式能够确保职工的意见和建议得到充分表达和考虑。

(二)提供职工反馈渠道

应建立有效的反馈机制,让职工能够向管理层提供意见和建议。这些反馈渠道可以通过匿名调查、面对面沟通、在线平台等方式实现。

（三）鼓励职工建言献策

可以设立职工建议箱或在线建议平台，鼓励职工提出自己的意见和建议。对于优秀的建议，单位可以给予适当的奖励和表彰，以激发职工的积极性和创造力。

（四）开展职工满意度调查

定期开展职工满意度调查，了解职工对事业单位的满意度和需求。通过这种方式，可以及时发现并解决存在的问题，提高职工的满意度和忠诚度。

（五）推行职工持股计划

通过推行职工持股计划，让职工成为事业单位的股东，参与事业单位的利润分配和决策。这种方式能够增强职工的归属感和责任感，提高职工的参与意愿。

三、职工参与的挑战与应对策略

在实践中，职工参与可能会面临一系列的挑战和困难。这些挑战可能来自职工自身、事业单位文化和单位结构等方面。为了克服这些挑战，需要采取有效的应对策略，以确保职工参与的顺利实施。

（一）提高参与意愿

部分职工可能缺乏参与的意愿和积极性，这可能是个人性格、工作经验或事业单位文化等多种因素造成的。为了提高职工的参与意愿，需要营造开放、包容的文化氛围，鼓励职工表达自己的意见和建议。可以定期开展职工调查，了解职工的需求和期望，并采取相应的措施来满足他们的需求。此外，单位也需要提供必要的培训和支持，帮助职工了解参与的重要性和方法，提高他们的参与能力和信心。

（二）建立信任关系

信任是职工参与的重要基础。在事业单位中，管理层与职工之间需要建立起相互信任的关系，才能促进职工的积极参与。管理层需要展现出对职工的尊重和关注，认真对待职工的意见和建议，并及时给予反馈和改进措施。通过诚实、透明的沟通和合作方式，事业单位可以建立起与职工的信任关系，增强职工的归属感和忠诚度。

（三）提供激励措施

为了激发职工的参与热情，单位可以提供一系列的激励措施。这些措施可以是物质奖励，如奖金、晋升机会等；也可以是非物质奖励，如赞誉、认可和培训机会等。通过合理的激励措施，单位可以激发职工的积极性和创造力，提高他们的工作投入和参与度。

（四）建立有效的沟通机制

有效的沟通是职工参与的关键。单位需要建立开放、透明和双向的沟通机制，确保信息畅通无阻。这包括定期的职工大会、部门会议和团队讨论等。通过这些沟通渠道，单位可以及时收集职工的意见和建议，并将反馈传递给职工。同时，事业单位也需要鼓励职工提出问题和疑虑，并积极解决问题和改进工作流程。

(五)培养职工的责任感

职工的责任感可以通过明确的工作职责和目标，培养职工的责任感。同时，事业单位也可以鼓励职工自主解决问题和承担责任，激发他们的创新思维和主动性。通过培养职工的责任感，单位可以促进职工的积极参与和自我管理，提高整体的工作效率和质量。

综上所述，为了克服这些挑战，单位需要采取有效的应对策略，包括提高职工的参与意愿、建立信任关系、提供激励措施、建立有效的沟通机制以及培养职工的责任感等。通过这些措施的实施，单位可以促进职工的积极参与，提高整体的工作效率和质量，推动事业单位的持续发展。

第三节 团队建设与职工参与的平衡与优化建议

在单位管理中，团队建设和职工参与是两个核心要素，它们之间存在着密切的关系。团队建设强调的是单位内部的协作和配合，而职工参与则关注职工在单位决策和管理中的角色和作用。为了实现单位的长期发展和成功，需要平衡和优化团队建设与职工参与的关系。本节将探讨它们之间的关系、平衡策略和优化建议。

一、团队建设与职工参与的关系分析

团队建设与职工参与是事业单位发展中两个不可或缺的方面，它们之间的关系密切而复杂。团队建设是单位为了提高整体绩效和达成目标而进行的集体活动，它强调团队合作、沟通和协调。职工参与则关注个体在单位中的参与程度和贡献，强调个人的主动性、创造性和责任感。

团队建设与职工参与相互影响，相辅相成。团队建设为职工的参与提供了良好的环境和平台，促进了职工之间的合作与交流。一个健康的团队环境鼓励职工表达自己的观点、意见和建议，增强了个体对团队的归属感和认同感。同时，团队建设中的沟通和协作有助于打破信息孤岛，促进知识的共享和传递，提高了团队的效率和创新能力。职工参与则能够为团队建设注入新的活力和创意，提高团队的凝聚力和战斗力。职工的积极参与意味着更多的智慧和力量被纳入团队中，为团队的发展提供宝贵的资源和支持。职工的意见和建议能够为团队带来新的思路和方法，帮助团队更好地应对挑战和解决问题。同时，职工参与也有助于增强团队的民主氛围，提高职工的主动性和责任感，进一步推动团队建设的良性发展。

通过有效团队建设和职工参与，激发职工创造力和潜能，共同实现事业单位的目标和愿景。单位应当创造一个开放、包容、支持性的环境，鼓励职工积极参与团队建设和事业单位的发展过程。通过加强团队建设和职工参与的互动与合作，事可以建立更加和谐、高效的工作氛围，提高整体绩效和竞争力。

二、平衡团队建设与职工参与的策略

为了实现团队建设与职工参与的平衡发展,事业单位需要采取一系列的策略。这些策略旨在确保团队建设和职工参与在事业单位中得到充分的重视和支持,促进单位的长远发展。

(一)合理分配资源

单位需要合理分配资源,确保团队建设和职工参与得到足够的支持和投入。这包括提供必要的培训、奖励、时间和资金等资源,以促进团队建设和职工参与的发展。应根据实际情况制定合理的资源分配计划,确保团队建设和职工参与的需求得到满足。

(二)建立有效的沟通机制

建立开放、透明和有效的沟通机制是促进团队建设和职工参与的关键。应鼓励职工表达自己的意见和建议,促进信息的交流和共享。通过定期的团队会议、面对面的沟通、在线平台等方式,可以加强职工之间的联系和合作,提高团队的凝聚力和战斗力。

(三)明确角色与职责

在团队建设中,明确每个成员的角色和职责至关重要。应确保每个成员都能够发挥自己的优势和特长,为团队的发展做出贡献。同时,应鼓励职工承担更多的责任和参与决策,提高职工的归属感和参与意愿。通过明确的角色与职责,事业单位可以促进职工的个人成长和团队的发展。

(四)营造积极的文化氛围

单位应营造积极向上、开放包容的文化氛围,鼓励职工积极参与团队建设和事业单位发展。管理层应展现出对职工的尊重和信任,认真对待职工的意见和建议,并及时给予反馈和改进措施。通过营造积极的文化氛围,事业单位可以激发职工的创造力和潜能,促进团队的共同成长和发展。

(五)持续改进与反馈

单位应持续关注团队建设和职工参与的进展情况,及时发现问题和不足,并采取改进措施。同时,事业单位应鼓励职工对团队建设和事业单位发展提出意见和建议,通过持续改进实现更好的平衡和优化。通过反馈和持续改进,事业单位可以不断完善团队建设和职工参与的策略,提高单位的绩效和竞争力。

三、优化团队建设与职工参与的建议

为了进一步提高团队建设和职工参与的水平,可以采取以下建议,以促进事业单位的长期发展。

(一)关注职工成长

在团队建设的核心要素中,关注职工成长是至关重要的一环。一个成功的事业单位不仅需要职工当前的贡献,更需要职工未来的潜力和成长。因此,应当站在长远的角度,关心并投入于职工的个人成长和发展。

首先,提供持续的培训和发展机会是事业单位应尽的责任。随着技术的不断进步和市场的快速变化,职工需要不断地更新知识和技能,以适应新的工作环境和要求。应该根据职工的实际需求和工作需要，制定个性化的培训计划，提供多样化的学习资源和发展机会。这些培训可以是内部培训、外部培训、在线课程、研讨会等，旨在帮助职工拓宽知识面、提高技能水平、增强竞争力。

其次，关注职工成长有助于激发职工的潜力和创造力。当职工感受到单位对他们的成长给予了足够的关注和支持时，他们会更加珍惜工作机会，更加投入地工作，为事业单位的发展贡献更多的力量。同时，职工的个人成长也会为事业单位带来更多的价值和创新。一个不断成长和进步的团队，将会更具凝聚力和向心力，为单位的长期发展提供强大的支持。关注职工成长还能为事业单位培养一支高素质、有能力的职工队伍。通过持续的培训和发展机会，职工可以不断提升自己的综合素质和专业能力，逐步成为单位的中坚力量。这些具备高度专业素养和丰富经验的职工，将成为单位发展的重要支柱，为单位的长远发展奠定坚实的基础。

综上所述，持续培训和发展机会、激发职工潜力和创造力、培养高素质的职工队伍，可以为团队建设和职工参与提供强大的支持，为事业单位的长期发展提供有力的人才保障。

（二）强化领导力培训

领导者作为团队的核心和灵魂，其素质和能力直接关系到团队的凝聚力和执行力。因此，事业单位应高度重视领导力培训，帮助领导者提升素质和能力，以更好地引导和推动团队的发展。

首先，强化领导力培训能够提升领导者的激励能力。一个优秀的领导者应该能够准确捕捉职工需求和动力，通过有效的激励手段激发职工的积极性和创造力。通过培训，领导者可以学习并掌握各种激励技巧和方法，如目标设定、赞扬与认可、奖励机制等，从而更好地激发职工的潜能，推动团队向前发展。

其次，强化领导力培训有助于提升领导者的团队合作和协调能力。团队合作是团队建设的核心要素之一，而领导者在促进团队合作方面扮演着关键角色。通过培训，领导者可以学习并掌握有效的沟通和协调技巧，如倾听、反馈、解决冲突等，以更好地促进团队成员之间的合作和协同，形成高效、和谐的工作氛围。强化领导力培训还能够提升领导者的决策能力。作为团队的引领者，领导者需要具备敏锐的洞察力和果断的决策能力，以应对复杂多变的市场环境和团队挑战。通过培训，领导者可以学习并掌握科学的决策方法和工具，提高决策的质量和效率，为团队的发展提供有力的支撑。

综上所述，提升领导者的激励能力、团队合作和协调能力以及决策能力，可以打造一支高效、有力、团结的领导团队，为单位的长远发展提供坚实的保障。因此，应加强对领导力的培训和管理，为领导者的成长和发展提供全方位的支持和帮助。

（三）创新激励机制

创新激励机制是激发职工积极性和创造力的重要手段，也是推动团队建设和单位发展的关键因素。为了充分激发职工的内在动力和潜力，需要不断创新激励机制，以满足职工多样化的需求和期望。

首先，提供有竞争力的薪酬福利是吸引和留住人才的关键。应该根据市场情况和职工贡献，制定具有竞争力的薪酬福利政策，确保职工获得与其付出相匹配的回报。同时，事业单位还可以提供多样化的福利项目，如健康保险、职工培训、带薪休假等，以满足职工在工作和生活方面的不同需求。

其次，设立奖励机制是激发职工积极性的有效方式。可以设立明确的奖励标准，对在工作中表现突出的职工进行表彰和奖励，以激励职工继续努力并为事业单位的发展做出更大的贡献。奖励机制可以包括定期评选优秀职工、设立奖金或奖品、提供晋升机会等，确保职工能够感受到自己的付出得到了认可和回报。推行职工持股计划也是一种有效的激励机制。通过让职工持有事业单位的股份，职工可以更加深入地参与单位的决策和发展，增强归属感和责任感。同时，职工持股计划也可以为职工提供一种长期的投资回报，激发他们更加积极地投入工作中。

除了以上几种常见的激励机制外，单位还可以根据自身的特点和职工的需求，创新其他激励机制。例如，事业单位可以设立创新奖励基金，鼓励职工提出新的想法和解决方案；或者提供灵活的工作时间和远程办公等福利，以满足职工在工作和生活之间的平衡需求。

总之，提供有竞争力的薪酬福利、设立奖励机制、推行职工持股计划等方式，单位可以激发职工的积极性和创造力，促进职工的主动性和创新性，为团队建设和职工参与的良性发展奠定坚实的基础。

（四）强化团队协作

强化团队协作是单位发展中至关重要的环节，它不仅关乎团队内部的和谐与高效运作，更是单位实现共同目标和持续发展的重要保障。为了培养和实践团队协作精神，需要采取一系列措施，促进职工之间的合作与交流。

通过团队合作项目，可以将职工聚集在一起，共同面对挑战、解决问题。这样的项目不仅能够锻炼职工协作能力，还能增强他们之间的信任和默契。在项目中，每个成员都能够发挥自己专长，相互支持、配合，形成强大团队合力。这种合力不仅能够提升项目的成功率，还能为事业单位创造更多的价值。

团队拓展训练是一种有效的团队协作培养方式。通过拓展训练，职工可以在轻松愉快的氛围中，学习并掌握团队协作的技巧和方法。这些训练可以包括团队游戏、案例分析、角色扮演等，旨在帮助职工建立正确的团队协作观念，提高沟通、协调、解决问题的能力。

还应打破信息孤岛和部门壁垒，促进职工之间的跨部门、跨层级交流与合作。为了实现这一目标，可以采取一系列措施，如建立跨部门沟通机制、鼓励职工参加不同部门的会议和活动、推动知识共享和传递等。这些措施能够帮助职工拓宽视野、增强全局意识，从而更好地协同工作、实现共同目标。在强化团队协作的过程中，还应注重培养职工的团队精神和责任感。通过教育和引导，使职工认识到团队协作的重要性，明确自己在团队中的角色和责任，从而更加积极地投入团队协作中。

综上所述,团队合作项目、团队拓展训练、打破信息孤岛和部门壁垒以及培养职工的团队精神和责任感,可以促进职工之间的合作与交流,提高整体的工作效率和质量,为团队建设和职工参与的全面发展奠定坚实的基础。

第十八章 领导力发展与培养的创新实践

第一节 领导力发展的重要性及挑战

一个优秀的领导者能够引领单位应对变革、实现目标，并在激烈的市场竞争中脱颖而出。然而，领导力发展并非易事，面临着诸多挑战。本节将探讨领导力发展的重要性、所面临的挑战以及核心要素。

一、领导力对事业单位发展的关键作用

领导力在事业单位的发展过程中影响主要体现在以下几个方面。

（一）引领变革

在当今快速变化的环境中，领导者必须具备引领单位应对变革的能力。他们需要具有前瞻性思维和果断决策的能力，勇于接受挑战，引导单位适应市场的变化和需求。通过激发职工的创新精神，领导者能够推动单位变革，不断优化和改进业务流程，提升单位的竞争力和适应能力。

（二）驱动目标

领导者通过设定明确、可行的目标，为单位的发展提供方向和动力。他们不仅需要确保个人和团队目标的实现，还需要将单位的战略目标与职工的工作紧密结合，激发职工的积极性和创造力。领导者通过提供有效的激励和反馈，帮助职工认识到自己的工作对事业单位的贡献，从而推动单位向共同的目标迈进。

（三）构建团队

领导者在团队建设方面发挥着核心作用。他们需要关注职工的成长和发展，提供必要的支持和指导，帮助职工发挥自己的潜力。通过建立高效、和谐的团队，领导者能够提高职工的凝聚力和忠诚度，增强团队的协同效应。一个优秀的领导者能够激发职工的潜能，培养一支高素质、有能力的团队，为事业单位的长期发展提供坚实的人才基础。

（四）决策与战略

领导者在决策和战略制定中扮演着至关重要的角色。他们需要具备敏锐的洞察力和判断力，对市场、行业和竞争对手进行深入分析，为单位制定科学、合理的战略规划。领导者需要准确评估单位的优势和劣势，制定有针对性的战略措施，确保单位的长期发展。同时，领导者还需要具备果断的决策能力，在关键时刻做出正确的选择，引领单位朝着正确的方向发展。

总而言之，一个优秀的领导者能够通过引领变革、驱动目标、构建团队以及决策与战略等方面的关键作用,推动事业单位的持续发展和成功。因此,事业单位应当重视领导力的培养和发展,为领导者提供必要的支持和资源,以确保事业单位的长期竞争力。

二、领导力发展面临的挑战

在实践中,领导者常常面临着一系列挑战。以下是对这些挑战的详细分析。

(一)适应变化的挑战

随着市场快速变化和技术不断创新,领导者必须不断更新自己的知识和技能,以适应新的挑战和机遇。他们需要时刻保持敏锐的洞察力,了解行业趋势和市场动态,以便做出明智的决策。此外,领导者还需要具备快速学习和适应变化的能力,不断调整自己的领导风格和管理方式,以应对外部环境的变化。

(二)提升影响力的挑战

领导者的影响力是他们引领团队的重要手段。为增强自己的影响力,领导者需要掌握有效的沟通技巧和人际交往能力。需要与职工建立良好的关系,倾听他们的需求和意见,促进信息的双向流动。此外,领导者还需要通过自己的行为和表现,树立榜样和展现价值观,激发职工的积极性和创造力。

(三)平衡各方利益的挑战

领导者在决策时需要平衡各方的利益和诉求,以确保单位的整体利益。他们需要在不同部门、团队和个人之间进行有效的协调和沟通,以达成共识和支持。同时,领导者还需要具备卓越的谈判技巧和解决冲突的能力,以化解不同利益之间的矛盾和纷争。在这个过程中,领导者需要保持客观和中立的态度,以维护事业单位的稳定和和谐。

(四)自我认知与反思的挑战

领导者需要对自己的能力和局限有清晰的认识,通过反思和自我评估不断改进和完善自己。他们需要具备高度的自我意识和自我管理能力,了解自己的优点和不足之处,以便更好地发挥自己的优势并改进自己的短板。此外,领导者还需要勇于面对自己的错误和失败,从中吸取教训并寻求改进的方法。

综上所述,领导力发展面临的挑战是多方面的。领导者需要不断提升自己的综合素质和能力,以应对不断变化的市场环境和工作要求。同时,领导者还需要注重自我认知和反思,不断完善自己的领导风格和管理方式。只有这样,领导者才能更好地引领团队和事业单位,实现事业单位的长期发展目标。

三、领导力发展的核心要素

领导力发展是提升单位效能和实现长期成功的关键。为了提升领导力,领导者需要关注以下几个核心要素。

(一)自我认知

自我认知是领导力发展的基石。领导者需要深入了解自己的价值观、优点、劣势以及个人目标等,以便更好地应对各种挑战和机遇。通过自我认知,领导者可以明确自己的领导风格和发展方向,并制订适合个人成长的计划。领导者需要保持开放和诚实的心态，勇于面对自己的不足，不断提升自己的综合素质。

（二）领导风格

每个领导者都有自己独特的领导风格，而合适的领导风格对于实现良好的领导效果至关重要。领导者需要根据单位的文化和团队的特点，选择适合自己的领导风格。同时，领导者需要灵活运用不同的领导风格，以应对不同情境和团队需求。通过不断尝试和改进，领导者可以逐渐形成适合自己的领导风格，并提升自己的领导效能。

（三）战略眼光

领导者需要具备远见卓识和战略眼光，能够洞察市场的变化和未来的趋势，为单位制定科学、合理的战略规划。领导者需要关注行业动态和竞争环境，了解市场需求和客户期望，以便为单位的发展制定正确的战略方向。同时，领导者需要具备强烈的使命感和责任心，为单位的长期发展贡献自己的力量。通过制定明确战略目标和发展计划，领导者可以引领单位不断向前发展。

（四）学习能力

领导者需要具备强烈的学习意愿和持续学习的精神，不断更新自己的知识和技能，以适应快速变化的环境。领导者需要关注新的管理理念和方法，学习如何应对变革和创新，提高自己的决策和解决问题的能力。同时，领导者还需要通过实践和反思不断提升自己的经验和智慧，以更好地引领团队的发展。

综上所述，自我认知、领导风格、战略眼光和学习能力强是领导力发展的核心要素。领导者需要关注这些要素的提升和发展，不断改进自己的领导行为和能力，以更好地引领团队和事业单位的发展。同时，单位也需要为领导者提供培训和支持，帮助他们不断提升自己的领导力水平。

第二节 领导力培养的创新实践策略与方法

随着时代的变迁和环境的变化，传统的领导力培养方法已经不能满足现代单位的需求。因此，创新实践策略和方法变得尤为重要。本节将探讨领导力培养的多元化途径、创新实践策略以及效果评估与反馈。

一、领导力培养的多元化途径

为了全面提升领导者的能力和素质，单位需要采取多种途径进行领导力培养。以下是几种主要的领导力培养途径。

（一）培训课程

通过定期的领导力培训课程，为领导者提供系统化的知识和技能。这些培训课程可以涵盖领导力理论、沟通技巧、团队建设、决策制定、变革管理等方面，帮助领导者提升自身能力。培训课程可以采用讲座、案例分析、角色扮演等形式，使领导者在理论和实践两个层面得到提升。

（二）教练辅导

可以聘请专业的领导力教练，为领导者提供一对一的辅导和指导。教练可以通过与领导者进行深入交流，了解他们的需求和困惑，提供个性化的建议和解决方案。教练可以帮助领导者发现自己的盲点和不足，引导他们不断提升自己的领导能力和个人素质。

（三）轮岗实践

通过安排领导者在不同的部门和岗位进行轮岗，让他们在实际工作中积累经验和提升能力。轮岗可以促进领导者的跨部门沟通和协作能力，提高其应对复杂问题的能力。在轮岗期间，领导者可以学习不同部门的工作流程和业务知识，了解事业单位的整体运作，提升自己的全局观和战略思维能力。

（四）项目实战

安排领导者参与各种项目，通过实际操作来锻炼他们的领导能力和执行力。项目实战能够让领导者在实践中学习和成长，提升其应对挑战的能力。在项目中，领导者需要带领团队解决问题、实现目标，通过实际操作提升自己的领导技巧和团队协作能力。

（五）自主学习

领导者需要具备自主学习的意识和能力，不断学习新的知识和技能，以适应不断变化的环境和挑战。自主学习包括阅读相关书籍、文章和报告，参加在线课程和研讨会，与同行交流和分享经验等。通过自主学习，领导者可以不断提升自己的知识和视野，完善自己的领导风格和能力。

综上所述，培训课程、教练辅导、轮岗实践、项目实战和自主学习是几种主要的领导力培养途径。可以根据自身的实际情况和领导者的需求，选择适合的途径进行领导力培养。通过多元化的培养方式，可以帮助领导者不断提升自己的能力和素质，为单位的长期发展提供有力的人才保障。

二、创新实践策略

为了提高领导力培养的效果，事业单位需要采取一些创新实践策略。以下是几种有价值的策略。

（一）定制化培养计划

根据领导者的个人特点和需求，制订个性化的培养计划。这种定制化的培养计划应深入了解领导者的优势、劣势、发展目标等，为他们提供定制化的培训内容和方案。这有助于确保领导者在合适的学习路径上成长，充分发挥他们的潜力。

（二）实战模拟

通过模拟实际工作场景和情境，领导者可以在高度仿真的环境中进行实践和锻炼。这种实战模拟能够让领导者更加深入地了解实际情况，提升他们应对复杂情境的能力。这种方法可以帮助领导者在模拟环境中学习和掌握解决实际问题的技巧。

（三）反思学习

领导者需要经常对自己的工作进行反思和总结，发现自己的不足和需要改进之处。通过反思学习，领导者可以不断优化自己的工作方法和思路，提升自己的领导能力。这种自我反省和学习的过程有助于领导者在实践中成长，持续改进自己的领导风格和技巧。

（四）跨界学习

领导者可以通过跨界学习，借鉴其他领域的知识和经验，将其应用于自己的工作中。跨界学习能够拓宽领导者的视野和思路，激发其创新精神。通过学习其他行业的最佳实践和先进理念，领导者可以获得新的灵感和启示，为自己的工作带来新的变革和创新。

（五）导师制度

建立导师制度，让经验丰富的领导者担任导师，指导年轻领导者的成长和发展。导师制度可以帮助年轻领导者快速适应工作环境和提高自己的能力。通过与经验丰富的导师交流和学习，年轻领导者可以获得宝贵的经验和指导，避免走弯路，加速他们的成长和发展。

综上所述，定制化培养计划、实战模拟、反思学习、跨界学习和导师制度是几种有效的创新实践策略。通过实施这些策略，可以更好地培养领导者的能力和素质，提高领导力培养的效果。同时，这些策略也有助于激发领导者的创新精神和实践能力，为单位的长期发展提供有力的人才支持。

三、领导力培养的效果评估与反馈

为了确保领导力培养的有效性，需要建立完善的评估与反馈机制。以下是一些关键要素。

（一）追踪发展

应定期追踪领导者的成长和发展情况，了解培训和实践策略的效果。这种追踪可以包括对领导者的绩效评估、能力提升和职业发展等方面的观察和评估。通过追踪发展，可以及时发现存在的问题和不足，采取针对性的改进措施，提高领导力培养的效果。

（二）反馈与调整

根据评估结果，应及时向领导者提供反馈和建议。这种反馈可以是面对面的交流、书面报告或在线评估工具等形式。对于表现优秀的领导者，单位应给予肯定和奖励，激励他们继续发挥优势；对于表现不佳的领导者，应提供指导和支持，帮助他们分析问题、制订改进计划，并为其提供所需的培训和发展机会。同时，应根据评估结果及时调整培养策略和方法，确保领导力培养的有效性和针对性。

（三）长期追踪与持续改进

领导力培养是一个长期的过程，需要持续的关注和改进。应建立长期的追踪机制，对领导者的成长和发展进行持续关注和评估。这种长期追踪可以帮助事业单位评估领导力培养项目的长期效益，不断优化和改进培养策略和方法。

通过持续改进和优化培养策略和方法，可以不断提升领导者的能力和素质，为事业单位的长期发展提供有力的人才保障。

综上所述，通过追踪发展、反馈与调整以及长期追踪与持续改进，事业单位可以更好地了解领导者的发展状况，及时调整培养策略和方法，提升领导力培养的效果。同时，这种机制也有助于激发领导者的积极性和动力，促进其持续发展和成长。

第三节 领导者个人发展的计划与实施路径

领导者个人发展的计划与实施路径是提升领导力的重要环节。一个有效的个人发展计划能够帮助领导者明确发展目标，激发潜能，提升领导力水平。本节将探讨个人发展计划的重要性、实施路径的规划以及持续优化的方法。

一、个人发展计划的重要性

个人发展计划对于领导者来说具有至关重要的意义，它不仅关乎个人的职业成长，更直接影响到事业单位的整体发展和竞争力。以下是对个人发展计划重要性的深入探讨。

（一）明确发展目标

一个明确的个人发展计划能够帮助领导者明确自己的发展方向和目标。在快速变化的环境中，明确的目标是行动的指南。通过制定具体、可衡量的目标，领导者能够更有针对性地进行自我提升，提高自己的领导力水平。这有助于避免无效的努力和资源浪费，使领导者的成长更加高效和精准。

（二）激发内在潜能

个人发展计划能够激发领导者的内在潜能。每个人都有未被发掘的优势和潜力，而一个系统的个人发展计划能够帮助领导者深入了解自己，发现自己的独特优势，并在此基础上制定合适的发展策略。通过不断学习和实践，领导者可以充分发挥自己的优势，提升自己的领导能力。

（三）提升职业竞争力

有效的个人发展计划能够帮助领导者在职业生涯中保持竞争力。随着市场和行业环境的变化，新的领导力技能和知识不断涌现。通过持续学习和适应，领导者能够保持与时代同步，不仅满足事业单位的需求，也增强自己在人才市场中的吸引力。个人发展计划可以帮助领导者构建独特的竞争力，从而在职业生涯中取得更好的成就。

（四）促进持续改进

个人发展计划鼓励领导者持续学习和改进。领导力是一个不断发展和演进的过程，需要领导者保持开放心态，勇于挑战自己。通过定期评估和调整自己的发展计划，领导者可以发现自己的不足之处，及时采取措施进行改进。这有助于形成一种持续改进的文化，使领导者的领导能力得到不断完善和提高。

（五）增强自我管理能力

制订个人发展计划有助于领导者提高自我管理能力。在计划的制定和实施过程中，领导者需要学会设定优先级、合理规划时间和资源、保持平衡的工作与生活等重要的自我管理技能。这不仅有助于提升工作效率，也能提高领导者的生活质量，使他们更好地应对工作和生活的挑战。

（六）增强信心和动力

一个具体的个人发展计划可以为领导者提供明确的前进方向和目标，从而增强他们的信心和动力。每项成就都可能为领导者带来满足感和自豪感，从而激励他们继续努力追求更高的目标。这种积极的反馈循环有助于激发领导者的内在动力，使他们更加主动地追求个人和职业成长。

二、实施路径的规划

在制订个人发展计划时，领导者不仅需要明确目标，还需要关注实施路径的规划。以下是一些关键的实施路径规划要素。

（一）职业规划

职业规划涉及个人成长、发展方向以及未来可能达到的高度。在制订个人发展计划时，领导者首要的任务就是清晰地描绘出自己的职业蓝图。这不仅要求领导者深入探索自己的内在世界，了解自己的兴趣所在、擅长的领域以及所秉持的价值观，同时还需要他们具备敏锐的市场嗅觉，掌握当前和未来行业的发展趋势和需求。

职业规划的制订并非一蹴而就，它需要领导者进行深入的自我反思和市场调研。首先，通过自我反思，领导者可以明确自己的职业兴趣，这将是他们未来职业发展的原动力。其次，对自己的能力进行客观评估，找出自己的长处和短处，以便在未来的职业道路上扬长避短。最后，深入思考自己的价值观，确保职业发展与个人信仰和追求相一致。

在了解自己之后，领导者还需要将目光投向外部环境，分析市场和行业的现状以及未来发展趋势。这有助于领导者确定自己的职业定位和发展方向，确保自己的职业规划与市场需求相契合。同时，通过对行业的了解，领导者可以及时发现新的机遇和挑战，为自己的职业发展创造更多可能性。在明确了自己的职业发展方向和目标之后，领导者需要将这些想法转化为具体的行动计划。这包括制定短期和长期的发展目标，以及为实现这些目标所需采取的行动步骤。这些目标应该具有可衡量性、可实现性和挑战性，以确保领导者的职业规划既具有指导意义又具备实际操作性。

通过制订职业规划，领导者不仅可以更好地了解自己，明确自己的职业定位和发展方向，还可以为自己的未来发展提供有力的支持。一个明确的职业规划将帮助领导者在职业道路上少走弯路，更加高效地实现职业目标。同时，随着市场的不断变化和行业的发展，职业规划也需要不断调整和优化，以适应新的环境和挑战。因此，领导者需要时刻保持敏锐的洞察力和前瞻性，不断更新自己的职业规划，确保自己的职业发展始终与市场和行业的发展保持同步。

（二）学习路径

学习路径是领导者提升领导力的关键步骤，它涉及学习的内容、方式、时间和目标等多个方面。为了确保学习路径的有效性，领导者需要制订详细的学习计划，并根据自己的职业规划选择合适的课程、培训和资源。

领导者需要明确自己的学习目标。这些目标应该与他们的职业规划和个人发展计划紧密相关，以确保学习的内容能够直接支持他们的职业发展。例如，如果领导者的职业规划是成为一名优秀的团队领导者，那么他们的学习目标可能包括提高团队沟通、决策和激励等方面的能力。

接下来，领导者需要确定学习的内容。这可以包括专业书籍、在线课程、工作坊、研讨会、实践案例等。在选择学习资源时，领导者需要确保其质量与可靠性，并能够与他们的学习目标和职业规划相匹配。例如，他们可以选择一些权威的领导力教材或参加一些知名的领导力培训课程。领导者还需要考虑学习的方式和时间。他们可以选择自主学习、在线学习、课堂学习或实践学习等方式，并根据自己的时间安排灵活调整学习计划。同时，为了确保学习效果，领导者需要保持一定的学习节奏和进度，并定期对学习成果进行评估和反馈。

最后，领导者需要注重理论与实践相结合。学习领导力不仅仅是为了获取知识，更重要的是将所学知识应用到实际工作中，提高自己的领导力水平。因此，领导者需要在学习过程中积极参与实践，将所学知识运用到实际工作中，并不断反思和总结，以不断完善自己的领导力。总之，制定详细的学习路径对于领导者提升领导力至关重要。通过明确学习目标、选择合适的学习资源、合理安排学习时间和方式以及注重理论与实践相结合，领导者可以更加有效地提升自己的领导力水平，为事业单位和团队的发展做出更大的贡献。

（三）资源整合

资源整合是领导者在实施个人发展计划过程中不可或缺的一环。一个优秀的领导者需要善于发掘和利用各种资源，以支持自己的成长和发展。这些资源可能来自导师的指导、行业协会的培训、合作伙伴的支持等多个方面。

首先，寻求导师的指导是领导者资源整合的重要途径之一。导师通常具有丰富的经验和专业知识，能够为领导者提供宝贵的建议和指导，帮助他们在职业道路上少走弯路。通过与导师的交流和学习，领导者可以深入了解行业的最新动态和趋势，获取实用的职业发展建议，提升自己的领导能力和综合素质。

其次，参加行业协会和培训也是领导者整合资源的重要方式。行业协会通常聚集了众多业内专家和领袖，通过参加协会的活动和培训，领导者可以拓宽自己的人脉圈，与同行进行交流和分享，了解行业的最新动态和趋势。同时，培训课程也能为领导者提供系统的知识和技能提升，帮助他们在职业发展中不断进步。寻求合作伙伴的支持也是领导者资源整合的重要手段。合作伙伴可能来自其他事业单位、机构或事业单位，通过与他们建立合作关系，领导者可以获取更多的资源和支持，共同推动项目的实施和发展。这种合作不仅可以扩大领导者的视野和知识面，还能提升他们的团队协作和沟通能力。

在整合资源的过程中，领导者还需要注重资源的有效利用和合理配置。这意味着领导者需要对所获取的资源进行充分的评估和分析，确保它们能够为自己的个人发展计划提供最大的支持。同时，领导者还需要根据项目的需求和实际情况，合理分配和调度资源，确保资源的最大化利用和效益的最大化。

综上所述，寻求导师的指导、参加行业协会和培训、寻求合作伙伴的支持以及注重资源的有效利用和合理配置，可以使领导者更加全面地整合各种资源，支持自己的成长和发展，为事业单位和团队的发展做出更大的贡献。

（四）实践锻炼

实践锻炼不仅是理论知识与实际工作的结合，更是领导者锻炼自己领导能力和执行力的关键途径。参与实际工作项目，领导者可以将所学的理论知识应用到实践中，通过实际操作来检验和巩固所学内容，从而更加深入地理解和掌握领导力的精髓。

在实践锻炼中，领导者会面临各种挑战和困难，这些都是他们锻炼领导能力的绝佳机会。面对问题，领导者需要迅速作出决策，调动团队的积极性，协调各方资源，以解决问题并推动项目的进展。这样的经历不仅能够帮助领导者积累宝贵的经验，还能够锻炼他们的决策能力、沟通能力和事业单位协调能力。同时，实践锻炼也是领导者不断优化领导方法和技巧的过程。在实践中，领导者会遇到各种各样的情况和问题，他们需要根据实际情况灵活调整自己的领导策略，以达到最佳的效果。通过不断的尝试和总结，领导者可以逐渐找到适合自己的领导方式和方法，提升自己的领导效能。

此外，实践锻炼还需要领导者注重学习、反思和改进。每一次实践都是一次宝贵的学习机会，领导者需要从中汲取经验教训，反思自己的不足，并寻求改进的方法。只有这样，领导者才能在实践中不断提升自己的领导力水平，成为更加优秀的领导者。综上所述，实践锻炼是提升领导者领导力的关键环节。通过积极参与实际工作项目，领导者可以锻炼自己的领导能力和执行力，优化领导方法和技巧，并不断提升自己的领导力水平。同时，注重学习、反思和改进也是领导者在实践锻炼中不断成长和进步的重要保障。

（五）反馈与调整

反馈与调整是领导者在提升领导力过程中不可或缺的重要环节。一个优秀的领导者需要时刻保持对个人发展计划实施效果的敏锐感知，并根据实际情况及时作出调整和优化。这种调整和优化的过程离不开对反馈信息的收集、分析和应用。

首先，领导者需要定期评估个人发展计划的实施效果。这可以通过制定明确的评估指标和定期回顾计划执行情况来实现。评估过程中，领导者需要客观分析自己的表现，找出与预期目标之间的差距，并思考造成这些差距的原因。这有助于领导者更加清晰地了解自己的优势和不足，为后续的调整和优化提供有力的依据。

其次，领导者需要积极收集反馈意见和建议。这些反馈可以来自导师、同事、下属、合作伙伴等多个方面。通过倾听他人的意见和建议，领导者可以更加全面地了解自己的领导风格和表现，发现潜在的问题和不足之处。同时，这些反馈也能为领导者提供改进的方向和思路，帮助他们更好地提升自己的领导力。

再次，领导者还需要关注环境和市场的变化。市场和环境的变化往往会对领导者的个人发展计划产生深远影响。因此，领导者需要时刻关注行业动态和市场趋势，及时调整自己的发展目标和发展策略。这种对外部环境的敏锐感知和适应性调整也是领导者提升领导力的重要体现。在收集和分析反馈信息后，领导者需要采取针对性措施进行改进。这些措施可能包括调整学习路径、优化资源整合方式、改进实践锻炼方法等。通过不断地调整和优化，领导者可以更好地适应变化的环境和市场需求，提升自己的领导力水平。

最后，持续的反馈与调整是领导者提升领导力的关键所在。这个过程需要领导者保持开放的心态和积极的行动态度，勇于面对挑战和困难，不断学习和进步。只有这样，领导者才能在反馈与调整的过程中不断成长和提升，为事业单位和团队的发展做出更大的贡献。

三、个人发展计划的持续优化

个人发展计划不仅是一纸计划，更是一个持续优化的过程。为了确保个人发展计划的有效性，领导者需要不断关注和调整计划，以适应不断变化的环境和市场。以下是一些关键的持续优化要素。

（一）适应变化

随着环境、市场和技术的快速变化，领导者需要时刻保持敏锐的洞察力，确保个人发展计划与时代发展同步。定期评估计划，检查其是否仍然符合当前的职业需求和未来趋势，对于计划的持续有效性至关重要。如果发现计划不再适应当前环境，领导者需要及时进行调整，确保个人发展计划始终走在正确的轨道上。

（二）定期评估与调整

领导者需要定期评估个人发展计划的实施效果，这有助于了解计划的进展情况，以及是否需要做出调整。通过评估，领导者可以发现哪些方面取得了进展，哪些方面需要改进。这种评估不仅可以帮助领导者更好地了解自己的现状，还可以为他们提供反馈，以便对计划进行必要的调整。

评估过程中，领导者需要关注自己的进步和成就，同时也要正视存在的问题和不足。针对评估结果，领导者可以采取相应的措施进行改进，如调整学习重点、寻求新的发展机会或扩展人际关系网络等。这种持续的评估和调整有助于领导者不断完善自己，提升领导力水平。领导者还需要关注反馈意见和建议。他人的评价和建议可以提供宝贵的视角，帮助领导者发现可能忽视的问题和潜在的改进空间。通过积极倾听和吸收反馈，领导者可以不断完善自己的领导能力和素质。

(三)坚持与耐心

个人发展是一个长期的过程,需要领导者的坚持和耐心。在这个过程中,领导者可能会面临各种挑战和困难,如工作压力、时间限制或自我怀疑等。然而,只有持之以恒地追求个人发展,才能取得长期的成功。

为了保持动力和积极性,领导者需要学会设定明确的目标和优先级,合理规划时间和资源。同时,领导者也需要培养自己的自我激励能力,从内心深处激发对个人发展的渴望和动力。当遇到挫折或困难时,领导者需要保持积极的心态,从中汲取教训并寻找成长的机会。

总之,个人发展计划的持续优化助于领导者不断提升自己的领导力和应对能力。通过适应变化、定期评估与调整以及坚持与耐心,领导者可以不断完善自己的个人发展计划,为个人和事业单位的成功奠定坚实基础。

第十九章 人才激励与留任的创新实践

第一节 人才激励与留任的重要性及挑战

在当今高度竞争和快速变化的环境中,人才成为事业单位发展的核心资源。人才激励与留任对于事业单位的成功至关重要,但同时也面临着一系列的挑战。本节将探讨人才激励与留任的重要性、所面临的挑战以及关键要素。

一、人才对事业单位发展的核心价值

人才是单位发展的核心驱动力,其价值主要体现在以下几个方面。

(一)创新能力

在当今这个日新月异、竞争激烈的时代,创新能力无疑是取得成功的关键所在。而人才,尤其是那些具备创新思维和创新能力的人才,则是推动事业单位不断向前发展的核心动力。

这些具备创新能力的人才,他们通常拥有敏锐的洞察力和前瞻性思维,能够迅速捕捉到市场变化、技术革新以及消费者需求的最新动态。他们敢于挑战传统观念,勇于打破既定的框架和限制,通过尝试和探索,为单位带来新的思维、新的方法和新的观点。在创新的过程中,这些人才不仅为事业单位带来了新的机会和竞争优势,更通过不断的尝试和实践,帮助位逐步建立起一种创新的文化和氛围。他们敢于承担风险,勇于面对挑战,不断推动着单位向前发展,创造出更多的可能性。

同时,这些具备创新能力的人才,还能够激发单位内部其他成员的创新潜能,形成一种良性的创新生态。他们通过分享经验、交流想法、协作攻关,带动整个团队的创新意识和能力的提升,从而推动整个单位在创新道路上不断前行。

综上所述,人才是创新的源泉,他们的创新能力是推动单位创新和变革的关键。在当今这个快速变化的时代,必须高度重视人才的培养和引进,激发他们的创新潜能,为单位的持续发展注入源源不断的动力。

(二)执行能力

执行能力是优秀人才的必备素质之一,它是指将单位的战略和目标转化为具体行动计划,并在实践中有效实施的能力。一个具备强大执行力的人才,能够迅速理解并贯彻单位意图和要求,将战略转化为实际行动,确保目标实现。

首先,优秀的人才具备出色的计划和单位能力。他们能够根据单位的战略和目标,制订详细的实施计划,并合理安排时间和资源,确保计划的顺利进行。在执行过程中，他们还能够根据实际情况进行灵活调整，确保计划的可行性和有效性。

其次，优秀的人才具备卓越的问题解决能力。在面对问题和挑战时，他们能够迅速分析问题的本质和根源，并制定出有效的解决方案。他们敢于承担责任，勇于面对困难，采取果断的行动来解决问题，确保单位的正常运营和持续发展。优秀的人才还具备出色的沟通和协调能力。他们能够与团队成员保持良好的沟通和合作，有效地调动团队的积极性和创造力，形成强大的执行力。他们还能够与其他部门和合作伙伴进行有效的沟通和协调，确保资源的合理利用和工作的顺利进行。

综上所述，优秀的人才具备强大的执行力和解决问题的能力，一个具备强大执行力的人才，能够迅速将单位的战略和目标转化为实际行动，有效解决问题，推动单位的持续发展。因此，单位应该重视培养和引进具备强大执行力的人才，为单位的成功提供有力的保障。

（三）团队建设

一个具备卓越领导力和人际交往能力的人才，能够吸引并培养更多同样优秀的人才，从而共同推动事业单位的发展。

优秀的人才具备强大的吸引力。他们通过自身的才华、成就和魅力，吸引同样具备潜力的个体加入团队。他们不仅关注团队成员的个人能力和特长，更重视团队成员的价值观和团队精神的契合度，从而确保整个团队的凝聚力和战斗力。优秀的人才擅长协调团队成员。他们了解每个团队成员的优势和劣势，能够合理地分配任务和角色，确保团队资源的最大化利用。同时，他们还能够有效地处理团队内部的冲突和矛盾，保持团队的和谐和稳定。

此外，优秀的人才通过自身的榜样作用，激发团队成员的潜力和激情。他们以身作则，展现出对工作的热爱和敬业精神，激发团队成员的积极性和创造力。他们鼓励团队成员不断学习和进步，为团队的创新和发展提供源源不断的动力。优秀的人才还能够提升整个团队的绩效和创新能力。他们通过有效的激励和引导，使团队成员更加专注于工作目标的实现，从而提高整个团队的绩效水平。同时，他们鼓励团队成员提出新的想法和解决方案，推动团队在创新方面不断取得突破。

综上所述，优秀的人才在团队建设中发挥着至关重要的作用。他们通过吸引和培养更多优秀人才、协调团队成员、激发团队潜力和激情以及提升团队绩效和创新能力，为单位的持续发展提供了有力的支持。因此，单位应该重视人才的培养和引进，尤其是那些具备卓越领导力和人际交往能力的人才，为团队建设注入新的活力和动力。

（四）绩效提升

绩效提升是拥有高素质的人才实现这一目标的关键所在。这些人才以其卓越的专业技能、高效的工作方法和良好的工作习惯，成为单位提升整体绩效的强有力支撑。

首先,高素质的人才具备高效的工作方法和良好的工作习惯。他们熟悉并掌握各种先进的工作工具和技术,能够迅速应对各种工作挑战。同时,他们注重时间管理和优先级排序,确保任务能够按时、高质量地完成。这种高效的工作方式不仅提高了他们个人的工作效率,也为整个单位带来了更加稳健和高效的工作流程。

其次,高素质的人才积极主动地承担责任,努力追求卓越。他们对自己的工作有着高度的责任感和使命感,愿意为单位的成功付出更多的努力和时间。他们不断挑战自己的极限,追求卓越的工作成果,为单位创造了更多的价值。这种积极向上的工作态度不仅激励了他们自己,也感染了整个团队,提升了整个单位的士气和工作效率。

最后,高素质的人才还具备持续学习和成长的能力。他们深知知识和技能的重要性,因此不断寻求学习和成长的机会。通过参加培训、阅读书籍、分享经验等方式,他们不断提升自己的能力和价值,为单位的长期发展提供了源源不断的动力。这种持续学习和成长的精神也为整个单位营造了积极向上的学习氛围,推动了单位的持续创新和进步。

综上所述,他们以高效的工作方法、积极主动的工作态度以及持续学习和成长的精神,为单位创造了巨大的价值。因此,应该高度重视人才的培养和引进,为单位的长期发展奠定坚实的基础。总之,人才对单位发展的核心价值体现在多个方面。需要重视人才的引进、培养和激励,建立良好的人才管理体系,充分发挥人才的潜力,推动单位的持续发展和成功。

二、人才流失与激励不足带来的挑战

随着人才市场的竞争日益激烈,人才流失已成为单位面临的一大挑战。当关键人才流失时,可能会遭受重大损失,并面临一系列问题。此外,激励不足也成为一个普遍存在的问题,导致职工的工作积极性和投入度下降,进一步给事业单位带来诸多挑战。

(一)绩效下降

绩效下降是单位面临的一大挑战,而人才流失往往是导致这一挑战的关键因素之一。当关键岗位的人才流失时,单位的正常运作和战略实施都可能受到严重的影响。这种影响不仅仅局限于短期,更可能对单位的长期发展产生深远的影响。

人才流失会导致关键岗位出现空缺。这些岗位通常是单位运作核心,涉及重要的决策、项目管理和客户关系维护等方面。当这些岗位出现空缺时,单位的运作效率和质量都可能受到严重的影响。可能会出现项目延误、工作质量下降和客户满意度降低等问题,这些问题都会对单位的整体绩效产生负面影响。

人才流失还可能破坏单位的战略实施。流失的人才往往是内部重要成员,他们对单位的战略目标和计划有深入的了解和认同。他们的离开不仅意味着关键经验和知识的流失,更可能导致单位内部出现战略执行的混乱和不确定性。这种混乱和不确定性可能使单位的战略目标变得模糊,导致执行效果不佳,甚至可能使事业单位偏离原有的发展方向。人才流失还可能对单位的文化和氛围产生负面影响。当一个单位频繁出现人才流失时，可能会导致内部出现信任危机和士气低落。职工可能会开始怀疑单位的稳定性和发展前景，从而影响到他们的工作积极性和投入度。这种消极的氛围可能进一步加剧人才流失的问题，形成恶性循环。

综上所述，人才流失可能导致关键岗位出现空缺、破坏单位的战略实施以及影响事业单位的文化和氛围。因此，应该高度重视人才流失的问题，采取有效的措施来预防和应对人才流失，确保单位的稳定发展和持续成功。

（二）团队稳定性差

团队稳定性差是许多事业单位都会面临的挑战，而频繁的人员流动则是导致团队稳定性下降的重要因素之一。一个稳定的团队对于单位的成功至关重要，因为它有助于培养团队精神和协作能力，从而推动单位朝着共同的目标前进。然而，当关键人才流失时，团队可能会陷入混乱和动荡，导致团队的凝聚力和协作能力受到严重破坏。

首先，频繁的人员流动会破坏团队的稳定性。当一个团队中的人员频繁流动时，团队内部的沟通和协作可能会受到严重影响。新成员需要时间来适应团队文化和工作流程，而老成员则需要时间来熟悉新成员的工作方式和思维习惯。这种不断的变化和调整可能会导致团队内部出现混乱和不确定性，从而降低团队的效率和生产力。

其次，关键人才通常是团队中的核心成员，他们拥有丰富的经验和知识，对团队的发展起着至关重要的作用。当这些人才流失时，团队可能会失去方向感和领导力，导致团队内部的凝聚力和协作能力受到严重破坏。团队成员可能会感到沮丧和失望，对团队的发展失去信心，从而影响整个团队的士气和工作效率。

最后，频繁的人员流动还可能对团队的建设产生负面影响。一个稳定的团队需要时间来培养团队精神和协作能力，而频繁的人员流动可能会打断这个过程。新成员可能需要一段时间来适应团队文化和工作流程，而这段时间内他们可能无法充分发挥自己的潜力。同时，频繁的人员流动也可能导致团队成员之间的信任和合作受到破坏，从而阻碍团队的发展和进步。

综上所述，频繁的人员流动会破坏团队的稳定性和凝聚力，影响团队的协作能力和工作效率。因此，单位应该采取措施来维护团队的稳定性，减少人员流动的频率，培养和保留关键人才，以推动事业单位的长期发展和成功。

（三）人才成本增加

人才成本增加是事业单位面临的一个重要问题，特别是在人才流失的情况下。为了弥补人才流失带来的空缺，往往需要投入更多的时间和资源来招聘和培训新职工。这不仅增加了经济成本，还可能对生产力和效率产生负面影响。

首先，招聘过程本身就需要投入大量的人力、物力和财力。需要设立专门的招聘团队，负责筛选简历、单位面试、进行背景调查等一系列烦琐的工作。

同时，招聘过程中还可能涉及一些额外的费用，如招聘广告费用、面试场地租赁费用等。这些成本随着人才流失的频率增加而不断累积，对单位的财务状况造成不小的压力。

其次，培训新职工也需要时间和资金的投入。新职工需要熟悉单位的文化、规章制度、工作流程等，这需要一定的时间来适应。同时，为了提升新职工的工作能力和效率，还需要为他们提供必要的培训。这些培训可能包括内部培训、外部培训、在线课程等多种形式，都需要事业单位投入一定的资金。在新职工适应和融入单位的过程中，还可能会对单位的生产力和效率产生负面影响。新职工需要时间来熟悉工作环境和任务，这可能导致项目延误或工作质量下降。同时，新职工与团队之间的磨合也需要时间，可能会影响团队的协作和沟通效率。

综上所述，人才流失会导致单位的人才成本显著增加。从招聘到培训，再到新职工的适应和融入，都需要单位投入大量的时间和资源。这不仅增加了事业单位的经济成本，还可能对单位的生产力和效率产生负面影响。因此，应该重视人才的保留和发展，减少人才流失的频率，以降低人才成本并提高事业单位的整体绩效。

（四）声誉受损

声誉受损是事业单位在面临持续人才流失时所面临的一个严重问题。一个拥有稳定和高素质人才的事业单位，往往能够在市场上获得更高的声誉和竞争力。然而，当人才流失成为常态时，这种声誉和竞争力可能会受到严重的损害。

首先，持续的人才流失可能会让客户和合作伙伴对单位的稳定性和可靠性产生怀疑。客户和合作伙伴希望与一个稳定、可靠的单位建立长期合作关系，以获得持续的价值和回报。如果单位无法留住人才，他们可能会担心单位在未来也会面临类似的挑战，从而影响对单位的信任度和合作意愿。

其次，持续的人才流失还可能对单位的品牌形象产生负面影响。一个拥有高素质人才的单位通常被视为具有吸引力和竞争力的单位，能够吸引更多的优秀人才和客户。然而，当人才流失成为常态时，这种品牌形象可能会受到破坏，导致单位在市场上的吸引力下降。持续的人才流失还可能对单位的市场地位产生冲击。在竞争激烈的市场中，单位的声誉和市场地位往往决定了其成败。如果无法留住人才，可能会导致其市场地位下降，被竞争对手超越。这不仅会影响单位的业务发展和市场份额，还可能对单位的长期发展产生深远的影响。

综上所述，持续的人才流失对单位的声誉和市场地位具有重要影响。为了维护事业单位的声誉和市场地位，应该重视人才的保留和发展，采取措施减少人才流失的频率。同时，还应该加强与客户和合作伙伴的沟通与合作，增强他们对事业单位的信任度和合作意愿。只有这样，单位才能在竞争激烈的市场中保持领先地位，实现持续的成功和发展。

三、人才激励与留任的关键要素

为了有效激励和留任人才，单位需要深入了解职工的期望和需求，并采取相应的措施来满足这些需求。以下几个关键要素对于人才的激励与留任至关重要。

（一）薪酬福利

薪酬福利是事业单位吸引和留住人才的关键因素之一。一个合理的薪酬福利体系不仅能够满足职工在经济上的需求，还能够激励职工更好地发挥自己的能力，为单位创造更大的价值。

具有竞争力的薪资是吸引人才的基础。单位需要了解市场行情，根据行业标准和职位要求，制定具有竞争力的薪资水平。同时，薪资水平应与职工的绩效表现挂钩，以激励职工不断提升自己的工作能力和业绩。

除了薪资，福利也是吸引和留住人才的重要因素。一个完善的福利体系可以包括健康保险、退休金、带薪休假等。这些福利能够满足职工在生活中的不同需求，提高职工的生活品质和工作满意度。同时，福利体系也是单位对职工的一种关怀和认可，能够增强职工对单位的归属感和忠诚度。在制定薪酬福利体系时，单位应坚持公平合理的原则。这意味着薪酬福利体系应该根据市场行情和职工的绩效表现来制定，避免出现内部不公平和外部无竞争力的情况。同时，单位还应定期评估和调整薪酬福利体系，确保其与市场变化和职工需求保持同步。

综上所述，合理的薪酬福利体系是吸引和留住人才的基础。单位应该根据市场行情和职工的绩效表现，制定具有竞争力的薪资和完善的福利体系，以激励职工努力工作并保持对单位的忠诚度。这样不仅能够提高职工的工作积极性和效率，还能够为单位的长期发展奠定坚实的基础。

（二）职业发展

职业发展是职工在工作中追求的一个重要目标，也是单位吸引和留住人才的关键手段之一。一个优秀的单位应该能够为职工提供良好的职业发展平台，帮助他们实现个人目标，提升职业竞争力。

首先，单位应该注重职工的培训和发展。通过提供内部培训、外部培训、在线课程等多种形式的学习机会，帮助职工不断提升自己的技能和知识。这些培训不仅可以提高职工的工作效率和质量，还能够为他们未来的职业发展打下坚实的基础。

其次，应该为职工提供晋升机会。一个公平的晋升体系能够激励职工努力工作，争取更好的职业发展机会。单位应该根据职工的工作表现、能力和潜力，为他们制定合理的晋升路径，并提供相应的晋升机会。此外，单位还应该帮助职工进行职业发展规划。通过与职工进行深入的沟通和交流，了解他们的职业目标和发展需求，为他们制订个性化的职业发展计划。这不仅可以帮助职工更好地实现个人目标，还能够增强他们对事业单位的归属感和忠诚度。

综上所述，单位应该注重职工职业发展，提供良好职业发展平台，帮助他们实现个人目标，提升职业竞争力。通过培训、晋升和职业规划等手段，单位可以增强职工的归属感和忠诚度，为单位的长期发展奠定坚实的基础。同时，职工的职业发展也会为单位带来更多的创新和价值，推动单位不断向前发展。

（三）工作氛围

工作氛围对于职工的归属感和忠诚度具有至关重要的作用。一个积极向上、和谐融洽的工作氛围能够激发职工的工作热情，提高他们的工作效率，同时也能够增强职工的满意度和忠诚度。

首先，事业单位应该重视职工的参与和贡献。每个职工都是单位的一分子，他们的努力和贡献是推动单位发展的重要动力。因此，应该鼓励职工积极参与各项工作，并为他们提供充分的展示才华的平台。当职工感受到自己的价值和重要性时，他们会更加珍惜在单位中的工作机会，并愿意为单位的长远发展贡献自己的力量。

其次，应该倡导团队协作的精神。团队协作是实现共同目标的关键，也是培养职工之间默契和信任的重要方式。应该通过各种方式促进团队成员之间的沟通和协作，如定期的团队建设活动、项目合作等。在团队协作的过程中，职工能够感受到彼此之间的支持和鼓励，从而更加愿意为团队的成功付出努力。单位还应该鼓励创新思维。在当今快速变化的市场环境中，创新思维是保持竞争力的关键。事业单位应该为职工提供充分的创新空间和支持，鼓励他们勇于尝试新的方法和思路。当职工感受到单位对创新的重视和支持时，他们会更加愿意在工作中发挥自己的创造力，为单位带来更多的创新和价值。

综上所述，事业单位应该致力于营造积极向上、和谐融洽的工作氛围，重视职工的参与和贡献，倡导团队协作和创新思维。在这样的氛围中，职工能够感受到事业单位的关怀和支持，从而更加愿意留在单位中，为单位的发展贡献自己的力量。同时，良好的工作氛围也能够提高职工的工作效率和满意度，为单位的长期发展奠定坚实的基础。

（四）激励机制

激励机制是单位激发职工工作积极性和创造力的重要手段。一个有效的激励机制不仅应涵盖物质层面的奖励，更应关注职工的精神需求，实现多元化的激励方式。这样，事业单位才能更全面地满足职工的需求，进而点燃他们的工作热情，激发其内在动力。

单位应明确并公正地评价职工的贡献。当职工的付出得到公正、及时的认可和赞赏时，他们会感到自己的价值得到了体现，从而更加珍惜工作机会，愿意为单位的发展持续投入。这种认可可以是口头表扬、荣誉证书，也可以是事业单位内部的晋升和奖励。应鼓励创新和创造。创新是推动单位进步的关键，而职工的创造力则是实现创新的基础。事业单位应该为职工提供宽松的创新环境，允许他们尝试新的方法和思路，即使失败了也要给予足够的支持和理解。这样，职工才会敢于冒险、勇于创新，为单位带来更多的惊喜和成果。提供挑战性的工作任务也是一种有效的激励方式。挑战性的任务能够激发职工的斗志和求知欲，使他们在面对困难时更加坚定和勇敢。应根据职工的能力和兴趣，为他们设计合适的挑战性任务，让他们在工作中不断挑战自我、超越自我。单位还应关注职工的个人发展和职业规划。通过为职工提供培训、学习和发展机会，帮助他们实现个人目标，提升职业竞争力。这样，职工会感受到事业单位对他们的长远规划和关怀，从而更加忠诚于单位，为单位的发展贡献更多的力量。

综上所述，有效的激励机制应涵盖物质和精神层面的奖励，实现多元化的激励方式。应公正评价职工的贡献、鼓励创新和创造、提供挑战性的工作任务，并关注职工的个人发展和职业规划。通过这样的激励机制，可以更好地满足职工的需求，激发他们的工作热情和内在动力，为单位的长远发展奠定坚实的基础。

（五）领导力与文化

领导力与事业单位文化在单位发展中扮演着至关重要的角色，对人才的激励与留任产生深远影响。一个优秀的领导者不仅应具备个人魅力，还需要展现出色的领导能力，这些能力对于激发职工潜力、引导团队实现目标，以及为职工提供必要的支持和指导都至关重要。

一个优秀的领导者应该拥有清晰的愿景和目标，并能够将这些愿景和目标传达给职工，让他们明白自己的工作是如何与单位的发展紧密相连的。这样的领导者能够激发职工的归属感和使命感，让他们更加全身心地投入工作中。领导者还需要具备有效的沟通能力。他们应该能够倾听职工的意见和建议，了解职工的需求和期望，并根据这些信息来调整自己的领导方式。通过良好的沟通，领导者可以建立信任和尊重的关系，增强团队的凝聚力和向心力。应建立积极向上的事业单位文化，这种文化应该强调团队合作、创新和学习等价值观。在这样的文化氛围中，职工能够感受到事业单位的包容性和进步性，从而更加愿意为事业单位的发展贡献自己的力量。事业单位文化还应该体现事业单位的使命和愿景，让职工明白自己的工作是如何为实现这些目标服务的。单位还应注重培养职工的归属感和忠诚度。这可以通过举办各种团队活动、庆祝仪式和表彰仪式来实现。这些活动不仅能够增强职工之间的交流和合作，还能够让职工感受到单位的关怀和支持。

综上所述，培养具备个人魅力和有效领导能力的领导者，以及建立强调团队合作、创新和学习等价值观的单位文化，可以激发职工的潜力、引导他们实现目标，并增强他们对单位的认同感和忠诚度。这将为单位的长期发展奠定坚实的基础。

第二节 人才激励与留任的创新实践策略与方法

随着人才市场的竞争日益激烈，传统的激励与留任方法已经不能满足现代事业单位的需求。为了更好地吸引和留住优秀人才，单位需要采取一些创新实践策略和方法。本节将探讨创新薪酬体系、职业发展与晋升通道以及职工关怀与福利措施等方面的内容。

一、创新薪酬体系

为了激发职工的积极性和创造力，单位需要设计具有竞争力的薪酬体系，以满足职工的需求和期望。以下是几个创新薪酬体系的建议。

（一）绩效工资

将职工的薪酬与绩效挂钩是一种有效的激励方式。事业单位可以根据职工的业绩表现来发放工资，对于表现优秀的职工给予更高的薪酬回报。这种薪酬体系能够激励职工更好地发挥自身能力，提升工作绩效，并增强对事业单位的忠诚度。

（二）奖金制度

除了基本工资外，可以设立项目奖金、年终奖等，以奖励职工的优秀表现和突出贡献。奖金制度能够激发职工的积极性和创造力，促进职工为实现单位目标而努力工作。同时，奖金制度还能够提高职工的工作满意度和归属感。

（三）股权激励

通过股权激励计划，可以给予职工事业单位股票或股票期权，让职工成为事业单位的股东，共享单位的成长和收益。这种薪酬体系能够增强职工的归属感和忠诚度，激发职工的工作热情和创造力。同时，股权激励还能够提高单位的凝聚力和向心力。

（四）薪酬调查

定期进行薪酬调查是必要的，这可以帮助单位了解市场行情和竞争对手的薪酬水平。通过薪酬调查，可以调整自身薪酬体系，确保其具有竞争力，从而更好地吸引和留住人才。此外，单位还可以根据市场变化和自身发展情况，灵活调整薪酬体系，以满足职工的需求和期望。

总之，事业单位需要设计具有竞争力的薪酬体系，以满足职工的需求和期望，激发职工的积极性和创造力，从而推动事业单位的持续发展。

二、职业发展与晋升通道

事业单位需要为职工提供清晰的职业发展路径和晋升通道，以满足职工的职业发展需求，激发职工的积极性和创造力。以下是几个关键要素，有助于单位为职工提供更好的职业发展与晋升通道。

（一）培训计划

培训计划是单位为职工提供的一项重要福利，它对于职工的个人发展和职业成长具有至关重要的意义。一个精心设计的培训计划可以激发职工的学习热情，提升他们的技能和知识水平，为他们在职场上的成功打下坚实的基础。

首先，应该提供多样化的培训资源，以满足职工不同的学习需求和兴趣。这包括内部培训、外部培训以及在线课程等多种形式。内部培训可以由单位内部的专家或资深职工来授课，分享他们的经验和知识；外部培训则可以邀请行业内的专家或知名机构来进行授课，让职工接触到更广阔的知识领域和最新的行业动态。在线课程则具有灵活性和便捷性，职工可以根据自己的时间安排和学习进度进行学习。

其次，培训计划应该根据职工的职业发展需求进行个性化定制。每个职工都有自己的职业目标和发展路径，应该通过了解职工的个人情况和发展规划，为他们提供有针对性的学习和发展机会。例如，对于希望晋升到管理层的职工，可以提供相关的领导力培训和管理技能培训；对于希望深化专业技能的职工，单位可以提供相关的行业知识培训和技术培训。

通过培训，职工可以增强自己的竞争力，提高自己的职业水平和能力。一方面，培训可以帮助职工掌握更多的技能和知识，提升他们在工作中的表现和业绩；另一方面，培训也可以帮助职工拓展自己的职业视野和发展空间，为他们的未来职业规划提供更多的选择和机会。单位还应该注重培训效果的评估和反馈。通过定期的评估和反馈，可以了解职工的学习情况和培训效果，及时调整培训计划，以满足职工的需求和期望。同时，职工也可以通过评估和反馈了解自己的学习进展和不足之处，以便更好地规划自己的学习和职业发展。

综上所述，培训计划可以帮助职工提升技能和知识水平，增强竞争力，实现个人发展和职业成长。应该注重培训资源的多样化、个性化定制、效果评估和反馈等方面，为职工提供有针对性的学习和发展机会，为他们的未来发展奠定坚实的基础。

（二）内部晋升

内部晋升不仅关乎职工的个人成长，更是事业单位持续稳健发展的基石。一个公平、透明的晋升机制，对于激发职工的积极性和工作动力至关重要。在这样的机制下，职工能够清晰地看到自己在事业单位中的未来和职业前景，从而更加投入地工作，为单位贡献更多的力量。

首先，应确保晋升机制的公平性和透明度。这意味着在晋升决策过程中，应遵循公开、公平、公正的原则，确保所有职工都有平等的机会参与竞争。同时，晋升机制应明确具体的晋升标准和流程，让职工清楚了解晋升的条件和要求，从而有针对性地提升自己的能力和表现。

其次，重视职工的绩效表现和工作能力。绩效表现是衡量职工工作成果和贡献的重要指标，而工作能力则反映了职工的潜力和成长空间。通过科学的绩效评估体系，全面、客观地评价职工的工作表现，为晋升决策提供有力的依据。同时，关注职工的能力和潜力，给予他们充分的成长空间和机会，帮助他们不断提升自己的能力和价值。鼓励内部职工竞争和晋升。通过设立合理的竞争机制，激发职工的竞争意识和进取心，让他们在工作中不断追求卓越，为事业单位创造更多的价值。同时，为职工提供多元化的晋升路径和发展方向，让他们根据自己的兴趣和能力选择适合自己的职业道路。

最后，在晋升机制中还应注重职工的职业规划和发展需求。通过与职工进行深入的沟通和交流，了解他们的职业目标和发展期望，为他们制定个性化的职业发展规划和晋升计划。这样不仅能够更好地满足职工的发展需求，也能为事业单位的长远发展储备更多的人才资源。

综上所述，建立公平、透明的晋升机制对于激发职工的积极性和工作动力具有重要意义。重视职工的绩效表现和工作能力，给予他们公平的晋升机会和成长空间，鼓励他们参与内部竞争和晋升。同时，关注职工的职业规划和发展需求，为他们提供个性化的职业发展路径和计划。这样的晋升机制不仅能够促进职工的个人成长和进步，也能为事业单位的持续稳健发展提供有力的人才保障。

（三）职业规划

职业规划是事业单位和职工共同合作、共同规划的一个重要环节。不仅仅是职工个人发展的蓝图，也是人才梯队建设的重要组成部分。当单位与职工携手制定职业规划时，双方都能够更加清晰地看到职工的未来发展方向和潜在机会。

首先，职业规划为职工提供了一个自我认知和反思的机会。通过深入了解自己的优势、劣势、兴趣和价值观，职工可以更加准确地定位自己在职场中的位置。这种自我认知不仅有助于职工找到适合自己的职业方向，还能够帮助他们在工作中发挥所长，实现个人价值。

其次，职业规划为职工提供了明确的目标和方向。在与事业单位沟通协商的过程中，职工可以了解事业单位的发展战略和人才需求，结合自己的实际情况，制定出既符合事业单位发展又符合个人成长的职业目标。这些目标不仅为职工提供了明确的方向，还能够激励他们在工作中不断追求卓越，实现自我突破。职业规划还有助于职工了解事业单位的期望和要求。通过与事业单位共同制定职业规划，职工可以更加清晰地了解事业单位对自己的期望和要求，从而在工作中更加有针对性地提升自己的能力和素质。这不仅能够提高职工的工作效率和质量，还能够为事业单位培养出更多优秀的人才。

职业规划为职工提供了更多的发展机会和空间。通过与单位共同规划职业发展路径，职工可以更加清晰地看到自己的职业前景和发展机会，从而更加有信心地面对未来的挑战。同时，事业单位也可以根据职工的职业规划和发展需求，为他们提供更多的培训、学习和晋升机会，帮助他们实现个人和职业的双赢。事业单位应与职工共同制定职业规划，明确职工的职业发展方向和目标。这不仅有助于职工了解自己的优势和不足、规划自己的职业生涯，还能够为事业单位培养出更多优秀的人才、促进事业单位的长期发展。因此，事业单位应该高度重视职业规划的制定和实施工作，与职工携手共创美好的未来。

（四）导师制度

导师制度是一种富有成效的事业单位文化实践，对于新职工的成长和发展具有不可替代的作用。当新职工初入单位，面对陌生的工作环境和流程，他们往往会感到困惑和不安。此时，为他们安排一位经验丰富的导师，就如同为他们点亮了一盏明灯，照亮前行的道路。

导师不仅是新职工的引路人，更是他们的心理支持者和职业导师。他们用自己的经验和智慧,帮助新职工快速适应工作环境,了解事业单位文化和工作流程。他们分享自己的工作经验和职业发展心得,帮助新职工明确职业方向和目标。他们解答新职工的疑惑和问题,为他们提供指导和建议,使他们在工作中少走弯路,更快地融入单位。

通过导师的指导和支持,新职工可以更快地适应新的工作环境和角色,提高自己的工作能力和职业水平。他们可以在实践中学习和掌握工作技能,积累工作经验,为自己的职业发展打下坚实的基础。同时,他们也可以通过与导师的交流和互动,建立起良好的人际关系和团队合作精神,为自己的职业发展创造更多的机会和空间。导师制度不仅有助于新职工的成长和发展,也对单位的长远发展具有积极的影响。通过导师制度,可以培养和留住优秀的人才,为单位的发展注入新的活力和动力。同时,导师制度也可以促进事业单位内部的知识传承和经验分享,提高单位的整体水平和竞争力。

总之,通过实施导师制度,可以帮助新职工快速适应工作环境,提升职业能力,实现个人和事业单位的共同发展。同时,导师制度也可以增强职工的归属感和忠诚度,激发职工的积极性和创造力,为单位的持续发展提供有力的支持。

三、职工关怀与福利措施

在留住人才方面,除了薪酬和职业发展,职工关怀和福利也是至关重要的手段。关注职工的情感需求,提供良好的工作氛围和福利待遇,以提高职工的满意度和忠诚度。以下是几个关键的职工关怀与福利措施。

（一）职工满意度调查

定期进行职工满意度调查是必要的,这可以帮助单位了解职工的需求和期望。通过调查,可以发现职工关心的重点问题,针对性地改进和优化相关政策和措施。同时,还可以通过满意度调查来检验职工关怀与福利措施的效果,不断完善和提升职工的满意度。

（二）弹性工作

提供灵活的工作时间和地点可以方便职工更好地平衡工作和生活,提高工作满意度。可以根据职工的个人需求和工作性质,合理安排工作时间和工作地点,提供更加灵活的工作方式。这种弹性工作的安排可以让职工更好地掌控自己的工作节奏,提高工作效率,同时也能够增强职工的归属感和忠诚度。

（三）健康福利

提供健康保险、定期体检等健康福利是关心职工身心健康的重要措施。可以通过健康保险为职工提供医疗保障,帮助职工解决看病难、看病贵的问题。定期体检可以帮助职工及时发现潜在的健康问题,采取有效的预防和治疗措施。此外,事业单位还可以提供健身、健康饮食等方面的福利,鼓励职工关注自己的身体健康。

（四）休闲活动

定期的团队建设活动、旅游等休闲活动可以增进职工之间的交流与合作,增强团队凝聚力。通过团队建设活动和旅游等休闲活动，职工可以放松身心、缓解工作压力，同时也可以增强团队之间的默契和协作能力。这有助于提高事业单位的整体绩效和工作效率。

（五）心理辅导

关注职工的心理健康是职工关怀的重要方面之一。单位可以提供心理辅导服务和压力管理培训，帮助职工缓解工作压力，保持良好的心态。心理辅导可以帮助职工解决心理问题、提高心理素质，让他们更好地应对工作和生活中的挑战。压力管理培训可以教会职工如何有效应对工作压力，保持积极的心态和工作状态。通过心理辅导和压力管理培训，事业单位可以帮助职工建立更加健康的心态，提高他们的工作效率和创造力。

第三节 人才激励与留任持续改进的机制与实施建议

在人才激励与留任方面，持续改进是关键。需要建立有效机制，不断优化和改进相关政策和措施，以适应不断变化的市场环境和职工需求。本节将探讨定期评估与反馈、持续改进策略以及跨部门合作与资源整合等方面内容。

一、定期评估与反馈

为了确保人才激励与留任的策略能够持续有效地发挥作用，需要建立一个定期评估与反馈的机制。通过这个机制，可以监测策略的实施效果，收集职工的反馈意见，及时发现问题并进行调整。以下是几个关键要素，有助于事业单位建立有效的定期评估与反馈机制。

（一）收集职工意见

为了更有效地制定和调整激励与留任政策，事业单位必须高度重视收集职工的意见和建议。职工的反馈不仅是事业单位改进政策的重要参考，更是体现职工参与感和归属感的关键环节。

一种常见且有效的方法是定期发放调查问卷。通过设计涵盖薪酬体系、职业发展机会、福利待遇等多个方面的问卷，事业单位可以系统地收集职工对这些关键领域的满意度和需求。问卷调查的优点在于其标准化和易操作性，能够确保所有职工都有机会表达自己的看法。

然而，单纯的问卷调查可能无法完全捕捉职工的真实想法和需求。因此，事业单位还应该考虑进行职工访谈。面对面的交流能够让事业单位更深入地了解职工的想法和感受，发现那些可能隐藏在问卷背后的细微之处。职工访谈也可以为职工提供一个平台，让他们更自由地表达自己的观点和建议。

在进行职工访谈时，事业单位需要确保访谈的环境和氛围是轻松和开放的。这样，职工才会更愿意分享他们的真实想法和需求。同时，事业单位还应该确保访谈者的态度是中立和尊重的，以避免对职工的回答产生任何形式的偏见或误解。除了定期发放调查问卷和职工访谈，事业单位还可以通过其他方式收集职工的意见和建议，如设立职工建议箱、开展小组讨论等。这些方式都可以为事业单位提供多元化的反馈渠道，确保职工的声音能够被充分听到和考虑。在收集到职工的意见和建议后，事业单位需要认真分析和整理这些信息。这不仅可以帮助事业单位找出当前激励与留任政策中存在的问题和不足，还可以为后续的评估和调整提供有力的依据。

总之，多种方式收集职工的反馈，可以更好地了解职工的真实想法和需求，为后续的评估和调整提供有力的支持。这不仅有助于提升职工的满意度和归属感，还可以为事业单位的长期发展奠定坚实的基础。

（二）分析激励效果

为了更准确地评估和调整激励政策，事业单位在收集职工意见后，还需要深入分析激励政策实施后的效果。这不仅有助于事业单位了解政策的实际成效，还能够为未来的策略制定提供有力的数据支持。

通过数据分析来评估激励政策的实施效果。例如，收集职工在激励政策实施前后的工作满意度数据，并进行对比分析。通过对比数据的变化趋势，单位可以直观地了解政策对职工工作满意度的影响。此外，分析职工的绩效数据，观察激励政策是否促进了职工的绩效提升。除了数据分析，还可以采用定性分析的方法来评估激励政策的效果。例如，对职工进行深度访谈或焦点小组讨论，了解他们对激励政策的感受和评价。通过收集职工的真实反馈，事业单位可以更加深入地了解政策的实际效果，以及职工对政策的期望和建议。在进行激励效果分析时，事业单位需要注意以下几点。首先，分析应该全面而客观，避免受到主观偏见的影响。其次，分析应该注重数据的时效性和可比性，确保分析结果的准确性和可靠性。最后，分析应该与事业单位的战略目标和业务发展相结合，以确保激励政策与事业单位的整体发展保持一致。

通过深入分析激励政策的实施效果，事业单位可以更加清晰地了解哪些策略是有效的，哪些策略需要改进。这对于事业单位优化和调整激励政策具有重要意义。同时，通过持续改进和优化激励政策，事业单位可以激发职工的积极性和创造力，提升职工的满意度和忠诚度，从而为事业单位的持续发展提供有力的支持。

总之，综合运用数据分析和定性分析的方法，可以全面了解政策的实际效果，为未来的策略制定提供有力的数据支持。这不仅有助于提升事业单位的整体绩效和竞争力，还能够为职工的个人发展创造更多的机会和空间。

（三）反馈机制

建立一个有效的反馈机制对事业单位而言是至关重要的，它不仅是职工参与事业单位决策和管理的重要途径，更是事业单位不断改进和优化人才激励与留任策略的关键环节。一个良好的反馈机制能够让职工感受到自己的声音被重视，激发职工的积极性和创造力，同时也能够帮助事业单位及时了解职工的想法和需求，从而作出更加合理和科学的决策。

首先，鼓励职工提出自己的意见和建议。职工是事业单位最宝贵的资源，他们的意见和建议往往能够为事业单位带来新的思路和方法。因此，事业单位应该营造一个开放、包容的氛围，让职工敢于发表自己的看法和建议。同时，事业单位还应该通过各种方式激发职工的参与意识，如设立职工建议箱、开展职工座谈会等，让职工有更多的机会参与到事业单位的决策和管理中来。

其次，事业单位应该积极采纳并改进职工提出的合理建议。职工的建议往往是从实践中来的，具有很强的针对性和实用性。因此，事业单位应该认真对待职工的建议，对于合理的建议要积极采纳并加以改进。这不仅可以让职工感受到自己的建议得到了重视，还能够为事业单位的发展带来实质性的帮助。事业单位还可以设立专门的反馈平台或渠道，方便职工随时提出自己的问题和建议。这些反馈平台或渠道可以是线上的也可以是线下的，如职工满意度调查、内部论坛、电子邮件等。通过这些平台或渠道，职工可以更加便捷地提出自己的问题和建议，事业单位也可以更加及时地了解职工的想法和需求。

在建立反馈机制的过程中，事业单位还需要注意以下几点。首先，反馈机制应该具有匿名性和保密性，以保护职工的隐私和权益。其次，反馈机制应该具有及时性和有效性，以确保职工的意见和建议能够得到及时的回应和处理。最后，反馈机制应该与事业单位的其他管理制度和流程相协调，以确保整个事业单位的运作更加顺畅和高效。

总之，鼓励职工提出意见和建议、积极采纳并改进合理建议、设立专门的反馈平台或渠道等方式，事业单位可以及时了解职工的想法和需求，不断优化和改进人才激励与留任的策略。这将有助于激发职工的积极性和创造力，提升事业单位的整体绩效和竞争力，为事业单位的持续发展奠定坚实的基础。

（四）定期评估

对于任何人才激励与留任策略，定期的评估和调整都是至关重要的。一个成功的策略不应是一成不变的，而应随着事业单位的发展、市场的变化以及职工需求的演变而进行相应的调整。因此，事业单位需要定期对人才激励与留任的策略进行全面而深入的评估。

这种评估应该是系统性的，涵盖策略的各个关键方面，包括但不限于薪酬体系、职业发展机会、福利待遇等。通过系统地评估这些方面，事业单位可以全面了解当前策略的实施效果，以及职工对这些策略的反应和满意度。在评估过程中，事业单位可以采用多种方法和工具，如问卷调查、职工访谈、数据分析等。这些方法和工具可以帮助事业单位收集到全面、客观的信息，为后续的评估和改进提供有力的支持。通过评估，事业单位可以检查当前策略是否存在问题或不足之处，如某些激励措施是否过于单一、某些福利待遇是否未能满足职工的需求等。在发现问题后，事业单位需要基于评估结果制定相应的改进措施，以优化和完善当前的策略。为了更好地衡量策略的有效性，事业单位还可以设定具体的评估指标和标准。这些指标和标准应该与事业单位的战略目标和业务发展相一致，能够客观地反映策略的实施效果。通过定期监测这些指标和标准，事业单位可以及时发现问题并进行调整，确保策略能够持续有效地发挥作用。

总之，系统性地评估策略的各个关键方面、采用多种方法和工具收集信息、基于评估结果制定改进措施以及设定具体的评估指标和标准，事业单位可以建立起一个有效的人才激励与留任的定期评估与反馈机制。这种机制有助于事业单位及时发现问题并进行调整，确保策略能够持续有效地发挥作用。同时，通过不断优化和改进策略，事业单位可以更好地满足职工的需求，提高职工的满意度和忠诚度，从而吸引和留住更多优秀的人才，为事业单位的长期发展奠定坚实的基础。

通过以上四个关键要素的落实，可以建立起一个有效的人才激励与留任的定期评估与反馈机制。这种机制有助于事业单位及时发现问题并进行调整，确保人才激励与留任的策略能够持续有效地发挥作用。同时，通过不断优化和改进策略，事业单位可以更好地满足职工的需求，提高职工的满意度和忠诚度，从而吸引和留住更多优秀的人才。

二、持续改进策略

基于定期评估的结果，事业单位需要采取相应的措施对人才激励与留任的策略进行持续改进，以确保这些策略能够与时俱进，满足职工不断变化的需求。以下是一些关键的持续改进策略。

（一）优化薪酬体系

根据定期评估的结果，分析薪酬体系的竞争力和公平性。如果发现薪酬体系存在问题或不足之处，应采取措施进行优化。例如，根据市场变化和职工需求，调整薪酬结构，使其更具竞争力。同时，确保薪酬体系公平、透明，能够激励职工努力工作。

（二）调整福利政策

根据职工的反馈意见和需求，评估当前的福利政策是否满足职工的期望。如果发现福利政策存在不足之处，应进行调整和优化。例如，提供更丰富的培训资源、增加健康福利等，确保福利政策能够满足职工的需求，提高职工的满意度。

（三）职业发展与晋升通道优化

根据职工的职业发展需求和评估结果，优化职业发展路径和晋升通道。例如，提供更多的晋升机会和职业发展资源，帮助职工实现个人职业目标。通过优化职业发展与晋升通道，可以更好地满足职工的职业发展需求，提高职工的忠诚度和工作动力。

（四）创新激励方式

除了传统的薪酬和福利激励方式外，还需要探索新的激励方式，以激发职工的积极性和创造力。例如，股权激励、项目奖金等多样化的激励手段可以帮助事业单位更好地吸引和留住优秀人才。通过不断创新激励方式，可以更好地满足职工的需求，提高职工的满意度和工作动力。

（五）职工关怀措施升级

职工关怀是留住人才的重要手段之一。根据职工的反馈意见和评估结果，单位需要关注职工的身心健康和成长需求。例如，提供弹性工作时间、休闲活动等人性化的关怀措施可以帮助事业单位增强职工的归属感和忠诚度。通过不断升级职工关怀措施，可以更好地满足职工的需求，提高职工的满意度和忠诚度。

通过以上持续改进策略的落实，可以不断完善人才激励与留任的策略，确保这些策略能够与时俱进，满足职工不断变化的需求。同时，通过持续改进策略的实施，可以提高职工的满意度和忠诚度，增强单位的吸引力和竞争力。

三、跨部门合作与资源整合

人才激励与留任的策略要充分发挥效用，需要各部门的协同配合和资源整合。以下是一些关键要素，有助于加强跨部门合作与资源整合。

（一）强化部门间的沟通

在人才激励与留任策略的制定和实施过程中，部门间的沟通与协作显得尤为重要。为了确保策略能够顺利推进并取得预期效果，单位必须强化各部门之间的沟通与合作。

鼓励各部门之间建立定期沟通机制。通过定期召开跨部门会议，各部门可以就人才激励与留任策略的实施情况、遇到的问题以及需要协调的事项进行充分的讨论和交流。这样的沟通机制有助于消除部门间的信息壁垒，促进信息的流通和共享，确保各部门在策略实施中保持同步和协调。为了进一步提升部门间的协作效率，事业单位可以建立信息共享平台。这个平台可以集中展示各部门在人才激励与留任策略方面的进展、经验和资源，方便其他部门及时获取所需的信息和支持。通过信息共享平台，各部门可以更加便捷地协同工作，共同推进策略的实施。事业单位还应注重培养部门间的信任与合作精神。在日常工作中，各部门应相互尊重、理解和支持，共同为事业单位的人才激励与留任策略贡献力量。通过建立良好的合作关系，各部门可以形成合力，共同应对各种挑战和问题，确保策略能够取得最佳效果。

总之，建立定期沟通机制、信息共享平台和培养合作精神，可以促进各部门之间的紧密合作与协作，确保策略在实施过程中得到充分的支持和配合。这将有助于提升单位的整体绩效和竞争力，为单位的长期发展奠定坚实的基础。

（二）资源整合

在人才激励与留任策略的实施过程中，要积极整合内部和外部的资源，为策略的有效实施提供有力支持。

单位内部的资源整合是人才激励与留任策略实施的基础。不同部门之间需要密切合作，共同为策略的成功实施贡献力量。例如，人力资源部门可以与培训部门合作，制订更符合职工需求的培训计划，帮助职工提升技能和知识水平。通过与培训部门的合作，人力资源部门可以更加精准地了解职工的培训需求，制订更加有效的培训计划，从而提升职工的职业发展和工作满意度。事业单位还需要积极整合外部资源，为人才激励与留任策略的实施提供有力支持。例如，可以与行业内的专业机构、高校和研究机构等合作，引入先进的理念和最佳实践，为职工的职业发展和学习提供更多机会和平台。通过与外部资源的整合，事业单位可以不断拓展职工的视野和知识面，提升职工的综合素质和竞争力。财务资源也是人才激励与留任策略实施中不可或缺的一部分。与财务部门紧密合作，优化薪酬体系和福利政策，确保这些政策公平、透明且具有竞争力。通过与财务部门的合作，事业单位可以更加科学地制定薪酬和福利政策，确保这些政策能够真正激励职工并留住优秀人才。

总之，资源整合是人才激励与留任策略成功实施的关键环节。通过整合内部和外部资源、跨部门合作以及与财务部门的紧密配合，事业单位可以为人才激励与留任策略的实施提供有力支持。这将有助于提升职工的满意度和忠诚度，吸引和留住更多优秀人才，为事业单位的长期发展奠定坚实的基础。

（三）文化建设与宣传

在人才激励与留任的策略实施中，事业单位文化建设扮演着至关重要的角色。一个积极向上的事业单位文化不仅能够增强职工的归属感和忠诚度，还能够激发职工的创造力和潜能，为单位的长远发展注入强大的动力。

首先，加强事业单位文化建设是提升职工凝聚力和向心力的关键。通过明确核心价值观、愿景和使命，并将其贯穿于事业单位的日常运营和管理中，事业单位可以营造一个积极向上、充满活力和创新精神的工作环境。在这样的文化氛围中，职工会更加愿意为事业单位的目标和愿景付出努力，形成一股强大的合力，推动事业单位不断向前发展。

其次，通过内部宣传和培训，可以让职工更加深入地了解事业单位的文化和发展目标。内部宣传可以通过各种渠道和形式进行，如职工手册、内部网站、电子邮件等，向职工传递事业单位的文化理念和价值观。同时，单位还可以定期开展培训活动，帮助职工提升职业素养和技能水平，使他们更好地融入事业单位并发挥自己的潜力。通过外部宣传和招聘渠道，可以向外界展示自身的文化魅力和发展潜力，吸引更多优秀人才的关注和加入。外部宣传可以通过各种媒体和渠道进行，如社交媒体、招聘网站、行业会议等，让更多人了解事业单位的文化和发展情况。同时，还可以通过优化招聘流程和提高招聘效率，吸引更多符合事业单位文化和发展需求的人才加入，进一步壮大人才队伍。

总之，加强事业单位文化建设、开展内部宣传和培训以及优化外部宣传和招聘渠道，可以营造一个积极向上、充满活力和创新精神的工作环境，吸引和留住更多优秀人才，为事业单位的长期发展注入强大的动力。通过以上三个方面的实施，事业单位可以加强跨部门合作与资源整合，确保人才激励与留任的策略得到有效实施。通过强化部门间的沟通、资源整合和文化宣传，事业单位可以创造一个良好的工作环境，激发职工的积极性和创造力，吸引、激励和留住人才。

第二十章 事业单位变革中的创新管理实践

第一节 事业单位变革的推动力与创新管理的挑战

在当今快速变化的环境中，事业单位变革已成为持续发展的关键。事业单位变革的推动力与创新管理面临的挑战，共同影响着单位的适应性和竞争力。本节将深入探讨单位变革的内外驱动力、创新管理在变革中的角色与挑战，以及应对这些挑战的策略与方法。

一、事业单位变革的内外驱动力

推动事业单位变革的因素有很多，其中内部和外部驱动力是最为重要的两个方面。内部驱动力主要源于内部的变革需求，而外部驱动力则来自外部环境的变化。下面我们将深入探讨变革的内外驱动力，并分析它们如何影响整体战略和运营。

（一）技术进步

技术进步是推动事业单位变革的重要外部驱动力之一。随着科技的快速发展，新的生产方式、管理工具和商业模式不断涌现，这使得单位必须不断适应这些变化。如果无法跟上技术发展的步伐，将面临被市场淘汰的风险。例如，数字化技术的普及使得事业单位能够实现更高效的生产和更精准的市场营销。单位需要不断创新和改进，以充分利用新技术带来的优势。

（二）市场竞争

市场竞争也是推动变革的重要力量。竞争对手的策略调整、新兴事业单位的崛起以及消费者需求的变化都给事业单位带来了巨大的压力。为了保持竞争优势，必须不断创新和变革，以适应市场的变化。市场竞争不仅要在产品和服务方面进行创新，还需要在管理模式、营销策略等方面进行变革。

（三）政策法规

随着全球经济一体化的加速和环境保护意识的提高，各国政府纷纷出台了一系列政策和法规来规范单位行为，如贸易政策、环保法规等。单位必须关注政策走向，及时调整战略以适应法规要求和市场环境的变化。这要求单位不仅要有敏锐的市场洞察力，还需要具备灵活的应变能力。

二、创新管理在事业单位变革中的角色与挑战

创新管理在事业单位变革中不仅推动事业单位的创新活动，还帮助事业单位适应市场变化和实现可持续发展。然而，创新管理在事业单位变革中也面临着一系列挑战。

（一）文化冲突

事业单位文化是事业单位内部的"灵魂"，它影响着职工行为和思维方式。在单位变革中，新的创新理念和管理模式可能会与原有的文化产生冲突。如何打破文化障碍，激发职工的创新精神，是创新管理面临的重要挑战。为了解决这一问题，需要培养开放、包容的文化氛围，鼓励职工勇于尝试和接受新事物。

（二）资源分配

创新需要投入大量资源，包括人力、物力和财力。合理分配这些资源以保证创新项目的顺利进行是另一个关键挑战。单位需要制定明确的资源分配计划，确保创新项目获得足够的支持。同时，还需要建立有效的激励机制，鼓励职工积极参与创新活动。

（三）风险控制

创新意味着要承担风险。建立有效的风险评估和管理机制，确保创新活动在可控范围内进行。通过科学的风险评估，可以提前预测和防范潜在的风险，降低创新失败的可能性。此外，还应具备快速应对风险的能力，一旦出现风险，能够迅速调整策略，确保创新的顺利进行。

（四）知识管理

创新往往需要跨部门、跨领域的合作。建立有效的知识管理体系，促进知识的共享、转移和应用，以支持创新活动的开展。通过知识管理，可以整合内外部资源，提高创新效率。同时，知识管理还有助于积累和传承经验，为未来的创新活动提供宝贵的借鉴。

（五）变革阻力

变革往往会遇到来自各级职工的阻力，他们可能担心变革会影响自己的利益和工作稳定性。为了克服这一挑战，创新管理需要有效动员职工，激发他们的积极性和参与度。通过沟通、培训和激励措施，可以消除职工的顾虑，使他们更好地适应变革。同时，关注职工的成长和发展，为他们提供更多的机会和平台，使他们在变革中实现个人价值。

通过解决这些挑战，创新管理在单位变革中将发挥更大的作用。应不断优化创新管理体系，以适应不断变化的市场环境，实现可持续发展。

三、应对挑战的策略与方法

为了克服在事业单位变革中面临的挑战，可以采取一系列有针对性的策略和方法。这些策略和方法旨在提高事业单位应对挑战的能力，激发职工的创新精神，促进事业单位的持续发展。

（一）领导力支持

高层领导在事业单位变革中发挥着至关重要的作用。为了克服文化冲突和变革阻力等挑战，领导者应积极倡导和支持创新，为创新活动提供足够的资源和支持。领导者不仅要在口头上表达对创新的重视，更要在行动上展示出对创新的热情和承诺。他们可以通过亲身参与创新项目、提供资源保障和解决变革中的障碍来激发职工的创新精神。

（二）团队建设

建立一支多元化的团队是单位应对挑战的重要手段。通过吸引不同背景和专长的人员参与创新项目，可以充分利用团队的集体智慧，激发创新灵感。团队建设活动可以帮助团队成员加强沟通和协作，形成良好的工作关系，从而提高团队的创造力和执行力。

（三）变革沟通

在单位变革过程中，加强内部沟通至关重要。通过及时、透明和有效的沟通，事业单位可以确保职工充分了解变革的必要性和意义，减少职工的焦虑和抵制情绪。领导者应倾听职工的意见和建议，关注他们的需求和关切，增强他们对变革的认同和支持。同时，还可以通过内部宣传、培训和辅导等方式，帮助职工适应变革，提高他们的适应能力和工作满意度。

（四）培训与发展

随着变革的推进，职工的技能和知识水平也需要不断更新和提高。单位应为职工提供相关的培训和发展机会，使他们更好地适应变革和创新的要求。通过培训和发展，职工可以掌握新的技能和知识，提升个人能力和职业竞争力，同时也可以促进事业单位的可持续发展。

（五）激励与认可

通过合理的奖励和认可机制，可以对在创新活动中做出贡献的职工给予适当的奖励和认可。这不仅可以激发职工的内在动力，提高他们的工作满意度和忠诚度，还可以促进更多的创新成果产生，推动持续发展。

通过以上五个方面的策略和方法，可以更好地应对变革中的挑战，激发职工的创新精神，推动可持续发展。同时还需要根据自身的实际情况和市场环境的变化，不断调整和优化这些策略和方法，以保持其有效性和适应性。

第二节 创新管理实践的案例分享与启示

在当今快速变化的环境中，创新管理实践对于事业单位的生存和发展至关重要。本节将通过成功和失败案例的分享，深入探讨创新管理实践的启示和策略选择，以期为事业单位提供有益的借鉴和参考。

一、成功案例分析

成功案例是创新管理实践的重要参考，通过对这些案例的分析，我们可以深入了解其变革背景、实施过程、成果与影响等方面的内容，从而为创新管理提供有益的借鉴和启示。

（一）变革背景

在成功的创新管理实践中，单位通常面临市场变化、技术革新或竞争加剧等挑战。这些挑战激发了单位寻求变革和创新的内在动力。例如，某科技单位面临智能手机市场的快速变化，意识到仅依靠传统产品线难以保持竞争优势。

为了应对这一挑战，单位决定进行创新转型，开发具有差异化和竞争优势的新产品。

（二）实施过程

成功的创新管理实践通常涉及明确的目标设定、资源整合、团队协作和风险管理等环节。以某互联网事业单位为例，为了推出新的社交媒体平台，事业单位首先明确目标，即打造一个用户体验优秀、功能丰富的新型社交平台。随后，整合内外部资源，包括技术研发、设计、市场推广等团队，形成跨部门协作。采用敏捷开发方法，不断迭代和优化产品功能和用户体验。在实施过程中，还要注重风险管理，及时识别和应对潜在的挑战和问题。

（三）成果与影响

成功的创新管理实践往往带来显著的成果和积极的影响。例如，某医疗器械事业单位通过创新设计，推出了一款能够降低手术风险、提高手术效率的新产品。该产品迅速占领市场，为事业单位带来了可观的经济效益和声誉提升。同时，该案例的成功也为其在行业内树立了良好的形象，吸引了更多优秀人才的加入。

通过以上成功案例的分析，我们可以看到创新管理在变革中的重要作用。成功的创新管理实践不仅需要应对外部挑战，还需要整合内部资源、团队协作和风险管理等方面的综合努力。积极学习和借鉴成功案例的经验教训，不断优化自身的创新管理体系，以适应不断变化的市场环境，实现可持续发展。

二、失败案例反思

在创新管理实践中，失败案例同样具有重要的反思价值。通过对失败案例的总结和教训的提炼，以避免类似的问题再次发生，提高创新管理的成功率。

（一）问题所在

在失败的创新管理实践中，常见的问题包括目标设定过于理想化、资源投入不足、团队协作不畅、风险控制不当等。例如，某初创单位可能由于对市场趋势的判断过于乐观，导致产品定位偏离市场需求；或者由于资源有限，无法满足产品研发和推广所需的资金和人力资源。此外，团队内部沟通不畅、权责不明确也可能导致决策效率低下、执行不力等问题。

（二）教训总结

从失败的创新管理实践中，我们可以汲取很多教训。首先，在创新过程中要合理评估资源需求，确保充足的投入。根据实际情况制定可行的资源计划，避免因资源不足而影响创新项目的推进。其次，明确团队成员的角色和责任，加强跨部门协作。通过明确的分工和有效的沟通机制，提高团队协作效率，避免出现工作重复或遗漏。再次，重视市场调研和用户反馈是关键。积极收集用户需求和市场信息，及时调整产品方向，确保创新成果符合市场需求。最后，建立风险评估机制，制定应对策略也是必要的。通过科学的风险评估和管理，事业单位可以降低创新风险，提高成功率。

通过对失败案例的反思和教训的提炼，不断完善自身的创新管理体系，提高应对挑战的能力。同时，还应从失败案例中学习如何从挫折中汲取经验，培养积极面对失败的态度，鼓励职工勇于尝试和创新。通过不断总结和改进，单位可以逐步提高创新管理的水平，推动单位的持续发展。

三、案例启示

通过对成功和失败案例的综合分析，我们可以得出一些关于创新管理实践的深刻启示，这些启示对于单位实现创新突破和持续发展具有重要的指导意义。

（一）成功要素

成功的创新管理实践需要具备以下几个关键要素：明确的目标导向、合理的资源分配、有效的团队协作、灵活的风险控制以及持续的用户反馈和产品优化。这些要素为单位提供了实现创新突破的基础框架，确保创新活动的高效推进。

明确的目标导向是成功的关键。设定清晰、可衡量和具有挑战性的目标，确保团队在创新过程中始终保持一致的方向和动力。合理的资源分配至关重要。事业单位应根据项目需求，合理分配人力、物力和财力等资源，确保资源投入与项目进度相匹配，避免资源浪费或不足。有效的团队协作是实现创新突破的基石。应建立良好的沟通机制，促进团队成员间的信息共享和协作配合，形成强大的团队凝聚力。灵活的风险控制也是成功的重要因素。事业单位应具备敏锐的风险意识，建立风险评估和管理机制，及时识别和应对潜在的挑战和问题。持续的用户反馈和产品优化是保持创新竞争力的关键。事业单位应积极收集用户反馈，及时调整产品方向和功能，不断优化用户体验，提升产品竞争力。

（二）策略选择

根据单位的特点和市场环境，选择合适的创新策略至关重要。常见的创新策略包括渐进式创新、颠覆式创新、合作式创新等。根据自身实力和市场定位，选择适合的创新路径。

对于初创单位或小型单位，合作式创新可能是一个更好的选择。通过与大型单位或研究机构合作，实现资源共享和技术转移，降低创新成本和风险。合作式创新有助于单位快速积累经验，提升技术水平，拓展市场渠道。

对于实力较强的单位，则可以考虑采取颠覆式创新策略。通过颠覆性技术和产品引领市场变革，打破现有竞争格局。颠覆式创新需要强大的研发实力和市场洞察力，以应对较高的风险和挑战。渐进式创新则适合于寻求稳定增长的事业单位。通过不断改进现有产品和技术，逐步提升产品和服务的竞争力。渐进式创新风险相对较小，但需要持续投入和积累经验。

（三）持续改进

创新是一个持续的过程，需要不断地进行评估和调整。建立有效的反馈机制和持续改进的文化氛围，鼓励团队不断探索和创新。通过持续改进和创新实践的不断优化和完善，单位能够不断提升竞争力并取得持续的成功。

在持续改进的过程中，应注重培养职工的创新意识和能力。通过提供培训和发展机会，激发职工的创造力和潜能。同时，建立激励机制，鼓励职工勇于尝试和创新，为事业单位的持续发展注入源源不断的活力。此外，还应关注市场变化和技术发展趋势，及时调整创新策略和方向。通过持续的市场调研和技术跟踪，保持敏锐的洞察力，抓住机遇并应对挑战，实现可持续的创新发展。

第三节 事业单位变革中创新管理的持续改进与发展趋势展望

随着环境的变化和技术的进步，创新管理在事业单位变革中的地位日益凸显。本节将探讨如何通过评估与反馈机制实现持续改进，并展望未来创新管理的发展趋势。

一、创新管理实践的评估与反馈机制

为了确保创新管理实践的有效性，需要建立一套完善的评估与反馈机制。这不仅有助于监控创新项目的进展情况，还能及时发现问题、调整策略，促进创新的成功实施。以下是对这一机制的详细说明。

（一）绩效评估

绩效评估能够对创新项目的成果进行量化分析和评估。单位应定期进行绩效评估，以便及时了解项目的进展情况、资源使用效果以及创新实践对单位绩效的贡献。在进行绩效评估时，可以采用定性和定量相结合的方法。定性方法包括对项目文档的审查、团队成员的访谈等，以深入了解项目的实施过程和存在的问题。定量方法则通过收集和分析数据，使用关键绩效指标（KPIs）和平衡计分卡等工具，对项目的财务表现、客户满意度、市场占有率等方面进行量化评估。通过绩效评估，全面了解创新项目的实际效果，发现潜在的问题和改进方向。这有助于事业单位及时调整资源分配、优化策略，确保创新实践的持续推进。

（二）职工满意度调查

职工是创新管理实践的重要参与者和执行者，他们的满意度和参与度对创新实践的成功至关重要。因此，应定期进行职工满意度调查，了解职工对创新实践的看法、参与度和满意度。

通过职工满意度调查，可以获得职工的真实反馈，发现职工在创新实践中遇到的困难、对现有流程和文化的看法以及改进建议等。这些信息有助于单位发现潜在的问题和改进方向，针对性地制定改进措施，提高职工的积极性和参与度。职工满意度调查还有助于单位建立良好的工作氛围和文化，提高职工的忠诚度和工作动力。通过持续关注职工的需求和意见，可以营造一个支持创新、鼓励尝试的文化环境，激发职工的创造力和潜能。

（三）客户反馈

创新的最终目的是满足客户需求和提高客户满意度。客户反馈是评估创新实践效果的重要依据，应积极收集客户反馈，了解产品或服务的优缺点以及客户的期望和需求。

客户反馈可以通过多种渠道获得,如调查问卷、访谈、社交媒体等。通过定期收集客户反馈,可以了解产品或服务的实际表现、市场接受度以及与竞争对手的差异。这些信息有助于事业单位针对性地进行改进,提高产品或服务的竞争力。同时,客户反馈还有助于事业单位建立良好的品牌形象和市场声誉。通过积极回应客户的意见和建议,事业单位可以展示其对客户需求和意见的重视,增强客户忠诚度和品牌认同感。

综上所述,建立完善的评估与反馈机制是确保创新管理实践有效性的关键。通过绩效评估、职工满意度调查和客户反馈等手段,可以全面了解创新实践的效果和问题,及时调整策略和资源分配,促进创新的成功实施。这有助于事业单位在激烈的市场竞争中保持领先地位,实现可持续发展。

二、持续改进的策略

持续改进是创新管理实践中不可或缺的一环。通过不断优化和改进,可以提升创新能力,提高竞争优势,并取得更好的成果。以下是一些有效的持续改进策略。

(一)利用学习曲线理论

学习曲线理论表明,随着经验的积累,生产成本会逐渐降低,生产效率会逐渐提高。单位应充分利用这一理论,不断优化产品或服务,提高效率和质量。通过学习曲线的应用,可以更好地理解生产过程中存在的问题和改进空间,针对性地制定改进措施,提高生产效率和产品质量。

(二)建立知识共享平台

知识共享有助于单位内部知识的流动和传播,促进知识的应用和创新。单位应建立知识共享平台,鼓励职工分享经验和知识,促进团队协作和创新能力提升。通过知识共享平台,职工可以快速获取所需的知识和信息,避免重复劳动和资源浪费。同时,知识共享还有助于激发职工的创造力和想象力,推动单位持续创新。

(三)鼓励事业单位学习

单位应鼓励职工不断学习和成长,提供培训和发展机会。通过学习,可以不断适应环境变化,提升创新能力。单位学习应注重培养职工的自主学习能力和团队协作精神,提供多样化的学习资源和培训课程,鼓励职工跨部门交流和合作,提高整个单位的综合素质和创新能力。

(四)反馈与迭代

持续改进需要不断地反馈与迭代。单位应建立有效的反馈机制,及时收集和分析来自各方面的反馈信息,包括客户反馈、职工意见和市场动态等。通过反馈与迭代,可以及时发现存在的问题和改进方向,针对性地制定改进措施,不断完善和优化产品或服务。

综上所述,通过学习曲线、知识共享、事业单位学习和反馈与迭代等策略的应用,可以不断提升创新能力,提高竞争优势,实现持续的创新发展。

三、未来趋势与展望

随着技术的不断进步和社会需求的变化,未来的创新管理将呈现出以下趋势和展望。

(一)人工智能的影响

人工智能(AI)的快速发展和应用将在创新管理中发挥越来越重要的作用。AI 技术能够帮助事业单位进行大规模的数据分析和预测,提高决策的准确性和前瞻性。通过 AI 的应用,可以更好地理解客户需求、优化产品设计、提高生产效率,甚至开发出全新的产品和服务。同时,AI 技术还将改变产品和服务的设计和生产方式,为事业单位带来前所未有的创新机会。

(二)可持续发展目标

随着社会对环境保护和可持续发展的关注度不断提高,未来的创新管理将更加注重可持续发展目标。单位将更加注重环境保护和社会责任,将可持续发展目标融入创新实践中。这有助于事业单位实现经济、环境和社会效益的平衡发展,提升品牌形象和市场竞争力。

(三)敏捷性和适应性

未来的单位将更加注重敏捷性和适应性。随着市场环境的变化越来越快,需要更快地响应市场变化和客户需求。通过采用敏捷开发和精益创业的方法论,单位能够更快地迭代产品和业务模型,提高创新能力和竞争力。同时,单位还需要培养职工的敏捷思维和创新能力,以适应不断变化的市场环境。

(四)跨界合作与生态系统建设

跨界合作和生态系统建设将成为未来创新管理的重要模式。随着技术的融合和市场的变化,单位需要与其他产业、研究机构和高校等建立合作关系,共同构建生态系统,实现资源共享、优势互补和协同创新。这将有助于单位更好地应对复杂多变的市场环境,开拓新的发展空间,实现共同发展。

综上所述,未来的创新管理将呈现出人工智能的广泛应用、可持续发展目标的融入、敏捷性和适应性的提升以及跨界合作与生态系统建设等趋势。单位需要紧跟时代步伐,不断调整和创新管理实践,以适应未来的发展需求和市场变化。这将有助于单位在激烈的市场竞争中保持领先地位,实现可持续发展和创新成长。

第二十一章 人力资源管理中的跨文化问题及应对策略

第一节 跨文化沟通在人力资源管理中的重要性及挑战

随着全球化的加速和跨国业务的蓬勃发展,跨文化沟通在人力资源管理中的重要性日益凸显。本节将深入探讨跨文化沟通的必要性、所面临的挑战以及核心要素。

一、全球化背景下跨文化沟通的必要性

在全球化的背景下,事业单位面临着前所未有的机遇和挑战。随着跨国业务的不断拓展和多元化团队的组合,需要与来自不同文化背景的人进行频繁的交流和合作。这种多元化的合作需求使得跨文化沟通成为一项不可或缺的技能。

有效的跨文化沟通能够消除文化误解和冲突,促进不同文化背景的职工之间的相互理解与合作。通过跨文化沟通,能够更好地了解不同国家和地区的文化特点、价值观念和行为习惯,从而更好地满足职工的需求和期望。这有助于提高职工的满意度和工作效率,增强事业单位的凝聚力和向心力。跨文化沟通还有助于在国际市场上建立良好的形象和声誉。通过有效的跨文化沟通,能够更好地理解当地市场的需求和消费者偏好,从而制定更加精准的市场策略。这有助于在激烈的市场竞争中脱颖而出,赢得更多的商业机会和合作伙伴。

综上所述,全球化背景下跨文化沟通的必要性不言而喻。单位应重视跨文化沟通能力的培养,提供多元化的培训和学习机会,帮助职工提升跨文化沟通技能。通过有效的跨文化沟通,能够更好地适应全球化的发展趋势,实现持续的创新和发展。

二、跨文化沟通中面临的挑战

尽管跨文化沟通在全球化的背景下显得尤为重要,但在实际操作中往往会面临各种挑战。这些挑战主要源自文化差异、语言障碍、沟通误解以及非言语沟通的差异等方面。

(一)文化差异

不同国家和地区的文化背景存在显著差异,包括价值观、信仰、习俗、礼仪等。这些文化差异可能导致沟通误解和冲突,影响团队的和谐与效率。例如,某些文化可能强调个人主义和直接表达,而其他文化可能更注重集体主义和委婉表达。这些文化差异可能导致沟通风格和行为模式的冲突,增加跨文

(二)语言障碍

语言是沟通的基础,但不同国家和地区的语言千差万别。语言障碍可能导致信息传递不准确,甚至产生误解。对于非母语者来说,理解和表达也可能存在困难。在跨文化沟通中,语言障碍可能导致信息失真或遗漏,影响沟通效果。虽然翻译工具可以提供帮助,但它们无法完全替代人类的理解和表达能力。

(三)沟通误解

由于文化差异和语言障碍,人们往往会对他人的言行产生误解。这种误解可能导致人际关系紧张,甚至影响到团队合作和业务发展。例如,某些文化可能强调直接反馈和坦诚交流,而其他文化可能更注重礼貌和面子。这些文化差异可能导致沟通中的误解和冲突,影响团队的协同工作。

(四)非言语沟通的差异

除了言语之外,非言语沟通也是传递信息的重要方式,如肢体语言、面部表情等。但在跨文化沟通过程中,非言语沟通的差异也可能导致沟通障碍。不同的文化可能有不同的肢体语言和面部表情的含义,这些差异可能导致误解和冲突。例如,某些文化可能认为微笑表示友好和亲近,而其他文化可能认为微笑只是一种礼貌的表达方式。

综上所述,跨文化沟通中面临的挑战多种多样。事业单位应采取有效的措施来应对这些挑战,例如提供跨文化培训、建立多元化的团队、使用多语种沟通和翻译工具等。通过克服这些挑战,事业单位能够更好地实现跨文化沟通,提高国际化发展和团队合作的效果。

三、跨文化沟通的核心要素

为了克服跨文化沟通中的挑战,实现成功的交流与合作,以下的核心要素是必不可少的。

(一)尊重

尊重是建立良好人际关系的基础,也是跨文化沟通的基石。在跨文化交流中,每个人和每个文化背景都有其独特的特点和价值。尊重意味着接纳并认可他人的文化背景、价值观、信仰和生活方式。避免以自己的文化标准去评判他人,而是努力理解和接纳不同的文化观念。通过展示对他人的尊重,可以建立起相互信任和合作的桥梁。

(二)理解

理解是有效沟通的关键。在跨文化交流中,由于语言和文化差异的存在,很容易产生误解和冲突。因此,要努力理解对方的立场、观点和情感。这需要积极的倾听和询问,了解对方的真实意图和需求。通过深入的交流和理解,可以消除沟通障碍,建立共同的语言和认知基础。

(三)包容

包容意味着接纳和宽容不同文化和观念的差异。在多元化的团队和国际业务中，每个人都有自己独特的文化和背景。在跨文化沟通中，应保持开放的心态，接纳并尊重不同的文化和观点。通过包容，可以增强团队的多样性和创新性，激发新的思维和创意。同时，也能减少冲突和误解，增强团队的凝聚力和合作精神。

（四）适应性

在不同的文化和语言环境下，适应性是必不可少的。由于文化和语言的多样性，沟通方式和语境也可能会有所不同。为了实现有效的跨文化沟通，应具备适应变化的能力。通过学习和调整自己的沟通方式，以适应不同的文化和语境。这种适应性有助于建立更加顺畅的跨文化沟通渠道，提高沟通效果和合作质量。

综上所述，尊重、理解、包容和适应性是跨文化沟通的核心要素。通过运用这些要素，事业单位可以更好地应对全球化背景下的挑战，实现有效的跨文化沟通和合作。这有助于增强团队的凝聚力、创新力和竞争力，推动事业单位的持续发展和成功。

第二节 跨文化沟通的技巧与应用实践

在全球化背景下，跨文化沟通的技巧与应用实践对于事业单位的成功至关重要。本节将深入探讨跨文化沟通的技巧、应用场景以及实践。

一、跨文化沟通技巧

在全球化背景下，跨文化沟通已成为事业单位不可或缺的一项技能。为了实现有效的跨文化沟通，事业单位和个人需要掌握一些关键的沟通技巧。这些技巧包括倾听、表达、非言语沟通、文化敏感性和适应性等方面。

（一）倾听

倾听是有效沟通的基础，尤其在跨文化沟通中更为重要。单位和个人需要积极地倾听对方的意见、需求和关注点，以建立良好的沟通和合作关系。

专注倾听：在跨文化沟通中，要全神贯注地倾听对方，避免中断或提前做出判断。通过专注的倾听，可以更好地理解对方的真实意图和情感。

注意非言语信号：除了语言，还要注意对方的语气、语调和肢体语言等非言语信号。这些信号往往能揭示对方的真实情感和意图。

确认与澄清：在倾听过程中，为了确保理解正确，可以适当地进行确认和澄清。通过简短的提问或反馈，可以更好地理解对方的观点和需求。

（二）表达

在跨文化沟通过程中，清晰、明确的表达同样重要。

简洁明了：选择简单明了的语言表达观点，避免使用复杂的术语或行话，以减少误解的可能性。

适应语境：根据不同的文化和语境，灵活调整自己的表达方式。了解并尊重当地的语言习惯和文化特点，使表达更贴近当地人的理解方式。

反馈与澄清：在表达自己的观点或需求时，提供适当的反馈和澄清可以帮助对方更好地理解自己的意图。

（三）非言语沟通

肢体语言、面部表情和语气等非言语元素在跨文化沟通中具有不可忽视的作用。

保持一致性：确保自己的肢体语言、面部表情和语气与言语表达一致，以避免产生矛盾或误解。

注意非言语信号：密切关注对方的非言语信号，如面部表情、肢体动作等，以更好地理解对方的情感和意图。

适度调整：根据不同的文化和语境，适度调整自己的非言语沟通方式，以更贴近当地的习惯和理解方式。

（四）文化敏感性和适应性

了解并尊重不同文化背景下的价值观、信仰和习俗是实现有效跨文化沟通的关键。

文化敏感性：在跨文化交流中，要具备对不同文化的敏感性和洞察力，关注并尊重文化差异。避免以自己的文化观念去评判他人，而是努力理解和接纳不同的文化观念。

适应性：在不同的文化和语言环境下，具备适应变化的能力是必不可少的。通过学习和调整自己的沟通方式，以适应不同的文化和语境。这种适应性有助于建立更加顺畅的跨文化沟通渠道。

二、跨文化沟通的应用场景

在全球化的背景下，跨文化沟通的应用场景日益广泛。以下是几个常见的应用场景。

（一）招聘与人才引进

当事业单位在全球范围内进行招聘时，跨文化沟通技巧显得尤为重要。为了吸引和选拔来自不同国家和文化的优秀人才，单位需要具备跨文化沟通的能力。这包括理解不同文化背景下的候选人需求、期望和价值观，以及在招聘过程中确保公平和透明的沟通。通过有效的跨文化沟通，单位可以建立起一个多元化的人才库，为未来的业务发展奠定基础。

（二）培训与发展

培训是提高职工技能和素质的重要手段，特别是在跨文化沟通方面。单位应提供相关的培训课程，帮助职工了解不同文化背景下的沟通规则、礼仪和价值观。通过培训，职工可以学习如何适应不同的文化和语境，提高他们的非言语沟通能力，以及处理文化差异的技巧。这样能够增强职工的跨文化沟通能力和适应性，提高他们在全球业务环境中的表现。

（三）绩效管理

绩效管理是发展的重要组成部分，在跨文化沟通的背景下尤为重要。事业单位需要建立起一套公平、透明和跨文化的绩效评价体系，确保职工的工作表现得到客观、准确的评价。同时，有效的跨文化沟通是实现绩效反馈的关键。通过与职工进行开放、真诚的对话，可以更好地了解职工的需求和期望，激发职工的积极性和创新性，从而提高整体绩效和职工满意度。

（四）团队建设与协作

团队建设是事业单位成功的关键因素之一，特别是在多元化的团队中。通过运用跨文化沟通技巧，事业单位可以促进团队成员之间的相互了解和信任，打破文化障碍，增强团队的凝聚力和协作能力。有效的跨文化沟通可以帮助团队成员更好地理解彼此的工作方式和价值观，建立共同的目标和期望，从而提高团队的协同效率和创新能力。

综上所述，跨文化沟通在人力资源管理中具有广泛的应用场景。通过在招聘、培训、绩效管理和团队建设等方面运用跨文化沟通技巧，单位可以建立一个多元化、高效和有凝聚力的团队，为全球化的发展奠定坚实的基础。

三、实际操作与实践

为提升职工的跨文化沟通能力，单位可以采取以下实际操作与实践方法。

（一）模拟演练

模拟演练是一种非常有效的实践方法，可以帮助职工应对真实的跨文化沟通场景。通过模拟不同国家和地区的文化背景下的沟通场景，职工可以亲身体验不同的沟通方式和文化差异。在模拟演练中，职工可以进行角色扮演，模拟与不同文化背景的人进行交流，从而增强他们的适应性和应对能力。通过反复的模拟演练，职工可以逐渐熟悉并掌握跨文化沟通的技巧，为未来的实际交流做好准备。

（二）角色扮演

角色扮演是一种让职工亲身体验不同文化的实践方法。通过让职工扮演不同国家和地区的角色，他们可以深入了解不同文化和语境下的沟通方式和行为习惯。这种实践方法可以帮助职工更好地理解文化差异，增强他们的跨文化沟通能力。同时，角色扮演还可以增强职工的同理心和适应能力，使他们更加关注和理解他人的需求和情感。

（三）案例分析

案例分析是一种通过实际案例来学习跨文化沟通的方法。事业单位可以收集真实的跨文化沟通案例，并让职工进行分析和讨论。通过分析不同国家和地区的文化差异和沟通规则，职工可以学习如何应对和解决问题。此外，单位还可以邀请有经验的跨文化沟通专家进行案例分享和指导，为职工提供更深入的学习和指导。通过案例分析，职工可以积累更多的实际经验，提高他们的跨文化沟通技巧和应对能力。

综上所述，通过模拟演练、角色扮演和案例分析等方法，事业单位可以有效地提升职工的跨文化沟通能力。这些实践方法可以帮助职工更好地理解和适应不同文化背景下的沟通方式，提高他们的应对能力和同理心。在全球化的背景下，具备跨文化沟通能力的职工能够更好地适应多元化团队的工作环境，为事业单位的发展做出更大的贡献。

第三节 跨文化沟通的持续改进与发展趋势展望

在当今全球化的商业环境中，跨文化沟通已成为事业单位成功的关键因素之一。本节将探讨如何通过评估与反馈机制实现持续改进，并展望未来跨文化沟通的发展趋势。

一、评估与反馈机制

为了确保跨文化沟通的有效性，事业单位需要建立一套完善的评估与反馈机制。这种机制不仅有助于及时发现问题，还可以为持续改进提供有力的支持。

（一）定期评估

事业单位应定期对跨文化沟通的效果进行全面评估。这种评估可以通过多种方式进行，包括但不限于以下几种。

调查问卷：设计涵盖跨文化沟通多个维度的问卷，例如沟通频率、信息传递准确性、文化误解程度等，以确保获取全面的数据。

职工反馈：鼓励职工提供关于跨文化沟通的直接反馈，包括他们的观察、感受和改进建议。

第三方评估：邀请外部专家或顾问进行独立评估，以获得更为客观的意见和建议。

通过定期评估，事业单位可以获得关于跨文化沟通效果的实时数据，并了解当前存在的问题和挑战。

（二）收集职工意见

职工是跨文化沟通中的核心参与者和体验者，他们的意见和建议对于改进至关重要。单位应通过以下方式积极收集职工的反馈。

定期职工调查：设计涵盖跨文化沟通主题的调查问卷，并定期向职工分发，以便了解他们的感受和观察。

面对面沟通：安排与职工的面对面会议，以深入了解他们在实际工作中的体验和感受。

匿名反馈渠道：设立匿名反馈系统，让职工可以放心地提出自己的观点和建议，而不必担心受到负面影响。

通过这些方法，事业单位可以获得大量关于跨文化沟通的宝贵意见，并利用这些信息进行有针对性的改进。

（三）持续改进

基于评估和反馈的数据，事业单位应制定并实施改进计划。这些计划应明确指出需要改进的方面、责任人、时间表和预期成果。通过持续的努力和改进，事业单位可以不断提升其跨文化沟通的有效性。

综上所述，有效的评估与反馈机制是提高跨文化沟通效果的关键。通过定期评估、收集职工意见和持续改进，事业单位可以不断完善其跨文化沟通策略和方法，从而更好地适应全球化环境，实现更高效、更顺畅的跨文化交流。

二、持续改进策略

为了确保跨文化沟通的持续改进，事业单位需要采取一系列策略来加强职工的文化敏感度和沟通能力，促进团队的协作和创新。

（一）定期培训

事业单位应定期为职工提供跨文化沟通培训，确保他们不断更新和提升自己的文化知识和沟通技巧。培训内容可以涵盖不同国家和地区的文化背景、沟通规则和礼仪等方面的知识，帮助职工更好地理解和应对跨文化沟通的挑战。通过定期培训，职工可以不断增强自己的文化敏感度和沟通能力，提高他们在全球化环境中的表现。

（二）文化敏感度提升

提升职工对不同文化的敏感性和尊重意识是实现持续改进的关键。单位应通过各种宣传和教育活动，强化职工对多元文化的认识和理解，鼓励职工保持开放心态、尊重差异。事业单位可以开展文化讲座、工作坊和团队建设活动等，帮助职工深入了解不同文化的特点和价值观，培养他们的跨文化沟通能力。

（三）多元化团队建设

事业单位应积极构建多元化的团队，提高职工的文化适应性和协作能力。通过多元化的团队，职工可以接触到不同的文化和思维方式，促进相互学习和创新。事业单位可以采取多种方式来促进多元化团队的建设，例如招聘来自不同国家和文化的职工、鼓励职工进行跨部门交流和合作等。通过多元化团队的建设，事业单位可以培养职工的跨文化沟通能力和团队协作精神，推动事业单位的持续改进和发展。

综上所述，为了实现持续改进，事业单位需要采取一系列策略来加强职工的文化敏感度和沟通能力，促进团队的协作和创新。通过定期培训、文化敏感度提升和多元化团队建设等策略的实施，事业单位可以不断提升其跨文化沟通的有效性，更好地适应全球化环境，实现持续的发展和进步。

三、未来趋势与展望

随着全球化进程的不断加速，跨文化沟通的重要性日益凸显。未来，跨文化沟通将呈现出以下趋势和展望。

（一）文化融合与创新

全球化将进一步促进不同文化间的交流与融合，为跨文化沟通带来更多的创新机会。事业单位将更加注重发掘和利用不同文化的优势，创造独特的沟通方式和价值观念。这种跨文化的交融将有助于事业单位打破传统思维模式，激发新的创意和解决方案。

(二）技术推动变革

科技的进步将为跨文化沟通带来更多的便利和可能性。数字化和虚拟化沟通工具将更加普及，使得信息传递更加快速、准确和高效。这些技术将打破地理和时间的限制，使全球范围内的实时沟通成为可能。此外，人工智能和机器学习技术也将在跨文化沟通中发挥重要作用，帮助事业单位更好地理解和应对文化差异。

(三）培养全球领导者

为了应对全球化带来的挑战和机遇，单位将更加注重培养具有全球视野和跨文化沟通能力的领导者。这些领导者不仅需要具备卓越的业务能力，还需要对不同文化有深入的理解和敏锐的洞察力。他们将能够引领团队在不同文化和语境下取得成功，推动事业单位的国际化发展。

(四）共同价值观的建立

在跨文化沟通中，建立共同的事业单位价值观和使命感将变得越来越重要。通过共同价值观的引导，事业单位可以更好地凝聚团队力量，实现共同的目标和愿景。这有助于增强职工的归属感和忠诚度，促进事业单位的可持续发展。

第二十二章 人力资源管理中的社会责任与可持续发展实践

第一节 社会责任对人力资源管理的影响与挑战

在当今的商业环境中，企业社会责任（CSR）已经成为事业单位成功不可或缺的组成部分。本节将深入探讨社会责任对人力资源管理的影响与挑战。

一、社会责任对事业单位战略的影响

企业社会责任（CSR）并不仅仅是一种道德责任，它已经逐渐成为事业单位战略考量的重要组成部分。这不仅涉及伦理、法律和道德标准，更直接影响到单位的长期发展目标和愿景。随着社会对事业单位期望的提高，单位在制定和实施战略时，必须将社会责任纳入考虑范围，确保其商业活动与社会、环境和人权等方面的要求保持一致。

首先在制定战略时，应充分评估其社会责任。这包括但不限于环境可持续性、公平运营、职工福利和社区支持等方面的考量。只有充分考虑到这些因素，单位才能确保其战略不仅有利于短期盈利，还能带来长期的可持续发展和社会认可。其次，社会责任也是单位品牌建设和市场定位的关键因素。随着消费者和利益相关方对单位的社会责任意识逐渐增强，一个积极履行社会责任的事业单位更容易获得市场的认同和消费者的青睐。这对长期市场竞争力和市场份额产生积极影响。最后在履行社会责任时，还需要注重与各利益相关方的沟通和合作。这包括职工、股东、供应商、客户和社区等。通过与利益相关方的合作和沟通，可以更好地了解他们的期望和需求，从而制定出更加符合实际和社会责任要求的战略。

二、人力资源管理在履行社会责任中的角色

在履行社会责任的过程中，人力资源管理发挥着至关重要的作用。这一职能部门不仅是推动社会责任实施的关键，也是确保社会责任与事业单位使命和价值观相一致的重要桥梁。

首先，人力资源管理部门在制定CSR战略中扮演着核心角色。他们需要与单位的决策层紧密合作，确保CSR战略不仅符合事业单位的长期发展目标，还与单位的使命和价值观保持一致。通过制定这样的战略，能够明确其在社会、环境和人权等方面的责任和目标，从而确保其商业活动与社会要求相协调。

其次，人力资源管理部门还需积极推动职工参与CSR活动。职工是单位履行社会责任的重要载体，他们的参与程度直接影响着CSR战略的实施效果。通过职工参与志愿服务、环保活动、社区服务等 CSR 项目，不仅能提高职工的责任意识和道德水平，还能增强职工的归属感和忠诚度，进一步提升整体形象。

最后，人力资源管理部门还需要确保招聘、培训、绩效管理和福利等方面都符合社会责任的要求。这意味着在招聘过程中，要优先考虑那些具有强烈社会责任感和道德品质的候选人；在培训和发展方面，要注重培养职工的道德和社会责任感；在绩效管理上，要将职工的社会责任表现纳入评估体系；在福利方面，要为职工提供符合社会责任标准的福利保障。

三、社会责任对人力资源管理的挑战

随着 CSR 理念的深入人心，人力资源管理面临着一系列新的挑战。这些挑战主要来自利益相关者对事业单位的期望不断提高、法规和监管的加强，以及社会和环境变化的适应等方面。

首先，随着利益相关者对单位的期望不断提高，需要更加注重职工的权益和福利。这不仅包括提供公平的薪酬和福利，还要关注职工的职业发展、工作安全、健康保障等方面。单位需要采取措施确保职工的权益得到充分保障，以满足各方的期望。这要求在人力资源管理中更加注重公平、透明和合规性。

其次，随着法规和监管的不断加强，需要确保其人力资源管理的实践符合法律和道德的要求。这涉及招聘、培训、绩效管理、福利等多个方面。事业单位需要确保其人力资源实践与法律和道德标准保持一致，避免任何违规行为。这意味着事业单位需要加强内部合规性审查，确保其人力资源实践符合相关法规和监管要求。单位还需要不断适应社会和环境的变化，调整其人力资源策略。随着社会和环境的变化，单位需要关注新的议题和趋势，如多元化和包容性、远程工作、人工智能等新兴技术的应用等。单位需要不断更新其人力资源策略，以适应这些变化，并保持竞争优势。

为了应对这些挑战，需要采取一系列措施。首先，需要建立完善的社会责任体系，明确其在人力资源管理方面的责任和目标。这有助于单位在整体上把握其社会责任的实施方向和重点。其次，单位需要加强与利益相关者的沟通，了解他们的期望和要求，并积极回应他们的关切。这有助于建立良好的外部关系，增强利益相关者对单位的信任和支持。最后，单位还需要加强内部培训和教育，提高职工的社会责任意识和道德水平。通过培训和教育，职工可以更好地理解和践行事业单位的价值观和社会责任要求，提高事业单位的整体形象和社会声誉。

通过这些措施的实施，可以更好地履行其社会责任，并为其可持续发展奠定坚实的基础。这不仅有助于事业单位赢得市场的认同和社会声誉，还能为其创造更大的商业价值和社会价值。

第二节 可持续发展目标在人力资源管理中的应用与实践

随着全球可持续发展目标的提出，越来越多的事业单位开始关注如何在日常运营中实现可持续发展。人力资源管理作为管理的重要组成部分，对于实现可持续发展目标具有至关重要的作用。本节将探讨可持续发展目标在人力资源管理中的应用与实践。

一、可持续发展目标与人力资源管理的关联

可持续发展目标（SDGs）是一个全球性的议程，旨在通过环境保护、社会公正和经济繁荣等方面的努力，实现人类和地球的长期、可持续的发展。这一议程涉及多个领域和方面，而人力资源管理在这些目标的实现过程中扮演着不可忽视的角色。

首先，人力资源管理在可持续发展目标的实施中起着关键的推动作用。单位通过制定和实施绿色、公平的招聘和培训政策，可以吸引和培养具备可持续发展意识的人才。这意味着在招聘过程中不仅关注候选人的技能和经验，还重视其环保意识、社会责任感和道德品质。通过这样的招聘策略，能够建立一个积极履行可持续发展目标的职工队伍。

其次，人力资源管理可以通过关注职工福利和健康，提高职工的工作满意度和忠诚度。单位为职工提供健康、安全的工作环境和公正的待遇，能够增强职工归属感和忠诚度。职工满意度和忠诚度的提高，有助于事业单位更好地实现可持续发展目标，因为职工会更加积极地参与事业单位的各项活动，并为可持续发展目标的实现贡献自己的力量。人力资源管理还可以通过绩效管理和激励措施，鼓励职工关注可持续发展目标。可以制定相关的绩效指标和奖励机制，以激励职工在工作中注重环境保护、社会责任和经济繁荣等方面。通过这样的绩效管理和激励措施，能够引导职工的行为与可持续发展目标保持一致。

综上所述，人力资源管理在推动实现可持续发展目标方面发挥着至关重要的作用，为环境保护、社会公正和经济繁荣等方面做出积极的贡献。通过制定绿色、公平的招聘和培训政策，关注职工福利和健康，以及实施绩效管理和激励措施，事业单位能够建立一个积极履行可持续发展目标的职工队伍，并为可持续发展目标的实现提供有力支持。

二、可持续发展目标在人力资源管理中的实践

为了实现可持续发展目标，单位在人力资源管理中需要采取一系列措施。这些措施不仅有助于实现可持续发展目标，还能提高职工的工作满意度和忠诚度，从而增强竞争力。首先可以实施绿色招聘，即在招聘过程中注重候选人的环保和社会责任意识。通过选拔具有可持续发展价值观的人才，单位能够建立一个积极履行可持续发展目标的职工队伍。在面试过程中，可以询问候选人关于环保和社会责任方面的问题，了解他们的态度和价值观。此外，还可以通过背景调查和社交媒体等渠道，进一步了解候选人的相关经历和表现。

其次，单位可以制定公平的薪酬和福利政策，确保职工得到公正的待遇。公平的薪酬和福利政策不仅有助于吸引和留住人才，还能提高职工的工作积极性和效率。应该根据市场情况和职工的贡献制定合理的薪酬体系，并确保福利政策能够满足职工的需求。此外，还可以通过提供职业发展机会和培训计划，帮助职工提升自身能力和实现个人价值。单位可以通过提供健康和安全的工作环境，减少职工的工作压力和职业病。一个舒适、健康的工作环境不仅能够提高职工的工作效率，还能增强职工的归属感和忠诚度。单位应该关注职工的身心健康，提供必要的设施和服务，如休息室、健身设施、健康保险等。此外，事业单位还可以通过合理的工作安排和压力管理培训，帮助职工减轻工作压力和焦虑情绪。

最后，单位可以通过实施绩效管理和激励措施，鼓励职工关注可持续发展目标。可以制定相关的绩效指标和奖励机制，以激励职工在工作中注重环境保护、社会责任和经济繁荣等方面。例如，可以设立环保项目奖励、社会责任优秀职工奖等，以表彰那些在可持续发展方面做出杰出贡献的职工。通过这样的绩效管理和激励措施，能够引导职工的行为与可持续发展目标保持一致。

综上所述，通过实施绿色招聘、制定公平的薪酬和福利政策、提供健康和安全的工作环境以及实施绩效管理和激励措施等手段，单位能够建立一个积极履行可持续发展目标的职工队伍，提高职工的工作满意度和忠诚度，并为可持续发展目标的实现提供有力支持。

三、实践案例分享

在可持续发展目标的推动下，越来越多的事业单位开始在人力资源管理中实施相关实践。以下是一些成功的实践案例，展示了事业单位如何将可持续发展目标融入人力资源管理中。

（一）案例一：绿色招聘与职工选拔

某知名跨国公司高度重视可持续发展，希望在职工队伍中注入这一价值观。为了实现这一目标，在招聘过程中不仅看重候选人的技能和经验，还特别关注其环保和社会责任意识。通过精心设计的面试流程和背景调查，成功选拔了一批具备可持续发展价值观的职工。这些职工入职后，积极推动可持续发展项目，如减少能源消耗、降低碳排放等，取得了显著成果。

（二）案例二：公平薪酬与福利政策

某非政府单位意识到公平的薪酬和福利政策对职工满意度和忠诚度的重要性，制定了一套公平的薪酬体系，根据职工的职责和能力给予相应的报酬。同时，还提供了一系列福利政策，如健康保险、带薪休假和职业发展机会等。这些措施不仅吸引了优秀的人才，还极大地提高了职工的工作积极性和忠诚度。职工满意度和忠诚度的提高为事业单位提供了更好的绩效和拥有可持续发展的未来。

（三）案例三：关注职工健康

一家大型制造公司意识到职工健康与福祉对可持续发展目标的重要性。不仅关注职工的工作效率和产出，还投入大量资源改善工作环境，减少职工面临的风险因素。通过提供健康的工作环境、定期的健康检查和心理咨询等服务，有效降低了职工的工作压力和职业病发生率。职工的工作效率和幸福感得到了显著提高，为公司的可持续发展提供了有力支持。

这些实践案例表明，将可持续发展目标融入人力资源管理是可行的，并且能够为企业单位带来积极的影响。通过关注职工的选拔、薪酬福利和健康福祉等方面，可以建立一支积极执行可持续发展职责的职工队伍，为实现全球可持续发展目标做出贡献。

（四）结论

通过以上分析可见，可持续发展目标在人力资源管理中具有广泛的应用和实践价值。事业单位应将可持续发展目标纳入人力资源管理战略中，关注环境保护、社会公正和经济繁荣等方面的问题。通过制定绿色、公平的招聘和培训政策以及关注职工福利和健康等措施，事业单位可以更好地实现可持续发展目标，为全球的可持续发展做出贡献。

第三节 社会责任与可持续发展的融合实践与发展趋势展望

在当前的商业环境中，社会责任与可持续发展已经成为事业单位发展的重要驱动力。事业单位需要将社会责任与可持续发展理念融入日常运营中，以实现长期的商业成功和社会价值。本节将探讨社会责任与可持续发展的融合实践策略，并展望未来的发展趋势。

一、融合实践策略

为将社会责任与可持续发展理念融入单位实践中，可以采取以下策略。

（一）一体化战略

应将社会责任与可持续发展融入整体战略规划中。这意味着商业活动、决策和目标应与社会和环境目标相一致。一体化战略有助于确保单位在制定决策时充分考虑社会责任和可持续发展的要求，从而更好地实现长期发展目标。通过将可持续发展的理念贯穿于单位的各个方面，能够更好地应对社会和环境挑战，并实现长期的商业成功。

（二）共同价值观

应建立与可持续发展相一致的共同价值观，并将其传达给职工、股东和利益相关者。这有助于确保所有相关方对单位的可持续发展目标有共同的理解和认同。通过培养职工的可持续发展意识，能够更好地实施社会责任和可持续发展的实践措施。此外，与股东和利益相关者建立共同的价值观可以加强合作关系，为可持续发展目标的实现提供更多支持。

（三）创新驱动

应积极探索创新的方法和手段，将社会责任与可持续发展理念融入产品、服务和流程中。创新是推动可持续发展的重要驱动力，通过创新，单位可以优化资源配置、提高效率、减少对环境的影响，从而更好地实现可持续发展目标。例如，采用绿色技术和清洁能源可以减少碳排放，提高资源利用效率；提供可持续的产品和服务可以帮助客户实现其可持续发展目标；采用创新的业务流程和单位结构可以提高效率和灵活性，更好地应对可持续发展的挑战。

（四）合作共赢

应与供应商、合作伙伴和社区等利益相关者建立合作关系，共同推进可持续发展目标的实现。通过合作共赢的方式，单位可以整合资源、共享知识和经验，共同应对可持续发展的挑战。例如，与供应商合作推广可持续采购政策、与合作伙伴共同开发可持续产品或服务、与社区合作开展环保项目等。通过建立互利共赢的合作关系，事业单位可以获得更多的资源和支持，同时促进社会责任和可持续发展的共同进步。

通过以上策略的运用，能够更好地将社会责任与可持续发展理念融入实践，为可持续发展目标的实现做出积极贡献。同时，这些策略也有助于事业单位提升自身的竞争力、声誉和长期盈利能力。

二、发展趋势与展望

随着社会和环境问题的日益突出，可持续发展将成为事业单位核心竞争力的重要组成部分。未来的发展趋势包括以下几方面。

（一）可持续发展成为事业单位核心竞争力

随着消费者和社会对可持续发展的关注度不断提高，单位需要将可持续发展融入产品和服务中，以满足市场需求。在这个过程中，具备可持续发展能力的事业单位将获得竞争优势，并吸引更多的优秀人才和合作伙伴。

（二）跨界合作成为常态

面对复杂的社会和环境问题，单位需要与其他行业、领域和政府机构进行跨界合作，共同推动可持续发展目标的实现。跨界合作有助于事业单位突破行业界限，拓展资源和知识网络，提高解决复杂问题的能力。

（三）数字化技术在可持续发展中的应用

随着数字化技术的不断发展，单位可以利用大数据、人工智能和物联网等技术手段，提高可持续发展的效率和效果。数字化技术可以帮助事业单位优化资源配置、降低能耗和减少排放，同时提高运营效率和客户满意度。

（四）加强国际合作与交流

在全球化的背景下，各国事业单位需要加强国际合作与交流，共同应对可持续发展的挑战。通过分享经验和最佳实践，事业单位可以相互学习、共同成长，推动全球可持续发展目标的实现。

综上所述，社会责任与可持续发展的融合实践与发展趋势展望对于未来发展具有重要意义。应积极采取融合实践策略，加强跨界合作和创新驱动，以适应未来市场和社会环境的变化。同时，单位应关注国际合作与交流的机会，提高自身的可持续发展能力，为构建美好的未来做出贡献。

第二十三章 创新管理战略与实践的未来展望

第一节 创新管理战略的发展趋势与展望

在当今快速变化、高度竞争的商业环境中,创新管理战略已成为事业单位取得长期成功的关键。随着科技的快速发展和市场的不断变化,创新管理战略也呈现出一些新的发展趋势。本节将对这些发展趋势进行深入探讨,并对未来的展望进行阐述。

一、技术驱动的创新管理

随着人工智能、大数据、云计算等技术的飞速发展,技术驱动的创新管理已逐渐成为创新管理战略的核心内容。这些技术提供了强大的数据获取和分析能力,使事业单位能够更加精准地理解市场需求、深入洞察消费者行为,从而加速产品和服务创新。

(一)人工智能(AI)

AI技术提供了智能化的数据分析工具,帮助从海量数据中提取有价值的信息。通过机器学习和深度学习技术,AI能够预测市场趋势、优化产品设计,并为个性化服务和营销提供支持。例如,AI算法可以根据用户行为和偏好,为用户推荐更符合其需求的产品和服务。

(二)大数据

大数据技术能够收集、存储和分析大量数据,从而揭示出隐藏的市场规律和消费者需求。通过对大数据的深入分析,可以更好地理解市场动态,发现潜在的商业机会,并优化产品和服务设计。

(三)云计算

云计算提供了灵活、高效的数据处理和存储解决方案。通过云计算平台,可以快速处理和分析大量数据,实现数据驱动的决策。此外,云计算还提供了与其他事业单位或个人共享和合作的机会,促进创新思想的交流和碰撞。

技术驱动的创新管理不仅仅是技术的运用,更是创新思维的转变。单位需要建立以数据为核心的创新管理体系,培养数据驱动的思维方式,并不断探索新技术在创新管理中的应用。只有这样,才能在快速变化的市场环境中保持竞争优势,实现持续创新和发展。

二、变革管理战略的调整

随着市场环境的快速变化,变革管理战略也需要不断调整和优化,以适应不断变化的市场需求和竞争态势。未来的变革管理战略将更加注重事业单位的灵活性和适应性，以便更好地应对市场变化，抓住发展机遇。

在变革管理战略的调整中，事业单位需要关注以下几个方面。

（一）灵活性

需要建立具有快速反应能力的事业单位结构，灵活调整业务策略和资源配置，以适应市场的变化。应减少决策层级，赋予职工更多的决策权和自主性，以加快决策速度和响应速度。

（二）适应性

应加强与外部环境的互动与沟通，及时获取市场信息并做出相应的调整。通过建立敏捷的供应链、合作伙伴关系和客户关系，可以更好地应对市场变化，满足客户需求。

（三）职工成长与发展

变革管理战略需要关注职工的成长和发展，提供培训和激励措施，提高职工的变革能力和创新意识。通过培养职工的职业技能和创新思维，可以提升职工的适应性和竞争力，为事业单位的持续发展提供人才保障。

（四）创新文化

应建立鼓励创新的文化氛围，激发职工的创新意识和创造力。通过搭建创新平台、鼓励职工提出创意和建议、建立容错机制等措施，可以促进创新思想的产生和实践，推动事业单位的变革与发展。

综上所述，变革管理战略的调整是单位应对市场变化的必要举措。通过增强事业单位的灵活性和适应性、关注职工成长和发展、培育创新文化等措施，事业单位能够更好地适应市场变化，提升自身的竞争力，实现可持续发展。

三、创新文化与价值观的塑造

创新文化与价值观的塑造在推动事业单位持续创新方面发挥着不可或缺的作用。在日益激烈的市场竞争中，必须打造一种能够孕育创意、鼓励实践并容忍失败的文化氛围，以确保源源不断的创新动力。

开放与包容是创新文化的基石。应当倡导一种开放的思维模式，鼓励职工跨领域交流、分享知识和经验。这种跨界的碰撞往往能够激发新的创意和解决方案。同时，包容性文化意味着单位能够接纳不同的观点和做法，尊重职工的个性差异，让每个人都有机会展现自己的才华。冒险精神是创新文化的核心。创新往往伴随着风险，但只有在勇于尝试、敢于失败的环境中，职工才能放下顾虑，大胆探索新的可能性。应当通过激励机制和容错机制来鼓励职工的冒险精神，让他们知道失败并不可怕，重要的是从失败中学习和成长。公正与透明的激励机制是激发职工创新热情的关键。建立一套公正、透明的评价体系和奖励机制，确保职工的创新成果能够得到应有的认可和回报。这不仅能够激发职工的创新积极性，还能够增强他们对事业单位的归属感和忠诚度。通过塑造创新文化和价值观，位将能够打造一个充满活力和创造力的创新团队。这样的团队不仅能够快速响应市场变化，还能够主动寻求突破、引领行业发展。在这个过程中，单位不仅能够实现自身的持续发展，还能够为社会创造更多的价值。

第二节 创新管理实践的未来挑战与准备

在当今快速变化、高度不确定的商业环境中,创新管理实践面临着诸多挑战。为了应对这些挑战,事业单位需要提前做好准备,制定有效的策略。本节将深入探讨创新管理实践的未来挑战与准备。

一、未来挑战

在面对未来商业环境时,将面临一系列的挑战,这些挑战主要表现在以下几个方面。

(一)应对不确定性的能力

未来的商业环境充满了不确定性,技术革新、政策变化、市场需求波动等因素都可能对事业单位产生重大影响。需要具备快速适应变化、灵活应对挑战的能力。这要求不断更新观念,保持敏锐的市场洞察力,以便在变化中抓住机遇。为了应对这种不确定性,需要建立一套敏捷的决策机制,以便快速响应市场的变化和突发情况。此外,还应加强与外部利益相关者的沟通与合作,以更好地理解和应对外部环境的变化。

(二)资源分配的合理性

在有限的资源下,如何合理分配资源以支持创新活动成为一大挑战。需要制定科学的资源分配策略,确保创新项目得到足够的支持,同时避免资源的浪费。这需要单位具备精准的识别能力,能够判断哪些项目具有高潜力和高风险,从而合理配置资源。为了实现资源的合理分配,单位可以采用项目管理、预算规划和决策分析等工具和方法。此外,还应建立一套有效的绩效评估体系,以确保资源的投入能够产生预期的回报。

(三)创新风险的控制

创新总是伴随着风险,如何有效控制创新风险是事业单位必须面对的挑战。应建立健全的创新风险管理机制,通过科学的方法和工具降低创新风险,提高创新的成功率。这需要具备风险识别、评估和应对的能力,以及灵活调整策略以适应变化的能力。为了降低创新风险,可以采取多元化的策略,如分散投资、合作创新和风险共担等。此外,还应建立一套风险预警机制,以便及时发现和应对潜在的风险。

综上所述,未来商业环境中的挑战对事业单位提出了更高的要求。需要不断提高应对不确定性、合理分配资源和有效控制创新风险的能力。通过采取一系列的策略和方法,可以更好地应对这些挑战,并抓住未来的发展机遇。

二、准备策略

(一)持续学习与培训

面对未来的挑战,应持续开展学习与培训活动,提高职工的创新能力和应对变化的能力。通过不断学习,可以保持知识更新,增强团队的创新能力。单位可以提供在线课程、研讨会、工作坊等多样化的学习方式,鼓励职工自主学习和交流经验。此外，还可以建立内部导师制度，让经验丰富的职工指导新职工，帮助他们快速成长。

（二）跨界合作与资源整合

跨界合作可以为单位提供更广阔的视野和资源整合的机会。通过与其他行业、领域的事业单位合作，事业单位可以共享资源、知识、技术和经验，共同应对挑战。跨界合作可以带来新的思维方式和工作模式，激发创新灵感，同时分散创新风险。可以寻找具有互补优势的合作伙伴，共同开展创新项目，实现互利共赢。

（三）敏捷管理与快速响应

面对不确定的商业环境，应采取敏捷的管理方式，快速响应市场变化和客户需求。通过建立敏捷的事业单位结构和流程，可以更快地适应变化，抓住市场机遇。敏捷管理强调灵活性和适应性，能快速调整策略和资源配置。可以采取小步快跑的方式，不断迭代和优化产品或服务，以满足市场需求。

三、实践案例分析

为了更具体地理解创新管理战略在实践中的运用，我们以某知名科技公司为例进行分析。该企业意识到未来将面临诸多挑战，因此采取了一系列策略来应对。

重视职工的成长与发展。他们认为，职工的技能和意识是推动创新的关键因素。因此，定期开展培训和学习活动，旨在提高职工的专业技能和创新意识。他们不仅提供技术方面的培训，还注重培养职工的跨学科知识和团队协作能力。此外，该企业还鼓励职工参加外部培训和研讨会，以拓宽视野、了解行业前沿动态。该企业注重跨界合作与资源整合。他们认为，与不同行业的合作伙伴共同开展创新项目有助于加速产品开发、拓展市场渠道。因此，积极寻找具有互补优势的合作伙伴，共同研发新产品、探索新市场。这种合作模式使得该企业能够充分利用外部资源，降低研发成本，并提高创新效率。实施敏捷管理，以快速响应市场变化和客户需求。他们采用敏捷开发方法，通过短周期迭代来不断优化产品。此外，他们还建立了一套灵活的事业单位结构，鼓励跨部门协作，以便快速响应市场变化。为了更好地了解客户需求，该企业与客户保持紧密沟通，定期收集反馈意见，并根据反馈调整产品和服务。

通过实施这些策略，该企业成功地应对了未来的挑战，保持了竞争优势。他们的实践案例为其他单位提供了宝贵的经验教训，有助于思考如何将这些策略用到自己的单位中。例如，其他企业可以学习该企业的跨界合作模式，寻找具有互补优势的合作伙伴共同开展创新项目；同时也可以借鉴该企业敏捷管理方法，建立灵活的公司结构，快速响应市场变化和客户需求。通过不断学习和实践，事业单位不断完善自身创新管理战略，以应对未来的挑战并实现持续发展。

第三节 创新管理对事业单位及个人的价值与影响展望

随着知识经济的快速发展，创新管理在事业单位和个人层面都展现出巨大的价值和影响力。本节将深入探讨创新管理对单位和个人的价值与影响展望。

一、对事业单位的价值

在当今快速发展的时代，事业单位作为国家科技创新体系的重要组成部分，其创新管理能力对于提升自身竞争力和推动经济增长具有重要意义。以下是创新管理对单位的价值。

（一）提升竞争力

在激烈的市场竞争中，需要不断进行创新以保持领先地位。通过实施创新管理，能够更好地整合内外部资源、优化研发流程、提高研发效率，从而更快地适应市场变化、满足客户需求，提升自身的核心竞争力。

（二）驱动经济增长

创新是推动经济增长的重要动力。通过创新管理，不断推出具有市场竞争力的新产品、新技术，能够带动产业升级和经济增长。这些创新不仅能带来经济效益，还能为社会创造更多的就业机会和税收，推动国家经济的持续发展。

（三）促进科技成果转化

事业单位拥有大量的科技成果，通过创新管理，这些科技成果能够更好地转化为实际的产品和服务，为社会创造价值。同时，科技成果的转化也能为事业单位带来更多的研发资金和合作伙伴，进一步促进其科技创新活动。

（四）提升事业单位文化氛围

创新管理有助于营造一种鼓励创新、宽容失败的文化氛围。在这样的氛围下，职工能够更加积极地参与到创新活动中来，发挥自己的创造力和想象力，推动持续创新。

（五）加强跨领域合作

创新往往需要跨领域的合作。通过创新管理，能够更好地与其他领域的事业单位、高校和研究机构进行合作，共同开展研发项目、共享资源、实现共赢。这种跨领域的合作有助于加速科技创新的进程，推动产业的整体发展。

二、对个人的价值

创新管理不仅对事业单位具有重要意义，对个人发展也具有重要价值。以下是创新管理对个人的价值。

（一）职业发展机会

在单位中，职工可以通过参与创新项目来提升自己的专业技能和创新能力。这些经验将有助于个人在职业生涯中获得更多的发展机会。例如，个人可以借此机会晋升到更高层次的职位，或者在未来的职业发展中拥有更广泛的技能和经验。

（二）实现自我价值

创新管理为个人提供了一个实现自我价值的平台。通过参与创新实践，个人能够充分发挥自己的潜力和创造力，为单位和社会创造价值。这种自我实现的感觉将激发个人的积极性和动力，促使他们更有意向投入创新活动中，实现个人价值与事业单位目标的共同发展。

（三）提升综合素质

在创新管理过程中，个人需要具备跨学科的知识、团队协作能力、沟通能力等多方面的素质。通过参与创新项目，个人可以不断提升自己的综合素质，增强自己在职业市场上的竞争力。

（四）拓展人际关系网络

创新管理往往需要跨部门的合作和外部资源的整合。通过参与创新项目，个人可以结识更多志同道合的同事和合作伙伴，拓展自己的人际关系网络。这不仅有助于个人职业发展，还可以为未来的合作和资源共享创造机会。

（五）培养创新思维

创新管理鼓励职工勇于尝试、敢于创新。通过参与创新实践，个人可以培养自己的创新思维和解决问题的能力，使自己在面对挑战时更加从容不迫、灵活应对。

三、影响展望

随着科技的不断进步和社会的发展，创新管理的影响和价值将进一步凸显。以下是创新管理对事业单位和个人未来发展的影响展望。

（一）创新成为核心竞争力

在知识经济时代，创新能力已成为决定事业单位和个人成功的关键因素。需要持续投入资源进行创新管理，以保持其竞争优势，同时个人也需要不断提升自己的创新能力，以应对职业发展的挑战。

（二）塑造未来领导力

未来的领导者不仅需要具备传统的管理技能，更需要具备创新思维和创新能力。创新管理将逐渐成为领导力的重要组成部分，帮助领导者更好地引领事业单位应对复杂多变的商业环境。

（三）引领社会进步

通过持续的创新管理，将不断推出新的科技成果，推动科技进步和社会发展。个人的创新能力也将对社会发展产生积极影响，为社会的进步和创新做出贡献。

（四）促进跨界合作与资源整合

随着各行各业的交叉融合，跨界合作将成为未来发展的趋势。创新管理将有助于事业单位更好地整合内外部资源，与不同领域的合作伙伴共同开展创新活动，推动产业的整体发展。

（五）优化事业单位结构和文化氛围

创新管理将促使事业单位更加注重灵活性、开放性和包容性，从而形成更加有利于创新的文化氛围。同时，单位结构也将逐渐扁平化，为职工提供更多的自主权和参与机会，激发职工的创新潜力。

（六）应对可持续发展挑战

随着环境问题的日益严重，可持续发展已成为全球关注的焦点。事业单位和个人需要运用创新管理思维和方法，研发出更加环保、可持续的产品和服务，为解决全球性问题做出贡献。

创新管理对事业单位和个人的未来发展具有深远的影响。通过持续加强创新管理，单位和个人将不断提升自己的核心竞争力，引领社会进步，为应对未来的挑战和机遇做好准备。

结束语

经过前面的深入讨论和剖析，我们已经对人才激励与留任策略有了更为全面和深刻的理解。从建立有效的反馈机制，到定期评估策略的成效，再到强化部门间的沟通与资源整合，以及构建积极向上的单位文化与宣传策略，每一个环节都承载着事业单位对人才的重视和对未来发展的期望。

在这个快速变化的时代，人才成了最宝贵的资源，而如何有效激励和留任这些人才，更是事业单位能否持续发展和保持竞争力的关键。本书所探讨的策略和方法，旨在为事业单位提供一套实用而全面的指南，帮助在人才管理上取得更大的成功。

然而，我们也必须认识到，人才激励与留任策略并非一成不变，而需要随着事业单位的发展、市场的变化以及职工需求的演变进行相应的调整。因此，持续的改进和创新是策略实施的关键。

最后，我们希望这本书能为您在人才激励与留任的道路上提供有益的启示和帮助。通过不断学习和实践，我们相信您能够找到适合自己企业的人才管理之道，为单位的长期发展注入源源不断的活力。祝愿您在人力资源管理领域取得更大的成功！

参考文献

[1]黄玉杰，马振华.人力资源管理[M].北京:经济管理出版社，2020.

[2]叶蓉.高职院校人力资源创新管理研究[M].北京:北京工业大学出版社，2019.

[3]陈勇，曹树稳，李骏.现代煤炭事业单位人力资源与营销创新管理研究[M].北京:中国商务出版社，2022.

[4]王悦.医药人力资源管理[M].北京:科学出版社，2004.

[5]周丽.科技人力资源管理[M].武汉:武汉大学出版社，2022.

[6]朱晓红，赵金国，杜同爱.内创业人力资源管理[M].北京:北京大学出版社，2021.

[7]胡勇，程跃.人力资源管理与事业单位文化[M].北京:光明日报出版社，2013.

[8]魏国华，牛晓慧，张慧.人力资源管理与实践创新[M].哈尔滨:哈尔滨地图出版社，2020.

[9]吴强，白红.事业单位职工人力资源开发引论[M].北京:民主与建设出版社，2017.

[10]时小燕.人力资源管理研究[M].长春:吉林出版社，2023.

[11]李小洁.现代人力资源管理研究[M].北京:中国财富出版社，2022.

[12]张正堂.战略人力资源管理研究[M].北京:商务印书馆，2012.